论语读记

王晓阳 著

四川大学出版社
SICHUAN UNIVERSITY PRESS

项目策划：唐　飞　王小碧
责任编辑：王小碧
责任校对：谢　鋆
封面设计：成都惟文文化传播有限公司
责任印制：王　炜

图书在版编目（CIP）数据

论语读记 / 王晓阳著. — 成都 : 四川大学出版社，2021.5

ISBN 978-7-5690-4715-8

Ⅰ. ①论… Ⅱ. ①王… Ⅲ. ①儒家②《论语》—研究 Ⅳ. ①B222.25

中国版本图书馆 CIP 数据核字 (2021) 第 092378 号

书名　论语读记
LUNYU DUJI

著　　者　王晓阳
出　　版　四川大学出版社
地　　址　成都市一环路南一段 24 号（610065）
发　　行　四川大学出版社
书　　号　ISBN 978-7-5690-4715-8
印前制作　成都惟文文化传播有限公司
印　　刷　涿州军迪印刷有限公司
成品尺寸　170mm×240mm
印　　张　28.25
字　　数　447 千字
版　　次　2021 年 6 月第 1 版
印　　次　2021 年 6 月第 1 次印刷
定　　价　78.00 元

◆ 读者邮购本书，请与本社发行科联系。
电话：(028)85408408/(028)85401670/
(028)86408023　邮政编码：610065
◆ 本社图书如有印装质量问题，请寄回出版社调换。
◆ 网址：http://press.scu.edu.cn

四川大学出版社
微信公众号

自　序

沉潜五载，六易其稿，《论语读记》终于画上最后一个句号，如释重负。

笔者虽然接触《论语》很早，喜欢《论语》多年，但此前并没有想到自己要写一本注译和解读《论语》的专著，一则因为自己才疏学浅，不敢贸然下笔，担心解错经典，有损圣贤，有误读者；二则从古至今注解《论语》的书太多，可以说几乎穷尽对《论语》的注读，有时觉得真没有必要再增加一本。

但是，笔者自20世纪80年代进入大学接触《论语》以来，就喜欢上了《论语》，除了时常闲翻以外，隔上几年就要重温一次，每一次阅读都有新的认识和体会，真正是常读常新，温故知新。而且笔者读书素有批注写札记的习惯，读《论语》自然也不例外，阅读中断断续续形成了若干心得札记，并觉得有一些札记（当然不是全部）还有些新意，于是又有了把它们汇集整理成书的想法。

同时，看到坊间许多注译解读《论语》的书随意性太大，主观性太强，甚至臆说乱解，联想发挥，把作者自己的想法强加于《论语》之上，把一部忧国忧民忧人类的伟大思想著作或弄成鸡汤读物，或弄成管理秘籍，或弄成谋略法则，或捧成处世宝典。这类的解读可以说离题太远，曲解太深，非红孔子，乃黑孔子也。笔者又有了写一本正解《论语》的冲动。

有了想法和冲动，就付诸行动。从2015年春天开始，笔者先后找出学界公认、自己也认可的几种《论语》权威注本进行对比参读，比如《论语集解》（何晏）、《论语集注》（朱熹）、《论语新解》（钱穆）、《论语译注》（杨伯峻）、《论语今读》（李泽厚）、《论语新注新译》（杨逢彬）、《论语新注》（孙钦善）、《丧家狗——我读〈论语〉》（李零）、《论语新注新译》（杜道生）、《论语今注》（潘重规）等。他们各有优劣，各有侧重，在对比阅读鉴别中修改确认最符合原意的注释和译文，参以笔者的理解，成为这本《论语读记》的注释和译文，有些实在都不满意的就从《说文解字》对一个字的本意解释出发来注译。

从体例上讲，《论语读记》是对《论语》全本内容进行逐篇逐章的注释、翻译、解读，对生僻字和与现代读音不同的字进行注音，力求形成一部全注全译全解的《论语》新读本。每篇前面有“题解”，概括各篇大意，列出该篇至今流传的名言名句，每章分为“原文”“注释”“译文”“读记”四个部分。“原文”部分以《宋蜀刻本论语注疏》（魏•何晏集解、唐•陆德明音义、宋•邢昺疏）为底本，因为此版本刊刻较早，近于原貌，且文字具足，有较高的校勘价值，再参以《论语译注》（杨伯峻）、《论语今读》（李泽厚）、《论语新注新译》（杨逢彬）、《论语新注》（孙钦善）四种现代注本的分章、分段和标点。“注释”“译文”和“读记”部分主要参照《论语集解》（何晏）、《论语集注》（朱熹）、《论语新解》（钱穆）、《论语译注》（杨伯峻）、《论语今读》（李泽厚）、《论语新注新译》（杨逢彬）、《论语新注》（孙钦善）、《丧家狗——我读〈论语〉》（李零）、《论语新注新译》（杜道生）等古今《论语》注译本。上述虽然均为《论语》注译解读名著，但笔者以为，单看任何一本都还不能算是尽善尽美，必须将它们研读后进行繁杂艰苦的增删、综合、修改、补充等工作。有的注释部分太简略，如杨伯峻的《论语译注》和李泽厚的《论语今读》（只引很少的古注）；有的又太烦琐，如孙钦善《论语新注》的部分“校注”和杨逢彬《论语新注新译》的大部分“注释”。注释太简略则读者不容易理解，太烦琐的考证式注释于专家学者治学固然十分有用，但对一般读者而言又没有太大的必要性，也容易使读者产生畏难情绪。潘重规的《论语今注》的注释倒是详略得当，只是他没有单独译文，有时会将类似翻译的内容包含在注释里，他的解读也太过简略，往往就是一句言其主旨。所以，笔者取其中，对难解的字词尽可能都注释，但注释尽可能简洁明了，除非必要，不做烦琐考证，不做各种对比，不做古今追溯，不做不同词义的辨析，不做语法讲解。

本书最有别于其他注译本的或者说最有价值的是“读记”部分，在确保不误读原意外，笔者结合现实和人生，结合自己的理解，探寻《论语》

在当时与现在对治国理政和对人生的意义。本书还特别注重《论语》不同篇目和不同章节之间意义的互见互解互证，注重《论语》本身及《论语》与西方思想家，与现代思想家的某些对照，试图把《论语》与古今中外的某些东西打通。同时，本书还注重结合笔者自身的阅历、知识，烛照内心，得出了自己比较独到的理解。

这里选取本书正文中的几例做说明，以便让时间宝贵的读者窥一斑而见全豹。因为正文有详细内容，此处引用时有省略。

在解读《论语·学而》第1章“乐”时，本书写道：“……本章连用‘说’‘乐’‘君子’讲了三件值得快乐的事情，从此处理解这章非常重要。孔子少年贫困，中年奋斗，老年奔波，周游列国，穷愁潦倒，老年悲戚，单从生活中看，从吃喝玩乐和享受方面看，他一生并不快乐。然而，孔子不同于一般人之处就在于，或者说孔子的伟大之处就在于，他有自己追求的快乐。他的快乐是什么？就是‘学’……两千多年后，德国哲学家尼采主张人必须赋予生命以目的和意义，否则就很空虚和痛苦。孔子就是在给自己的生命赋以目的和意义。”

在解读《论语·学而》第2章“孝弟”时，本书写道：“……儒家以‘孝弟’为‘仁’之本是基于古代氏族社会统治秩序而言，必须保证血缘关系的尊卑上下，方能保证一个家庭、一个家族、一个部落统治秩序的稳定。但是，随着社会的发展，特别是氏族社会的崩溃，社会关系也在发生着巨大的变化，就一个家庭而言，处理好‘男女’关系、‘夫妇’关系对于稳定一个家庭可能更为重要，如果‘男女’关系、‘夫妇’关系处理不好，‘孝弟’关系也就基本崩溃，无从谈起。”

在解读《论语·为政》第15章“学而不思则罔，思而不学则殆”时，本书写道：“……但‘学’与‘思’有个先后顺序，前提是‘学’，‘学’在‘思’前。孔子在《论语·卫灵公》中说：‘吾尝终日不食，终夜不寝，以思，无益，不如学也。’另一位儒家代表人物荀子也说：‘吾尝终日而思也，不如须臾之学也。’荀子还专门写下名篇《劝学》，讲读书的意义。清末洋务大臣张之洞和日本近代著名的启蒙思想家福泽谕吉也写过《劝学》篇，再次凸显了‘学’之重要性。李零在《丧家狗——我读〈论语〉》中对本章解读的比喻很好，他说，‘学’像吃饭，‘思’像消化，一样不能少。

光吃饭，不消化不行；光消化，不吃饭，更不行……”

在解读《论语·卫灵公》第5章“无为而治”时，本书写道：“……‘无为而治’是道家所称赞的治国方略，孔子虽然多次讲‘有为’，但也欣赏‘无为而治’。程树德《论语集释》讲：‘言任官得其人，故无为而治。’说明‘无为而治’不是所有的人都‘不为’，而是自己不为，让别人去为，圣君无为，让贤相去为。而且自己也在‘为’，只不过不是‘为’事，而是‘为’官，通过任用官员去‘为’，是知人善任的‘为’，是一种分层负责、各守其分、各尽其职的‘为’，不是无所事事。所以，孔子的‘无为’与道家的‘无为’是不一样的。”

杨逢彬在《论语新注新译》的“卷首话”中首句就提出宏愿：“著者之撰作本书，志在创作一部如杨伯峻先生《论语译注》那样的传世之作。”笔者非常钦佩杨先生的学识、自信和努力，自己当然不敢有这么大的奢望，但对杨先生提到的“创作”二字感同身受。撰写《论语读记》开初，以为自己拥有那么多前贤的大作作为参考，又有多年累积的阅读札记，撰写起来应该比较轻松。在实际撰写中才发现，创作过程不但谈不上轻松，反而是一项非常辛苦、类似长途跋涉的艰苦工作。有时为斟酌一个字的解释、一句话的翻译、一个章节的解读，往往要花上几个小时甚至几天进行反复比较、辨析、查证，以求得自认为最好的注释、译文和解读。当然，这一方面是因为笔者为稻粱计平时还有一份异常劳累的本职工作要做，对《论语读记》的撰写只能在工作之余和假期中进行；另一方面，《论语》有的部分确实费解难懂，加之笔者学养不足，四五百章的《论语》解读下来无异于写作了四五百篇读书札记。看到杨先生提到“创作”二字，确有如遇知音、得失寸心之感。

《论语》是一部博大精深、言简意赅、微言大义的伟大著作，且成书于两千多年前，加之其版本复杂、流传世系众多，其间很多字义词义、语法结构在后来发生了很大变化。尽管笔者做了最大努力，但也不敢说对《论语》的所有注释、翻译、解读都正确精准。相反，限于学养、时间等因素，其中肯定有不少谬误，尚祈专家和读者指正。

2020年9月于绵州厚园

知孔子　学《论语》

一、为什么要知孔子、学《论语》?

因为孔子重要，孔子是中国古代文化中无论如何也绕不开的巨大存在。孔子是中国古代伟大的思想家和教育家，深刻广泛长久地影响了中华民族的思想、政治、文化、教育等多方面。有的学者将孔子列为世界十大历史文化名人，有的学者将孔子列为世界十大思想家，有的学者将孔子与释迦牟尼、苏格拉底、耶稣并列，称为人类历史上“四大圣哲”。

因为《论语》经典。《论语》是孔子思想及儒家学说最权威、最原始的典籍，是经典中的经典，是中国传统文化的主要源头之一、基本读本之一。在古代，《论语》是“四书”之一，另外“三书”是《大学》《中庸》《孟子》，是广大学子的必读书，是科举的必考书。在现代，不学《论语》不足以知孔子，因为孔子的主要思想都体现在《论语》之中；不学《论语》不足以谈国学，因为《论语》是国学的最基本内容；不学《论语》不足以谈中国传统文化。

所以，孔子不可不知，《论语》不可不学。

二、孔子其人

孔子，名丘，生于公元前551年，卒于公元前479年，享年72岁，春秋时鲁国陬邑（今山东曲阜东南）人，字仲尼，排行第二。孔子出生前，他的父母曾到居住附近的尼丘山祷告，以此取名和字。孔子是尊称，“子”是中国古代对男子的尊称，与现代的“先生”意思相近。

孔子血统高贵，但出身低微，生长于礼仪之邦。他是殷商王室之后，远祖可以追溯到商汤，孔子自述："丘也，殷商人也。"（《礼记·檀弓上》）周灭商后，封纣王庶兄微子启于宋，称宋国，号宋公，孔子就属于此支血脉。孔子七代祖先正考父、六代祖先孔父嘉均为宋国重臣，孔父嘉时，宋国贵族集团内乱，孔父嘉被杀，其后代孔防叔（即孔子曾祖）为避祸带领家人逃到鲁国定居，以孔为姓，从此家道中落。

孔子父亲叔梁纥是鲁国武士，60多岁时与一年轻少女颜氏结合而生孔子。《史记·孔子世家》记载："纥与颜氏女野合而生孔子，祷于尼丘得孔子。"孔子的出生与众不同，长相也与众不同，《史记·孔子世家》描述孔子："生而首上圩顶，故因名曰'丘'云。"意思是孔子头顶周围高而中间低，像座丘陵，所以名"丘"。

孔子三岁时丧父，之后母子相依为命，稍稍大一些，就不得不为了生活做一些粗鄙的事情，用他自己的话说："吾少也贱，故多能鄙事。"（《论语·子罕》）他曾担任过两个小吏：一个是委吏，管理仓库；一个是乘田，管理牧场，这也算他做过的最大职务。

但孔子十分好学，"十有五而志于学"（《论语·学而》）。三十岁时，孔子的名气就比较大了，名闻诸侯。《史记·孔子世家》记载，齐景公与晏婴到鲁国访问，曾向孔子问礼，并请教秦穆公称霸的原因，孔子回答"善于用人"。

鲁昭公二十五年（前517年），35岁的孔子离鲁到齐。孔子此次出访时间只有两年，有两件事可提：一是听乐谈乐。他与齐国太师谈论音乐，听了相传是虞舜时流传下来的古乐《韶》乐，心驰神往，如醉如痴，竟"三月不知肉味"。此事是不是事实难考，但确实传为千古美谈。可见孔子对音乐痴迷之深、修养之高。二是听政谈政。齐景公慕名先后两次向孔子问政，第一次孔子答以"君君，臣臣，父父，子子"（《论语·颜渊》），第二次答以"政在节财"（《史记·孔子世家》）。

孔子这两次应答很受齐景公赏识，景公差点要用孔子了。但有一个人出来反对，他就是著名的齐国政治家晏婴。晏婴向景公历数儒者各种弊端，批评孔子所推行的"礼"烦琐无用，不能以之治国。于是，景公打消了用孔子的念头，对孔子敬而远之，就像孔子对鬼神一样。景公希望孔子主动离开，但孔子没有领会景公的意思，以为他总有一天会用自己，继续待在齐国不走。终于有一天，景公对孔子说：我老了，不能有什么作为了。其实背后是晏婴的主意。这相当于是下逐客令了，孔子马上明白了，立马走人。

自齐返鲁后，孔子一面聚徒讲学，一面潜心修炼，逐渐达到“四十不惑，五十而知天命”的佳境。五十岁，孔子终于有机会从政，施展他的一生抱负。鲁定公九年（前501年），孔子被任命为中都宰，这是正式的政府官员，过去当过的委吏、乘田只是小吏。孔子第一次从政有什么措施、有什么效果，政绩如何，没有具体事实，《史记·孔子世家》中只有一句话：“一年，四方皆则之。”意思是，当中都宰不过一年，就引得各地纷纷效法。其后，“由中都宰为司空，由司空为大司寇”（《史记·孔子世家》），再后以大司寇之职短暂代理国相，参与国政，孔子达到了自己从政的最高位置。

孔子参与或主持的鲁国大事主要有两件：其一，夹谷之会。鲁定公十年（前500年），齐、鲁两国国君在夹谷会盟，一向以好礼知礼闻名的孔子被委任负责礼仪事宜。在齐强鲁弱的大势下，孔子以智慧、才能和勇气迫使齐国做出让步，变无条件的盟约为有条件的盟约，是弱小鲁国外交上的一次胜利，会盟后齐国归还了侵占鲁国的三个地方。其二，堕三都。鲁定公十二年（前498年），孔子主持“堕三都”，即拆毁对国君构成威胁的鲁国季氏、叔氏、孟氏三家大夫盘踞的三个城堡，削弱家臣势力，增强公室力量。但只拆毁了两个，最后一个没有成功。孔子也就无法再待在鲁国了，他只好再一次离开鲁国，周游列国。从此，孔子再也没有真正地从政。

鲁定公十三年（前497年），55岁的孔子率弟子离开鲁国，先是到达卫国，开始了他14年的周游列国生活。其间，孔子与多国政要打交道，尝尽人间冷暖，迭遇生命危险。这段经历对孔子之所以成为孔子特别重要，或者说正是因为这段经历才成就了日后的孔子。

其间大事有：其一，在匡被围。因为孔子长得像阳货，而阳货曾殴打过匡人，匡人误把孔子当成阳货进行报复。其二，会见南子。在卫国时，孔子去见卫灵公漂亮但口碑不佳的夫人南子，企图通过夫人路线联络卫灵公，受到子路责难，后人非议。其三，在宋被围。因为孔子曾尖刻地批评过宋国司马桓魋过于奢靡，桓魋对孔子怀恨在心。其四，在陈绝粮。孔子在陈国待不下去了，前往蔡国。楚人听说后，前来聘请孔子。陈、蔡两国担心孔子为大国楚国所用，对自己构成更大威胁，就发兵把孔子一行围困在前不挨村、后不着店、无水无粮的荒野之中。

这期间，社会上对孔子有两种著名的评价或者说印象。一是“丧家狗”。在从宋国出逃到郑国的过程中，孔子与弟子们失散。弟子们到处寻找老师，有人对子贡描绘孔子的形象“累累若丧家之狗”（《史记·孔子世家》）。二是“四体不勤，五谷不分”。在陈、蔡途中，子路掉队后向荷蓧老人打听孔子下落，这位老人说：“四体不勤，五谷不分，孰为夫子？”（《论语·微子》）

鲁哀公十一年（前 484 年），四处碰壁的孔子应季康子之召回到鲁国，此时，他已 68 岁。孔子晚年的主要工作：聚徒讲学、整理文献、著书立说。整理编纂的文献主要是“六经”，也就是《诗》《书》《礼》《乐》《易》《春秋》。

鲁哀公十六年（前 479 年），孔子去世。鲁哀公发表诔文悼念孔子，诔文说：“旻天不吊，不慭遗一老，俾屏余一人以在位，茕茕余在疚。呜呼哀哉！尼父，毋自律！”（《礼记·檀弓上》）这段话很深情，大意是：苍天啊，你真不怜悯，不肯留下一位智慧老人，让他帮助我当好国君。现在，我一个人孤立痛苦。呜呼哀哉！失去了仲尼先生，我没有效法、学习的对象了。临终前几天，弟子子贡来看孔子，他负手曳杖，逍遥于门，歌曰：“泰山其颓乎，梁木其坏乎，哲人其萎乎！”（《礼记·檀弓上》）歌罢，老泪纵横。意思是：泰山啊，将要崩塌！屋梁啊，快要断折！哲人啊，快要死去！孔子离世，真是天地同悲，人间同哀！

三、《论语》其书

据班固《汉书·艺文志》记载：“《论语》者，孔子应答弟子、时人及弟子相与言而接闻于夫子之语也。当时弟子各有所记。夫子既卒，门人相与辑而论纂，故谓之《论语》。”《论语》就是论纂孔子及其弟子的言语，换句话说，《论语》是孔子及其弟子言语的汇编。

《论语》的作者不能说是只有孔子，因为《论语》出于众人之手，作者年代也不一样，有的是孔子弟子，有的则是孔子再传弟子，甚至有的是再传弟子的弟子，所以，全书风格、文风、称谓都不一样，有的地方甚至出现了重复记录。有学者考证，《论语》的最后编纂者为曾参门人，因为全书记录最多的除了孔子就是曾子的言论行事，而且对曾子处处用尊称。

《论语》的编著始于春秋末期，成书于战国初期，通行本共20篇，每篇由若干章组成，共492章，不同的版本章节有出入，大多一事一章。每篇标题一般取前两字或三字，不能说明内容，不讲究文题相符。

自《论语》产生以来，对《论语》的研究与注释就没有间断过，古代（清以前）历代学者注释的书籍达3000多种，后世研究书籍更是多得无法完全统计。钱穆以魏何晏著《论语集解》、宋代朱熹著《论语章句集注》、清代刘宝楠著《论语正义》为各阶段研究《论语》的代表作。综合李零《丧家狗——我读〈论语〉》和杨逢彬《论语新注新译》中的评价，现代比较有影响的《论语》注本大致有如下几种：赵纪彬《论语新探》、杨伯峻《论语译注》、钱穆《论语新解》、李泽厚《论语今读》、潘重规《论语今注》、李零《丧家狗——我读〈论语〉》、杜道生《论语新注新译》、杨逢彬《论语新注新译》、孙钦善《论语新注》等。

四、《论语》的核心思想

《论语》内容丰富，博大精深，关于其核心思想主要有两种说法，一种认为是仁，一种认为是礼。笔者赞同《论语》核心思想是仁的说法。什么是仁？孔子说："仁者，人也。"（《礼记·中庸》）据杨伯峻先生统计，仁在《论语》中出现了109次，《论语》通篇都在讲做人的道理。所以有人称儒学为仁学，称儒教为礼教，这也说明儒学与儒教是有区别的。

在《论语》中孔子对仁没有确定的说法，对象不同，说法不同，即使针对同一个人，不同的场合说法也不一样，也说明仁内容的丰富性。

在回答樊迟问仁时，孔子说："爱人。"（《论语·颜渊》）这是对仁的最简洁的回答，连翻译都不需要。在与子贡的对答中，孔子说："己欲立而立人，己欲达而达人。"（《论语·雍也》）这里孔子提出了比仁者还高的一个境界，就是圣者。圣者就是要能"博施于民而能济众"，意思是能给老百姓很多好处又能普遍周济大众。这种圣者既要有高尚的品德，还要有一定的权力才能做到，一般人是做不到的。孔子认为他自己是做不到的，他在《论语·述而》中说："若圣与仁，则吾岂敢？"甚至连尧、舜也难以做到："尧舜其犹病诸？"但一般人做一个仁人还是可以做到的，因为仁人的标准要低一些，"己欲立而立人，己欲达而达人"，就是自己想要站得住，也要帮助别人站得住；自己想发达，也要帮助别人一起发达。推己及人，将心比心。在《论语·卫灵公》里与子贡的对答中，孔子提出"己所不欲，勿施于人"。"己欲立而立人，己欲达而达人"，这是从积极的方面说仁，重点在忠，是对他人的责任，是尽心帮助他人。"己所不欲，勿施于人"着重讲恕，是对自己的约束，自己不想要的，不可强加给别人，也是将心比心，推己及人，两者合起来就是"忠恕之道"。这是仁的具体内容，也是孔子"一以贯之"的核心思想。

孔子的弟子有若提出：孝弟为人之本。（《论语·学而》）也就说，仁是从爱亲出发的，一个仁者首先要爱自己的亲人，爱父母，爱兄弟姐妹。如果一个人连自己的家人、亲人都不爱，很难会去爱别人，如果不"爱人"，也就不能说是仁者。所以，儒家把"孝弟"的作用看得很重，不仅是仁的根本，还与社会国家安定联系在一起。他们认为，一个人能做到"孝弟"，就不会犯上作乱，就不会造反。为什么这样说呢？这要从封建宗法制社会说起，周朝建立后，实行封建分封制，天子将自己的兄弟、儿子分封到各地做诸侯，诸侯又将自己的兄弟、儿子分派到各地做大夫，天子与诸侯、诸侯与大夫之间既是君臣关系，又是父子、兄弟关系，一个人孝顺父母、亲爱兄长就是忠诚君主、忠诚国家，当然也就不会犯上作乱，不会造反，国家和社会就会安定。

礼也是《论语》的一个重要思想，在《论语》中出现了70多次。礼主要指"周礼"，就是一整套规范的礼节、仪式，也指人们的道德规范。在《论语·季氏》中孔子提出"不学礼，无以立"，意思是说，一个人不学会礼仪礼貌，就难以立身。在颜渊问仁中，孔子提出："克己复礼为仁。"（《论语·颜渊》）这里包括两个方面的内容，一是约束克制自己的欲望，二是言行符合礼制规定。仁是内在的心性修养，礼是外在的各种规定，二者紧密结合。具体内容就是"四勿"（"非礼勿视，非礼勿听，非礼勿言，非礼勿动"），体现在"看、听、说、行"四个方面。礼是人们共同遵守的伦理道德规范。所谓"克己复礼"就是当个人与他人和社会发生观念、利益等冲突时，每个人都要适当地克制自己的私欲，自觉地使自己的思想、行为都符合礼（即社会伦理道德规范），这样就能做到最大限度的“爱人”，从而协调人际关系，维护社会秩序，缓和社会矛盾。也就是说，仁的核心是“爱人”，“爱人”必须“克己”，“克己”才能“爱人”。但礼是为仁服务的，仁是内在根本，是内容，礼是外在约束，是形式。

除仁与礼外，《论语》中还提出了一系列重要思想，反映在政治、经济、修身、治学等多方面，比如“义、孝、忠、信、君子、中庸、天命”等，这里不做详论，读者可在阅读《论语》中仔细留意。

孔子是一位伟大哲人，《论语》是一部伟大著作，涉及政治主张、哲学观念、教育学说、伦理思想、道德修养、为人处世等丰富内容，许多内容都是中华民族传统文化的源头和精华，现在及将来仍有伟大的现实意义。当然，孔子是人不是神，《论语》不是每一句都是真理，不是句句正确，更不是一句顶一万句。把孔子思想看得一文不值，是文化虚无主义的表现，肯定是浅薄无知；把孔子思想看作所有时代、解决所有问题的灵丹妙药，包医百病，也是荒唐可笑的。对于《论语》及孔子思想包括中华传统文化，我们首先需要认真学习，辨识原典，理解真义，然后联系现实，联系自身，古为今用，让辉煌灿烂的中华古代文化与个人契合，不断提高自身修养，与现实接轨，使其焕发出时代的光芒。

2020 年 11 月于绵州厚园

目　录

《论语·学而》第一 001
《论语·为政》第二 023
《论语·八佾》第三 050
《论语·里仁》第四 074
《论语·公冶长》第五 094
《论语·雍也》第六 120
《论语·述而》第七 144
《论语·泰伯》第八 174
《论语·子罕》第九 191
《论语·乡党》第十 215
《论语·先进》第十一 234

《论语·颜渊》第十二 258
《论语·子路》第十三 279
《论语·宪问》第十四 303
《论语·卫灵公》第十五 336
《论语·季氏》第十六 363
《论语·阳货》第十七 377
《论语·微子》第十八 398
《论语·子张》第十九 409
《论语·尧曰》第二十 427
主要参考文献 433

《论语·学而》第一

【题解】

《论语·学而》是《论语》第1篇的篇名。《论语》分篇没有严格的体例，大致根据内容相近编成，各篇一般都是摘取第1章的前两三个字作为该篇的篇名。本篇共16章，以论学和道德修养为主，兼及论政。本篇名言有“吾日三省吾身”“节用而爱人，使民以时”“礼之用，和为贵”等。

1·1

子曰①：“学而时习②之，不亦说③乎？有朋自远方来，不亦乐④乎？人不知而不愠⑤，不亦君子⑥乎？”

【注释】

①子：中国古代对男子的尊称，有时也泛称男子。《论语》中“子曰”的子，都指的是孔子，相当于现代的“先生”。

②时：经常，时常。习：实习、练习。

③说（yuè）：同“悦”，愉快、高兴。

④乐：与“说”有所区别，悦重在内心，乐显见于外。

⑤愠（yùn）：恼怒。

⑥君子：《论语》中的“君子”往往与“小人”相对，但各处“君子”的意思并不完全相同，有时指有德者，即品格高尚的人；有时指有位者，须根据前后文的意思来确定。此处指品格高尚的人。

【译文】

孔子说："学了又时常温习和练习，不是很愉快吗？有志同道合的人从远方来，不是很令人高兴的吗？别人不了解我，我也不恼怒，不也是君子吗？"

【读记】

这是《论语》的首篇首章，字面好懂，初看并不复杂，李泽厚在《论语今读》中认为"作为论语首章，并不必具有深意"。

但要完全理解它也不是那么容易的事。本章连用"说""乐""君子"讲了三件值得快乐的事情，从此处理解本章非常重要。孔子少年贫困，中年奋斗，老年奔波，周游列国，穷愁潦倒，老年悲戚，单从生活中看，从吃喝玩乐和享受方面看，他一生并不快乐。

然而，孔子不同于一般人之处，或者说孔子的伟大之处就在于，他有自己追求的快乐。他的快乐是什么？就是"学"，就是本章讲的"学而时习之""有朋自远方来""人不知而不愠"。学习知识又经常复习验证知识，很愉快；学问大了，名气也大了，远方志同道合者慕名而来，切磋学问，很快乐；同时，一个人学问再大，也有人不了解、不认可，抑或是这样，也不恼怒，这就是君子。两千多年后，德国哲学家尼采主张人必须赋予生命以目的和意义，否则就很空虚和痛苦。孔子就是在给自己的生命赋以目的和意义。

本章所讲看上去是三种快乐，实际上说的就是一种快乐，就是"学"的快乐，也可以说是"学"的三个阶段。按钱穆《论语新解》的解读，"学而时习"，是指在开始学习的阶段，经常学习，反复学习，在实践中练习，养成学习习惯，打下知识基础、思维基础，也就是孔子讲的"十五志于学"的阶段。"有朋远来"，是指中年学习有所成就，可以与天下学者讨论，也就是孔子讲的"三十而立"的阶段。"人不我知"，是指学邃行尊，达于学问的最高境界，也就是孔子讲的"五十而知命"阶段。这三个阶段是相互联系互为因果的，学者只有"学而时习之"，才可能"有朋自远方来"；只有学问达到一定的功底境界，才会有天然的自信，才会"人不知而不愠"。"不愠"不止是一种心态，更重要的是有深厚学养为基础，不是一般的学习者所能达到的。傅雷在写给儿子的家书中也说："'人不知而不愠'，是人生最高修养，自非一时所能达到。"

有些从来没有认真读过《论语》的人听说北宋有一个人叫赵普，赵普曾称“半部《论语》治天下”，于是他们就以为《论语》是讲统治之术的，是讲权力之术的。这样理解就大错了，《论语》中最重要、最有用的内容，就是讲“学”，孔子最得意的弟子颜回就是最“好学”的，他自己最成功的也是“学”，最认可的品质也是“好学”。后来的人们给孔子封了许多“家”的称号，我觉得“学者”“教育家”最恰当。

《论语》的编选者并没有把儒家最重要的概念“仁”放在首章，而是把《论语·学而》放在全书之首，应该是具有深意的，并不是随意编排。宋代学者朱熹对本章评价极高，说它是“入道之门，积德之基”。《论语》全书中还将有多处讲到“学”，在《论语·阳货》中讲到“六言六蔽”，说的是“仁、知、信、直、勇、刚”这六种好品德，都是建立在好学的基础上，如果不好学就会转化成弊端。

值得注意的是，孔子讲的“学”不只是学习文化知识，更重要的是提高自身道德修养，成为一个君子。“学”不是目的，只是手段。

作为哲学家、思想家，李泽厚先生虽然认为本章并不必具有深意。但他从本章突出“说”“乐”二字，看出另外一层深意——他提出与西方“罪感文化”、日本“耻感文化”相比较的“乐感文化”，并认为这是以儒学为骨干的中国文化的特征或精神，这种文化不谈论、不构想超越此世间的形上世界（哲学）或天堂地狱（宗教），重在此世间的快乐。

从李先生的角度或许可以解释中国人何以重视此岸快乐而不太重视彼岸快乐，并由此造成宗教不盛、信仰不坚。

1·2

有子①曰:“其为人也孝弟②，而好犯上者③，鲜④矣;不好犯上，而好作乱者，未之有也⑤。君子务本，本立而道⑥生。孝弟也者，其为仁之本⑦与！”

【注释】

① 有子：孔子学生，姓有，名若，小孔子 33 岁。《论语》对孔子学生一般多称字，只有对曾参、有若、闵子骞、冉有四人称“子”。孙钦善在《论

语新注》中认为，凡对孔子弟子称“子”的内容可能是孔子弟子的弟子所记。

② 孝弟（tì）：孝，指善事父母。弟，同“悌”，指善事兄长。

③ 犯上：犯，冒犯。上，指在上位的人。

④ 鲜（xiǎn）：少。

⑤ 未之有也：“未有之也”的倒装句，在古汉语否定句中，代词做宾语时放在动词之前。

⑥ 道：指孔子提倡的仁道，就是治国做人的基本原则。

⑦ 为仁之本：仁是孔子的核心思想，最高的道德范畴，含义很多，面对不同的学生，孔子有不同的阐述。为仁之本，即以孝弟作为仁的根本。

【译文】

有子说：“为人孝顺父母，尊爱兄长，而喜欢冒犯上级，这样的人是很少的。不喜欢冒犯上级，而喜欢造反的人从来没有过。君子要在根本上专心下功夫，根本建立了，‘仁道’就会产生。孝顺父母、尊爱兄长，就是‘仁道’的根本吧！”

【读记】

《论语》在第 1 章谈“学”之后，紧接着在第 2 章就讲作为孔子及儒家最重要的思想“仁”，但本章并没有解释什么是“仁”，却讲的是“孝弟”，因为“孝弟”是“仁”的出发点。

按《论语·颜渊》中孔子回答樊迟的话，仁就是“爱人”，到了孟子那里直接变成“仁者爱人”。仁者首先要爱自己的亲人，爱父母，爱兄弟姐妹，如果一个人连自己的家人亲人都不爱，很难说会去爱别人，如果不“爱人”，也就不能说是“仁者”。所以，在儒家看来，“孝弟”是仁之本。

本章把“孝弟”的作用看得很重，认为这不仅是“仁”的根本，还与社会国家安定联系在一起。认为一个人能做到“孝弟”，就不会犯上作乱，就不会造反。为什么这样说呢？这要从封建宗法制社会说起。周朝建立后，实行封建分封制，天子将自己的兄弟、儿子分封到各地做诸侯，诸侯又将自己的兄弟、儿子分派到各地做大夫，天子与诸侯、诸侯与大夫之间既是君臣关系，又是父子、兄弟关系，一个人孝顺父母、敬爱兄长就是忠诚于君主、忠诚于国家，当然也就不会犯上作乱，不会造反，国家和社会就会安定。

春秋末期，礼崩乐坏，作乱造反之事比比皆是，父杀子、子弑父、兄弟相残层出不穷，人们早就不“孝弟”，不“仁”了，正因为看到这些现实，所以，孔子才要呼吁“仁”，呼吁“孝弟”。

“孝弟”是古代宗法制社会家庭的核心观念，主要是要求子事父、弟事兄。“孝弟”的观念影响深远，自春秋战国以后的历代封建统治者，大多主张“以孝治天下”，“孝”与“忠”紧紧相连，有的封建统治者甚至提出“求忠臣必出于孝子之门”。当国家危难、忠孝不能两全时，国家往往要求“移孝作忠”。

儒家以“孝弟”为“仁”之本是基于古代氏族社会统治秩序而言的，只有保证血缘关系的尊卑上下，才能保证一个家庭、一个家族、一个部落统治秩序的稳定。但是，随着社会的发展，特别是氏族社会的崩溃，社会关系也在发生着巨大的变化，就一个家庭而言，处理好“男女”关系、“夫妇”关系对于稳定一个家庭可能更为重要，如果“男女”关系、“夫妇”关系处理不好，“孝弟”关系也就无从谈起。

本章标明“有子曰”，说明这不是孔子说的原话，《论语》里面的话并不都是孔子所说，不少是孔子的弟子所说，但他们的言论大多也反映了孔子的思想。

1·3

子曰：“巧言令色①，鲜②矣仁。”

【注释】

① 巧言令色：巧、令，指美好。巧言，花言巧语。令色，装出和颜悦色的样子。

② 鲜：少。

【译文】

孔子说："花言巧语，假装和善，这种人很少有一个仁人那样的真情实意。"

【读记】

上一章说"仁"的正面，说"仁"的表现之一就是"孝弟"。这一章讲"仁"的反面，说不"仁"的表现就是"巧言令色"。

"巧"和"令"本来是美好的意思，但在这里的"巧"和"令"是一种表面的好，装出来的好，不真诚。"巧言"，是指言不由衷，说的不是自己想说的话。"令色"，是指表面摆出好的脸色，却又不是发自内心，就是俗话说的"皮笑肉不笑"。

孔子把喜欢多说话、说漂亮话、说假话的人当作"不仁"的人，这里的"不仁"主要是指不真诚。花言巧语，工于辞令，说的比唱的好听，就是没有行动，说一套，做一套，自然不是"仁"。表面和颜悦色，内心尖刻恶毒，口蜜腹剑，也不是"仁"。

1·4

曾子①曰："吾日三省②吾身——为人谋而不忠③乎？与朋友交而不信④乎？传不习⑤乎？"

【注释】

① 曾子：孔子学生，姓曾名参（shēn），字子舆，比孔子小 46 岁。曾参以孝出名，据说《孝经》就是他撰写的。

② 三省（xǐng）：省，检查、反思。三省：多次检查反思。古代在动作性动词前加数字，表示频次多，不必认定为具体数字，比如"三思而后行""三月不知肉味""三人行必有我师"。与"三"相类的还有"九"这个数字。

③ 忠：指对人尽心竭力。

④ 信：诚实守信。

⑤ 传不习：传，一说指老师传授给自己的学业，一说指自己传授给别人

的东西。杨伯峻在《论语译注》中用的前者，钱穆的《论语新解》、李泽厚的《论语今读》用的后者。结合前两句的内容，笔者认为后者的理解更为贴切。而且，此时孔子已去世，指自己传给学生的知识比较合适。习，与“学而时习之”的“习”字一样，指温习、实习、演习等。

【译文】

曾子说：“我每天多次检查反省自己——为别人办事是不是尽心竭力了呢？同朋友交往是不是做到诚实守信了呢？传授给别人的东西是不是自己实践过了呢？”

【读记】

儒家十分重视个人的道德修养，以求塑造理想人格，而其中的一个重要方法就是常常反省总结。特别强调修养的自觉性，不是像法律法规那样利用外在的强迫和压力，而是一个人内心的需求，是一种自觉行动。“省”也成为后世许多人取名的一个好字，比如，现代著名数学家陈省身、古文字学家于省吾等。

曾子提出反省的内容主要是三个方面：“忠”“信”“习”。“忠”是指替别人办事努力，也可理解成工作上尽职尽责，对国家忠诚。“信”是指在社会上与人的交往诚信，兑现诺言。“习”是指自己所讲授给别人的东西，经过认真思考，躬身实践，确有心得，不是人云亦云，拾人牙慧，误人子弟，王阳明的名著《传习录》即以此取名。

儒家提倡的反省不同于西方的忏悔。中国人没有那种与生俱来的罪孽深重的原罪观念，也较少有恐惧性的自我折磨和摧残。也因为如此，这种反省的密度和力度就不会很大，真正能长期做到的人很少，也没有宗教那般虔诚，而且大部分的反省都是虚的，毕竟没有一定的压力，不管是外在还是内心的，仅靠自觉是很难做到的。

同时，以现在眼光看，儒家提倡的“忠”“信”在社会中效果并不好。历朝历代，个人道德修养真正达标者寥寥无几。敷衍塞责、尸位素餐者大有人在；言行不一、不讲诚信、坑蒙拐骗者，比比皆是。这说明，要建立良好的社会秩序，个体的内省固然重要，但外在的约束、制度的限制也十分重要，甚至更加重要。

1·5

子曰："道[①]千乘之国[②]，敬事[③]而信，节用而爱人，使民以时[④]。"

【注释】

① 道：同"导"，治理。

② 千乘（shèng）之国：乘，意为辆，是指古代军队的基层单位。古代四匹马拉一辆战车，加上甲士、步卒等 100 人合称一乘，拥有车乘的多少表示一个国家的大小强弱。千乘之国，指拥有 1000 辆战车的国家，最开始算比较大的诸侯国，到孔子时代已不算大国了。

③ 敬事：敬，严肃、谨慎。事，政务。

④ 使民以时：时，指农时。以时，按时，不违农时。使民，差使老百姓。

【译文】

孔子说："治理一个拥有 1000 辆兵车的国家，就要严肃、谨慎地处理国家政务，恪守信用，节约财政开支，爱护官吏臣僚，差使百姓不要误农时。"

【读记】

《论语》一书虽然文字简短，但内容却极丰富，其中所谈不仅仅是思想、教育、文化、个人修养等，还有政治、军事等众多内容。本章谈的就是国家治理问题，要求为政者要重视五件要事：一是要严肃认真，办理政务；二是要恪守信用，令出必行；三是节约用度，力戒奢靡；四是要爱护官吏；五是差使百姓要注意分清农闲农忙，不要误了农时。

本章第一次出现"人"与"民"的概念。有学者考证，古书中的"人"有广义、狭义之分，广义的"人"指一切人，狭义的"人"只指大夫以上的各阶层的人。"民"指下层大众，也就是今天说的老百姓。

这里提出的"敬"字需要引起注意，它在《论语》中是一个重要概念。

它既是一种外在态度，更是一种内在情感。儒家本起源于巫术礼仪，讲究对鬼神的尊敬畏惧，后又成为对生活的态度和情感要求，最终扩大为对人事、伦常、政务的敬畏、敬重。现代不少人对什么事、什么人都无所谓，都大而化之，就是因为心中缺乏一个“敬”字。

为什么说要“使民以时”？因为古代老百姓要服劳役，参加国家的一些大型修建活动，比如筑城墙、修路桥等，这些劳役是没有报酬的，他们的报酬只能靠自己种田而来。农业生产是讲究时令的，错过时令就会误了农时，就没有收成，老百姓就会生活无着，就会心生抱怨和不满。所以，执政者差使百姓最好在农闲季节。

本章讲的都是治国理政的良好方略，可惜后来不少统治者不能遵行，甚至与之背道而驰。有的沉迷玩乐，不理政事；有的铺张浪费，挥霍无度；有的穷兵黩武，随意发动战争；有的大肆修建政绩工程或皇家工程，随意役使人民，用尽民力国力。这些统治者最后都会导致生产停滞、民生凋敝，陷民于水深火热之中，最终身死国灭。

1·6

子曰：“弟子①入②则孝，出③则弟，谨④而信，泛爱众，而亲仁⑤，行有余力则以学文⑥。”

【注释】

①弟子：一般有两种含义，一是年纪较小、为人弟为人子的人；二是指学生。这里是指第一种。

②入：古代时父子分别住在不同的居所，入是指进到父亲住处，也可以指在家里。

③出：是与“入”相对而言，指外出、在外面。

④谨：寡言少语。

⑤仁：仁人，有仁德之人。

⑥文：文献知识。

【译文】

孔子说："年轻人在家里要孝顺父母；出门在外，要敬爱兄长，要寡言少语，诚实可信，要博爱众人，亲近那些有仁德的人。做好了这些之后，如果还有余力，就去学习文献知识。"

【读记】

本章谈的是对年轻人的教育问题，具体就是四点：孝弟、谨信、泛爱、亲仁。孔子办教育，把培养学生的道德观念、道德行为放在第一位，把学习文化知识放在第二位。他要求年轻人首先要致力于孝弟、谨信、泛爱、亲仁等品德的修养和提高，培养良好的道德观念和道德行为，如果还有闲暇时间和余力，则学习古代典籍，增长文化知识。

"孝弟"在本篇的第2章也出现过，本章再次强调，是因为孔子把"孝弟"看作为人之本，是"仁"的出发点，要求道德修养从家庭生活、日常生活做起，不能只是空喊口号。

1·7

子夏①曰："贤贤②易色③；事父母，能竭其力；事君，能致其身④；与朋友交，言而有信。虽曰未学，吾必谓之学矣。"

【注释】

① 子夏：孔子学生，姓卜，名商，字子夏，比孔子小44岁。

② 贤贤：第一个"贤"字为动词，尊重。第二个"贤"是名词，贤德善行。

③ 易：有两种解释，一是改变，此句即为尊重贤者而改变好色之心；二是替代交换，即用看重贤德来替代看重女色。笔者取第二种解释。

④ 致其身：致，奉献、给予，指把生命奉献给君主。

【译文】

子夏说："一个人能够看重贤德而不以女色为重；侍奉父母，能够竭尽全力；服侍君主，能够献出生命；同朋友交往，能信守承诺。这样的人，尽管他自己说没有学习过，我一定说他已经学习过了。"

【读记】

本章再次谈到“学”。上一章有“行有余力，则以学文”一句，本章中子夏所说的这段话，实际是对上章的进一步发挥，再次说明，儒家学说重在实践，而不只是学习书面知识。子夏认为，一个人有没有学问，他的学问的好坏，主要不是看他的文化知识，而是要看他能不能实行“孝”“忠”“信”等传统伦理道德。只要做到了这几点，即使他说自己没有学习过，他已经是有道德修养的人了。

把这一章与前一章联系起来阅读分析，就更加可以看到孔子的教育重在德行、重在实践、知行合一的基本特点，孔子的“学”内容很广泛，不是有些人片面理解的只是学书本知识、文化知识。

本章还有一个难点即对“贤贤易色”的理解，而重点又在“易”字上。据有的学者梳理，“易”大概有三种解释：一是改变，全句意为尊重贤者而改变好色之心；二是替代交换，全句意为用看重贤德来替代看重女色；三是轻视，全句意为尊重贤者，轻视女色。杨逢彬的《论语新注新译》就将此句译为“轻视美色”。笔者赞同李零在《丧家狗——我读〈论语〉》中的观点，以第二种解释为最好。因为，食色，性也，喜欢美色是人之必然，改变是不大可能的，轻视也不可能。孔子在《论语·子罕》和《论语·卫灵公》中也两次说到“吾未见好德如好色者也”。有些属于人性根本上的东西，要消灭强压是不大可能的，找另外一种东西来代替的可行性要大得多。

1·8

子曰：“君子不重①，则不威；学则不固②。主忠信。无友不如己者③。过则勿惮④改。”

【注释】

① 重：庄重、自持。

② 固：巩固、坚固。

③ 无友：不要交朋友。不如己：一种解释为不如自己；另一种解释是指与自己不同道，把“如”解释为“类似”。笔者采用后一种解释。

④惮（dàn）：害怕、畏惧。

【译文】

孔子说："君子如果不庄重就没有威严，所学的东西也不能巩固。要以忠诚守信为主。不要同与自己不同道的人交朋友。有了过错，就不要怕改正。"

【读记】

本章中，孔子提出了君子应当具有的品德，也就是庄重威严、认真学习、慎重交友、过而能改等内容。

对"不重不威"，李泽厚在《论语今读》中解释为，作为君子应该从内心上严肃认真，外表上庄重威严，扎实的学问有丰富的实践基础，外表的端庄有良好的德行支撑，才会赢得别人的信任和尊敬。那种只是外表容颜庄重威严、道貌岸然，内心空虚、卑劣猥琐的人，是伪君子、假道学。

对"无友不如己者"的理解争议较大。多数《论语》的注译本直接按字面翻译为"不要跟不如自己的人交朋友"。李泽厚则认为，如果这样理解，任何人将不可能有朋友，因此他在《论语今读》中将这句话译为"没有不如自己的朋友"。钱穆在《论语新解》中认为"本章绝非教人计量所友之高下优劣，而定择交之条件"，他将这句话翻译为"莫和不如己的人交友"，他解释为，选择交友要像选择老师一样，要选择贤者，选择超出自己的人。笔者采用的是另外一种意义，即选择朋友要选择志同道合者，也是联系了本篇第1章中"有朋自远方来"的意思。

本章中提出君子最大的优点是"过则勿惮改"，错了就承认，就改正，这是对待错误和过失的正确态度。"人非圣贤，孰能无过"，但每个人对待错误和过失的态度却不一样。有的人"过而能改"甚至"闻过则喜"；有的人认识不到错误和过失，始终认为自己在任何时候任何事情上都是正确的，即使认识到了也不愿承认，更不愿改正，致使同样的错误反复出现，在跌倒的地方反复跌倒。

1·9

曾子曰："慎终[1]追远[2]，民德归厚矣。"

【注释】

① 慎终：慎，敬。终，父母老死。指认真对待父母的去世。

② 追远：追，追怀、祭祀。远，指祖先。

【译文】

曾子说："认真地对待父母的去世，追怀、祭祀久远的祖先，老百姓就会趋于忠厚老实了。"

【读记】

丧礼对于人类极为重要。李泽厚在《论语今读》中引述现代人类学家的话，认为人知道埋葬死者，或给死者以某种丧葬形式，是人的族类自觉的开始，动物一般没有这种行为。

儒家不重鬼神，"子不语乱力怪神"，但特别重视丧祭之礼。因为早期儒者主要从事的就是丧祭工作，之后经过一代代大师特别是孔子及其以后大师的努力，渐渐把丧祭之礼改造、提升、扩大到家庭人伦、社会交往、政治生活之中，胡适在《原儒》中对此有详细的论述。

在孔子的观念中，祭祀不单是祭祀亡灵，更是体现出一种超越功利的真情实感。因为，此时死者已无所求，生者也无所报，只有一种怀念的情感。儒家更是把祭祀之礼看作一个人孝道的继续和表现，通过祭祀之礼，可以寄托和培养个人对父母和先祖尽孝的情感；同时，也可以使生者珍惜生命并努力修德行善。

"孝"是孔子及儒家的一个重要道德观念和道德行为，另外一个与之相联的观念和行为是"忠"，前者是子女对父母而言，后者是人民对国家、对国君而言。儒家认为，孝是忠的基础，忠是孝的延伸和外化。一个不能对父母尽孝的人，他是不可能为国尽忠的。儒家希望把人们塑造成有教养的忠孝两全的君子，如果人人都能做到忠与孝，那么社会与家庭就可以得到安定。

1·10

子禽[①]问于子贡[②]曰："夫子[③]至于是邦[④]也，必闻其政，求之与？抑[⑤]与之与？"子贡曰："夫子温、良、恭、俭、让[⑥]以得之。夫子之求之也，其诸[⑦]异乎人之求之与？"

【注释】

① 子禽：姓陈名亢，字子禽。有的说他是孔子学生，有的说不是。

② 子贡：孔子学生，姓端木名赐，字子贡，卫国人，小孔子 31 岁。子贡善辩，孔子认为他可以做大国的宰相。据《史记》记载，子贡在卫国成为有名的商人，财产累千金。

③ 夫子：敬称，古代凡是做过大夫的人都可以敬称之为夫子，孔子曾担任过鲁国司寇，他的学生们称他为"夫子"，后来以此敬称老师。

④ 邦：指当时割据的诸侯国家。

⑤ 抑：还是，表示选择的文言连词。

⑥ 温、良、恭、俭、让：温顺、善良、恭敬、俭朴、谦让。

⑦ 其诸：语气词，大概，或者。

【译文】

子禽问子贡说："老师到了一个国家，总是听到那个国家的政事。这是他自己求得的呢，还是人家国君主动告诉给他的呢？"子贡说："老师是靠温、良、恭、俭、让获得的。他获得的方法，大概与别人获得的方法不同吧？"

【读记】

孔子周游列国，发表了很多政治言论，也为其中的一些国家出谋划策，指点江山，给人一种他很了解各国情况、精通各国政治的感觉。但他的这些信息从哪里来的呢？是孔子自己努力去搜求的呢，还是这些国家主动给孔子的呢？他的学生子禽产生了疑问。从这个问句中我们还可以读出子禽对孔子不满的意思，子禽怀疑孔子周游各国，是为了主动干政。

但子贡毕竟是子贡，他的问答既巧妙地化解了子禽的疑问，又顺便彰显出孔子的“温、良、恭、俭、让”品德。子贡是孔子得意门生，孔门十哲之一，言语科排名第一。他在《论语》中出场很多，次数仅次于子路，这是他第一次出场。他每一次出场都是大力维护孔子的形象，他在孔子墓旁结庐守墓六年。子贡此处的回答既没有回避孔子对从政的主动追求，又说明孔子的追求是凭借自己的高尚道德，孔子之所以受到各国统治者的礼遇和器重，就在于孔子具备温和、善良、恭敬、俭朴、谦让的道德品格。这一切都是自然得到，不是刻意追求的，他的这种追求与其他人以财色钻营完全不一样，有高下之别。

“温、良、恭、俭、让”这五种道德品质在后世广为人知，其中，“让”在人格塑造和社会和谐中，起着十分重要的作用。“让”是在功名利权上先人后己，在职责义务上先己后人。夸功好胜、争名争利以及争不到便怨恨别人都不符合“让”的原则。如果人人及各方都能做到“让”，则社会少争端，天下少战争，社会就和谐，国家就安定。

同时，从本章中的“求”字可以看出，孔子是热心主动地过问各国政治，参与政务和社会活动。孔子不是老子和庄子，儒家也不是道家和后来的佛家，他是积极入世，不是消极遁世，即使知其不可为，也要努力为之。

1·11

子曰：“父在，观其志①；父没，观其行②；三年③无改于父之道④，可谓孝矣。”

【注释】

①其志：其，他的，指儿子。志，志向，意念。

②行：指行为举止等。

③三年：指三年守丧期间。

④道：指父亲生前定下的原则规定。

【译文】

孔子说：“当他父亲在世的时候，要观察他的志向，看他怎么想；在他父亲死后，要考察他的行为，看他怎么做；三年不改变父亲生前定下的原则规定，这样的人可以说是尽到孝了。”

【读记】

本章讲“孝”的表现，重点在“三年无改于父之道”。孔子这个观点受到许多人的批评，批评者认为这个观点太强调服从，太僵化，是愚孝愚忠，不利于社会发展，也不符合事物发展变化的规律。鲁迅在《我们现在怎样做父亲》中说：“只要思想未遭锢蔽的人，谁也喜欢子女比自己更强，更健康，更聪明高尚，——更幸福；就是超越了自己，超越了过去。超越便须改变，所以子孙对于祖先的事，应该改变，‘三年无改于父之道可谓孝矣’，当然是曲说，是退婴的病根。”

杨伯峻在《论语译注》中把这句话中的“道”解释为“合理部分”，按这样解释，不改的只是父亲的“合理部分”，言下之意，不合理的部分是可以改变的，改了也可以是“孝”。

显然，杨伯峻先生是在为孔子打圆场，但笔者感觉有些牵强，不一定符合原意。李泽厚在《论语今读》中的解释也许更为合理，他认为，所谓“不改”，是承继父业，不轻易改动，这是氏族传统的要求；即使改动，也得慢慢来，所以要“三年”之后才动。保持本氏族的生存经验的重要性，才是“三年无改于父之道”这一传统的真正原因，这才是关键所在。

笔者同意李泽厚先生的解释角度，理解这段话不能离开当时的时代背景，即氏族社会。不能仅仅局限在父亲的规矩、主张上面，不能仅仅局限在家这个层面。孔子在这里重点强调的是以血缘为纽带的政统的连续性，追求的是社会的稳定性。他的长远深意恐怕还在于希望统治者不要改动尧、舜、周公那样的“父”之道，从而恢复古代的礼乐文明。

1·12

有子曰：“礼之用①，和为贵②。先王之道③，斯④为美；小大由之。有所不行，知和而和，不以礼节⑤之，亦不可行也。”

【注释】

① 礼：指周礼，重点指区别上下尊卑等级的礼节、仪式，也包括人们的道德规范。用：推行应用。

② 和：和谐、恰当。贵：最好。

③ 先王之道：指尧、舜、禹、汤、文、武及周公等古代帝王贤臣的治世之道。

④ 斯：这、此，指“礼之用，和为贵”。

⑤ 节：节制。

【译文】

有子说：“礼的应用，以和谐恰当为最好。古代君主的治国方法，可宝贵的地方就在这里，不论大事小事都如此。但也有行不通的时候，为和谐而和谐，不以礼来节制和谐，那也是行不通的。”

【读记】

“和为贵”是《论语》中最让人熟知的词语之一，而且演变成为处理人与人、社会组织与组织之间甚至国与国之间的一个准则，以此演变成许多意思相近或者说相混的词语，诸如和谐社会、和气生财、和气致祥、和衷共济、家和万事兴等，成为中国文化的重要传统和重大特征。

但是，作为儒家一个重要的观念，“和”的本义与后来人们理解的意思是有区别的。“和为贵”的前面是“礼之用”，这是孔子治国之道中“中庸”之道的反应。杨伯峻在《论语译注》中以《中庸》注“和”：“喜怒哀乐之未发，谓之中；发而皆中节，谓之和。”并引杨树达《论语疏注》：“事之中节者皆谓之和，不独喜怒哀乐之发一事也。”从这个意义上讲，“礼之用，和为贵”的真正含义是：礼的作用，是要维护社会的等级制度，做到“君君，臣臣，父父，子子”，最关键的是使各个等级的人和谐相处。如果只讲礼，只讲等级，不讲和谐，不行。但是，只讲和谐，或者为和谐而和谐，不受礼的约束也是行不通的。

可见，“和为贵”之“和”，是相对于“礼”而言的。“礼”讲究等级、讲究差别，但又容易造成矛盾，就需要“和”，需要等级下的秩序，秩序下的“和谐”。这里的“和”与一般所理解的和气、和睦、和善、友好有区别，是指“无相夺伦”，互不侵犯，也就是相安无事，谐而不乱，所以往往“和谐”连用。

儒家的最高境界是通过人与人的和谐以及自我身心的和谐最终达到人与自然的和谐。和睦的人际关系、和谐的社会环境，对于人的生存和发展至关重要。人类自古至今，因国界、宗教、种族、主权、经济利益的不同，思想、语言的差别，乃至因家庭、财产、感情等诸多问题，所引起的冲突不胜枚举，以至常常上演“争地以战，杀人盈野；争城以战，杀人盈城”的惨剧。儒家“和为贵”的观念，对匡正社会的种种弊病，不无裨益。

1·13

有子曰：“信近①于义②，言可复③也。恭近于礼，远④耻辱也。因⑤不失其亲，亦可宗⑥也。”

【注释】

①近：接近、符合。

②义：道义，指思想和行为符合一定的标准。

③复：兑现承诺。朱熹《论语集注》：复，践言也。

④远：动词，使动用法，使之远离，也可以译为避免。

⑤因：通姻，姻亲，外亲。

⑥宗：主、可靠。

【译文】

有子说：“讲信用要符合道义，才能履行承诺。讲恭敬要符合礼制，才能远离耻辱。姻亲也是自己的亲族，也就可靠了。”

【读记】

“信”和“恭”都是美德，但也有前提，有要求。讲信用要符合“义”，不是机械的守信。只有近于“义”的信才是大信，必须践行兑现，而不符合“义”的信是小信，可以不必履行。讲恭敬要符合礼制，讲究分寸，过分客气，过于谦恭，就会显得肉麻，自取其辱。

本章中“义”的意思很多，李泽厚认为有“正义”“适宜”“合理”“恰当”“公理”“规则”“应当”等内容，如果承诺的内容与“义”相违背，就无法兑现，也不能兑现。“礼”的内容很具体，古代的礼有明确的规定，如果恭敬不合礼制，不讲规矩，要么是侮辱别人，要么是自取其辱。

1·14

子曰：“君子食无①求饱，居②无求安，敏于事而慎于言，就③有道④而正⑤焉，可谓好学也已。”

【注释】

①无：不要。

②居：住处。

③就：靠近、看齐。

④有道：指有道德的人。

⑤正：匡正、端正。

【译文】

孔子说：“君子饮食不要求饱足，居住不要求舒适，对工作勤劳敏捷，说话却小心谨慎，到有道的人那里去匡正自己，这样可以说是好学了。”

【读记】

孔子在本章提出什么叫“好学”，不是我们一般理解的喜欢读书、学习成绩好、考取功名，甚至学而优则仕，如果仅仅是这样的“好学”标准就太低了，孔子也不会把它与“忠信”并列，甚至摆在更重要的位置，作为自己最优秀的品质了。

孔子的“好学”是多方面的高要求，是一个人成为君子的要求。具体说来，就是不追求吃得好、住得好，克制追求物质享受的欲望，把注意力放在塑造自己道德品质方面，工作勤奋，努力做事，说话谨慎，不夸夸其谈，经常到有道德的人那里去，请他对自己的言行加以匡正。本章再次说明孔子的“学”远不只是书本知识的学习，而是一个人道德知识修养等全方位的学习与实践。

1·15

子贡曰："贫而无谄[①]，富而无骄，何如[②]？"子曰："可也。未若贫而乐，富而好礼者也。"

子贡曰："《诗》云，'如切如磋！如琢如磨[③]'，其斯之谓与？"子曰："赐[④]也，始可与言《诗》已矣，告诸往而知来者[⑤]。"

【注释】

① 谄：巴结、奉承。

② 何如：怎么样。

③ 如切如磋！如琢如磨：见《诗经·卫风·淇奥》，指加工象牙和骨，切了还要磋，加工玉石，琢了还要磨，这里以加工治器的方法比喻治学和修身要精益求精。

④ 赐：子贡名，孔子对学生都称其名。

⑤ 告诸往而知来者：诸，同"之"，代词，指子贡。往，过去的事情。来，未来的事情。

【译文】

子贡说："贫穷而不谄媚，富有而不骄傲自大，怎么样？"孔子说："这也算可以了。但还不如虽然贫穷却乐于道，虽然富裕而又好礼之人。"

子贡说："《诗》上说，'要像对待骨、角、象牙、玉石一样，切磋它，琢磨它'，就是讲的这个意思吧？"孔子说："子贡呀，这样就可以和你讨论《诗》了，告诉你一个道理，你还能领会到我没有说出来的意思。"

【读记】

一般而言，人穷志短，贫穷势必求人，求人就要讨好人，就要露出谄媚相。如果一个人穷困却并不奉承献媚于人，那是不容易的。一些富裕的人因为有财富可以仗恃，说话声音大，走路横着走，骄傲自大，看不起人。如果一个人富裕，却能保持正常心态，低调为人行事，也不容易。

穷困不谄媚、富裕而低调虽然也不容易，但这还不是孔子最推崇的。孔子最推崇的是，贫穷却能安贫乐道，不以之为苦，不因为穷而觉得低人一等；富裕却懂得礼节，行事有修养，不因为富裕而觉得高人一等。按孔子的想法，如果社会上无论贫或富都能做到各安其位，便可以保持社会的安定了。

这两种态度虽然都难能可贵，但二者境界高下有别。“贫而无谄，富而无骄”是消极抵抗，是“不做什么”；“贫而乐，富而好礼”是主动积极追求，是“要做什么”。

孔子找子贡谈论贫富这个话题是找对了人，因为子贡是孔子学生中最会经商也最富有的，孔子其他学生大都出生寒门，比如颜回，他虽然最爱学习，但他是穷人，住穷陋的小房，每顿吃一小筐饭，喝一瓢水（没有肉汤）。人只有拥有足够的钱，才能真正看透钱，很少听到哪个穷人说自己把金钱看透了，视金钱如粪土。

聪明的子贡是孔子最喜欢的学生之一，在本章中，他举一反三，告诉他过去，他就联系到未来。他从孔子“贫而无谄、富而无骄”到“贫而乐、富而好礼”的话中，琢磨出由浅而深的道理。本章也体现了孔子的启发式教学特点。

1·16

子曰：“不患①人之不己知②，患不知人也。”

【注释】

①患：忧虑、担心。

②不己知：即“不知己”。

【译文】

孔子说：“不担心别人不了解自己，只担心自己不了解别人。”

【读记】

这段话是《论语》中比较简单的一段，似乎确实没有什么深意，杨伯峻在《论语译注》中对此句无注无释，只有一句简单的译文。

“知”与“不知”，在《论语》中多次出现，首章即有“人不知而不愠”的话，看似不经意，却自有前后连贯、首尾相顾之效，《论语》一书，看似漫不经心，散谈散对，实则自有巧妙。

中国知识分子多有求名的心态，能够看破的少之又少，孔子本人也未必就做到了。屈原有“老冉冉其将至兮，恐修名之不立”之忧，“青史留名”不仅是众多知识分子的追求，连《水浒传》中梁山好汉中也有此意。因为人生如朝露，肉身会朽，而名可以不朽。孔子这句话，是在教导人们不可一味追求虚名，而是要扎扎实实地求仁求道，完善人格修养。需要担心的是自己学问不深，修养不够，至于外界是否知道自己，并不重要。

后来的思想家、哲人也有类似的表述。鲁迅说“走自己的路，让别人去说吧”，为自己所当为，做自己所当做，毁誉无动于衷，荣辱在所不计。笛卡尔说“我思故我在”，自我的价值在于自身的思考追求，而不在于别人的评价、认可。

《论语·为政》第二

【题解】

本篇共24章，内容主要涉及政治、教化、学习、修养等，四者密不可分。本篇名言有“一言以蔽之”“三十而立，四十而不惑，五十而知天命，六十而耳顺”“温故而知新”“学而不思则罔，思而不学则殆”“知之为知之，不知为不知，是知也”等。

2·1

子曰：“为政以德①，譬如北辰②，居其所③而众星共④之。”

【注释】

① 为政以德：以，用。德，德行、仁爱。全句意思是以德治国，以德执政。

② 北辰：北极星，比喻当政者。

③ 所：处所，位置。

④ 共：同“拱”，环绕。

【译文】

孔子说：“当政者用德行来治理政事，就会像天上的北极星那样，安坐在自己的位置上，而群星都环绕着它。”

【读记】

本章表明孔子以“德”治国的思想，到底是“以德治国”好，还是“以法治国”好，长期以来就有争论。

对于“德”有不同的解释。道家解释为“君道无为”，就是无为而治，像北极星那样，永远不动。法家解释为“君逸而臣劳”，就是君主清闲，臣子辛苦。孔子及儒家的“德”是一种人格道德、个人品质，并以此引导规范全体社会成员的行为和生活，感召百姓，推行政事。

汉武帝“罢黜百家，独尊儒术”后，儒家思想渐渐成为主流思想、统治思想，“德”也为历代统治者大力提倡。但认真分析可以看出，主张严刑峻法、讲求统治之术的法家其实更为统治者内心接受并实际施行，有学者总结为“儒表法里”。

通读《论语》可以看出，孔子的德政具有丰富的内涵，包括道德教化、礼仪规范、惠爱人民、正己垂范等。而历代统治者不注意自身的人格道德修养，不为政以德，而是为政以暴，所以不能起到“众星共之”的作用。相反，有不少统治者人格道德低下，贪婪荒淫，以致上行下效，社会风气糜烂，最终陷入兴亡周期律而不能自拔。

值得注意的是，儒家提出“德”的同时，还提出了“礼”，即对氏族对社会进行规范约束。可惜，这些“礼”的宗教味、氏族味、道德味太重，理性太重，不可确定性太多，最终没有演变成良好的政治秩序、社会规则、刚性的法制，“德”也因此失效。

2·2

子曰：“《诗》三百①，一言以蔽②之，曰：‘思无邪③’。”

【注释】

①《诗》三百：《诗》，指《诗经》一书，实有 305 篇，“三百”只是举其整数。

② 蔽：覆盖，引申为概括。

③ 思无邪：此为《诗经·鲁颂·駉》中的一句，孔子借此评论所有《诗经》。思，语气助词，无意义。无邪，真诚无假。

【译文】

孔子说："《诗经》三百篇，可以用一句话来概括它，就是'真诚无假'。"

【读记】

《诗经》是中国最早的一部诗歌总集，是中国古代诗歌的源头，反映了周初至春秋时期约五百年间的社会面貌。《诗经》内容丰富，反映了劳动与爱情、战争与徭役、压迫与反抗、风俗与婚姻、祭祖与宴会，甚至天象、地貌、动物、植物等方方面面的内容。

孔子对《诗经》有深入的研究，是《诗经》最早的也是最准确最简练的评论者，相传他曾经对其增删编订，最终保留305首。孔子用"思无邪"来概括《诗经》的主题思想，主要是指其中的内容，无论孝子、忠臣、怨男、愁女皆出于至情流露，直写衷曲，毫无伪托虚假的意思。这实际上也是在讲诗歌应该描写真情实感的基本原则，不能虚情假意，无病呻吟。

孔子非常看重《诗经》，教育弟子以之作为立言、立行的标准，认为"不学诗，无以言"，意思是，不学《诗》在社会交往中就不会说话，因为当时懂点文化的人开口闭口都要引用《诗》。

既然普通人都在引用《诗》，学者更要引用，先秦诸子中，引用《诗》者颇多，如孟子、荀子、墨子、庄子、韩非子等人在说理论证时，多引述《诗经》中的句子以增强说服力。至汉武帝时，《诗》被尊为《诗经》，成为儒家经典之一。

现代人也不时引用《诗经》中的经典诗句，为说话增色，为文章添彩，比如，"窈窕淑女，君子好逑""青青子衿，悠悠我心""桃之夭夭，灼灼其华""执子之手，与子偕老""它山之石，可以攻玉""岂曰无衣？与子同袍""知我者，谓我心忧。不知我者，谓我何求""巧笑倩兮，美目盼兮"等。

2·3

子曰："道①之以政，齐②之以刑，民免③而无耻④；道之以德，齐之以礼，有耻且格⑤。"

【注释】

① 道：有两种解释，一为引导，二为治理。笔者取第一种解释。

② 齐：整治、整顿。

③ 免：避免、逃避。

④ 耻：羞耻之心。

⑤ 格：至，来，引申为认同归服。

【译文】

孔子说："用政令去引导，用刑法来整治约束，老百姓只是求得免于犯罪受惩，心中并没有廉耻之心；用道德教化引导，用礼制去统一规范，老百姓不仅会有羞耻之心，而且会真正认同归服。"

【读记】

本章谈治国方略，举出"德治"和"法治"两种截然不同的路径。孔子认为，法制禁令只能使人避免犯罪，不能深入人心，不能使人懂得犯罪可耻的道理。而道德教化比法制禁令要高明得多，既能使百姓守规蹈矩，又能使百姓有知耻之心。这是第1章孔子"为政以德"思想的延续：主德化，主礼治。强调内心世界，不是只管外在行为结果；强化感召，不是让人畏惧；强调上下情意相通，而不只是像刑法那样，纯以威法居上临下。

但道德教化在实际生活中往往归于失败，其根本原因在于在位者、在上者不能带头，世人真正注重自我人格修养、道德完善的人少之少，大多是以道德为标准去要求别人，口头与行动分离，伪道德、伪君子盛行。所以，纯以德治是行不通的，在用德治做到让人知耻、不愿违规违法的同时，还要用法治做到让人不能、不敢违规违法。

当然，只靠法制、制度也还是不行，没有德之教化，人们只是迫于要受处罚而守制度，只知道守制度是必需的，不知道守制度是应该的，而且往往会想方设法寻找制度的漏洞，钻制度的空子，而任何一项制度都不可能百分之百的完备。所以，最好的治国方略还是德教与法制双管齐下。

2·4

子曰：“吾十有[①]五而志于学，三十而立[②]，四十而不惑[③]，五十而知天命[④]，六十而耳顺[⑤]，七十而从心所欲，不逾矩[⑥]。”

【注释】

① 有：同“又”，古代计数法，在整数和零数之间加“又”表示。

② 立：懂得了礼，所以站得住。

③ 不惑：掌握了知识，不被外界事物所迷惑。

④ 天命：指不能为人力所支配的事物发展规律。

⑤ 耳顺：指对那些于己不利的意见也能正确对待。

⑥ 从心所欲，不逾矩：从心，随心。逾，超越。矩，法度、规矩。

【译文】

孔子说：“我十五岁立志于学习，三十岁懂得各种礼节能够自立于社会，四十岁掌握各种知识能够不被迷惑，五十岁懂得了如何把握顺应事物的发展规律，六十岁能正确对待各种言论，七十岁能随心所欲而不违反礼制规矩。”

【读记】

这一章相当于是孔子从十五岁到七十岁的一个极简的简历，也是孔子自述他学习、修养和成长的过程，这是一个随着年龄的增长而思想境界、知识学养逐步提高的过程。说这话的时候，孔子显然已超过七十岁了，孔子一生活了七十二岁，这句话也可以看成是他离世之前对自己一生的回顾与总结。

孔子整个为学的过程大概可以分为五个阶段。

十五岁，立志学习，明确学习的方向，到三十岁，掌握了各种礼仪，人格也逐渐成熟，能够自立于社会。这是孔子为学的第一阶段。这里要注意十五岁这个年龄阶段，古代很多平民到十五岁就停止接受教育，开始劳作了，现代有些人也是这样，初中毕业甚至小学毕业也就不读书了，打工去了。而孔子在别人都离开学校后，继续求学，而且一生“志于学”，终身学习，这是常人所不及的。

四十岁，掌握了各种知识，对外界一切事物渐渐明白了它们外在、内在及运行的原理而没有多少疑问了。这是孔子为学的第二阶段。

五十岁，既看到了自己一生的来路和归途，也懂得了事物自有其自身的发展规律，懂得了事物也包括个体的可能性和有限性，甚至可以与天、与自然规律对接、对话，达到“人不能知，惟天知之”的高境界。这是孔子为学的第三阶段。

六十岁，外在的各种言论意见，不管与我相同的还是相异的，不管是赞同我的还是反对我的，我都能正确对待，知道它们何以为是、何以为非，明白其中皆有“天命”在支配，所以听起来都不会感到刺耳。《论语》后面提到的接舆、长沮、桀溺、荷蓧老人等隐士对孔子说了很多挖苦讽刺话，甚至说孔子是“丧家狗”，孔子都不生气，有时还点头称是。这是孔子为学的第四阶段。

七十岁，进入最高境界即“圣人”境界，他不用检点管束自己的欲望，但他的一言一行却不会违反礼制规矩，圣人内心自由与外界一切法度规矩自然相洽，内外合一，知行合一，天人合一。

钱穆在《论语新解》中认为，本章作为孔子为学的自述，用语虽然平实，但其中道理却深奥难解。一般人只能进入“志学”“立”与“不惑”的阶段。至于“知天命”及其以上，则不是只靠用功努力就能达到，他告诫大家不要希望过高，以为人人都可以达到，那样可能会流为乡愿，成为无忌惮之小人。虽然不能达到，但心中应该知道有这样的高境界。

其实，对于常人来说，重要的不是一定要达到孔子的几个阶段，或者某个阶段（当然，能够达到更好）。重要的是要像孔子那样一生不断修养、不断学习、不断提高，活到老，学到老，一步步向更高的境界前进。其他人不能机械地按孔子这个年龄阶段来划分对照，孔子这个阶段的划分，既不是其他人达到某一个阶段骄傲的理由，也不是其他人不能达到某一个阶段的借口。

孔子多次谈到“命”“天命”“立命”“正命”，本章中如何理解“天命”是个难点重点。孔子相信天地间有一种非人力所能控制的存在，即“天命”，但孔子及儒家对“天命”不是听天由命，被动服从，任由命运宰割，而是“知天命”，知道有这样一种存在，认识自己的局限性和可能性，从而尽可能去把握它，不怨天，不尤人，不悲观，不放弃，尽力成为自己命运的主宰，承担自己的责任，完成自己的使命，就是“安身立命”，就是“天行健，君子自强不息”。

由于“天命”这个命题哲理性太强，现代许多《论语》注本只是简单翻译一下就不再纠缠于对“天命”的解释。笔者以为，以哲理见长的李泽厚的《论语今读》把这个命题解释得很好，有兴趣者不妨去看看。

2·5

孟懿子①问孝。子曰："无违②。"

樊迟③御④，子告之曰："孟孙⑤问孝于我，我对曰，无违。"樊迟曰："何谓也？"子曰："生，事之以礼⑥；死，葬之以礼，祭之以礼。"

【注释】

① 孟懿子：鲁国大夫，为权势较大的三家大夫之一，姓仲孙，名何忌，“懿”是谥号。《左传》记载，其父孟僖子临终前要他向孔子学礼。

② 无违：不要违背礼节。

③ 樊迟：孔子学生，姓樊名须，字子迟，小孔子 36 岁，也有人说小 46 岁。

④ 御：驾驭马车。

⑤ 孟孙：指孟懿子。

⑥ 事之以礼：事，侍奉。之，指父母，后面两个“之”相同。

【译文】

孟懿子问什么是孝。孔子说：“孝就是不要违背礼节。”

后来樊迟给孔子驾车，孔子告诉他：“孟孙问我什么是孝，我回答他说不要违背礼节。”樊迟说：“这是什么意思呢？”孔子说：“父母活着的时候，按礼节侍奉他们；父母去世后，按礼节安葬他们、祭祀他们。”

【读记】

孝是孔子及儒家的重要思想，他们非常重视孝，认为孝是为人的根本，是为政的根本。要求人们对自己的父母竭尽孝道，无论他们在世或去世，都应如此。

但孔子同时又强调要按礼尽孝，尽孝不是不论是非地盲目服从，盲目服从是愚孝，尽孝时不应违背礼制的规定，否则就不是真正的孝。钱穆在《论语新解》中认为："父母有不合礼，子女不当顺其非，必自以合礼者事父母，斯对父母为至敬。"意思是说，父母有不合礼制的地方，子女不应当顺从，应当按礼制规定侍奉父母，才是最大的孝。

孔子说这段话有一个背景。当时，鲁国三家大夫专权，他们不但有时用鲁公（诸侯）之礼，甚至有时用天子之礼。这种行为叫作"僭"，是孔子所最痛心的。孟懿子是当时鲁国三家大夫之一，孔子的这几句话显然具有针对性。

后来一些人对孝的理解只强调"无违"而忽视对"礼"的要求，发展到"每事须从，无所违逆"，再发展到"天下无不是的父母"，成为一种"无礼之孝"，许多家庭暴力和虐待行为就是假"孝"之名进行的，导致真正的"孝"道无从遵行。

2·6

孟武伯①问孝。子曰："父母唯其疾之忧②。"

【注释】

① 孟武伯：孟懿子的儿子，名彘，武是他的谥号。

② 父母唯其疾之忧：唯，只。其，代词，指子女。疾，病。

【译文】

孟武伯向孔子请教孝道。孔子说："对父母，要让他们只为自己的疾病担忧。"

【读记】

本章是孔子对孟懿子之子问孝的回答。面对不同的学生“问孝”，孔子的答案是不一样的，回答“问仁”“问政”等问题时也一样，孔子是根据具体人和具体情况给予各不相同的回答。孔子的回答重心不在一种品质的定义，而在它的不同表现。

这里孔子所说的“父母唯其疾之忧”，历来有三种解释：一种认为，父母爱自己的子女，无所不至，唯恐其有疾病，子女能够体会到父母的这种心情，在日常生活中格外谨慎小心，这就是孝；第二种认为，做子女的，只需父母在自己有病时担忧，但在其他方面就不必担忧了；第三种认为，子女只要为父母的疾病而担忧，其他方面不必过多地担忧。

笔者采用第二种说法，意思是，做子女的要努力修身养德，遵守礼仪法度，不让父母担忧，只让父母操心自己的身体好不好，就是最大的孝道，因为一个人生不生病自己是很难控制的。这看似是一个低要求，不要求子女对养育自己的父母怎么样好，只要求子女把自己的事情做好，但实际上要做到也不容易。实际生活中，许多父母为子女学习、就业、婚姻家庭等操碎了心，真正做到让父母省心的子女是很少的，如果能够做到也算是在尽孝道。

2·7

子游①问孝。子曰：“今之孝者，是谓能养②。至于犬马，皆能有养③。不敬，何以④别乎？”

【注释】

① 子游：孔子学生，姓言名偃，字子游，吴人，小孔子 45 岁。

② 养：养活、赡养。

③ 养：畜养、饲养。

④ 何以：用什么。

【译文】

子游问什么是孝，孔子说：“如今所谓的孝，只是说能够从物质上赡养父母便足够了。然而，犬马也都能得到饲养。如果不存心孝敬父母，那么赡养父母与饲养犬马又有什么区别呢？”

【读记】

本章强调对父母的孝道不仅仅是赡养他们，让他们有吃有穿有住，除了这些基础前提条件，更重要的是要对他们尊敬、敬爱。如果只是满足父母的吃穿，而对他们使脸拌嘴，呼来喝去，就与饲养动物没有区别了。孝敬父母，除了必要的物质条件外，还要通过发自内心的“敬”，外现于对父母的语言、态度的尊重，让他们有一种尊严感、幸福感、获得感，才是真正的孝。养是孝的基础、前提，敬是孝的根本。有些人以为只要给父母一些钱物就是孝了，其实还远远不够。

两千多年前的孔子能够指出这一点，足见其作为思想家的伟大与深刻。即使到了今天，能够敬字为先、敬发于心，再以行动赡养父母的子女并不多，许多人只是把赡养父母当作义务而已。

2·8

子夏问孝。子曰：“色难①。有事，弟子服其劳②；有酒食，先生③馔④，曾⑤是以为孝乎？”

【注释】

① 色难：色，脸色，对父母和颜悦色。难，不容易。

② 弟子服其劳：弟子，指学生或晚辈。服，从事、担负。

③ 先生：指长者或父母。

④ 馔（zhuàn）：意为饮食、吃喝。

⑤ 曾：难道。

【译文】

子夏问什么是孝，孔子说：“子女最不容易的就是对父母和颜悦色。有了事情，晚辈替长辈去做；有了酒饭，让父母吃，难道这样能认为是孝了吗？”

【读记】

上一章说的是子女对父母尽孝道内心要敬，这一章说的是外表态度要好。外表是内心的反映，人在父母面前始终保持和颜悦色是很难的，因为要在内心始终保持对父母的尊敬很难。《礼记·祭法》有云：“孝子之有深爱者，必有和气。有和气者，必有愉色。有愉色者，必有婉容。”人的面色，是内心的真情流露，面色不好，说明内心不敬。即使对父母有些帮助行动，也不是从内心深处真正地孝敬父母。

以上几章都是在讲“孝”，家庭始终是中华文化的中心点，“孝”是中国传统文化特别提倡的一种道德观念和行为。孔子重点强调内心的“敬”，后世对“孝”的宣传有些过分甚至走入极端，以至于失真无情，几乎不可能做到。比如“二十四孝”中“埋儿奉母”“卧冰求鲤”“恣蚊饱血”那些故事未必真有其事，即使有也不具备普遍的推广意义。

2·9

子曰：“吾与回①言终日，不违②，如愚。退而省其私③，亦足以发，回也不愚。”

【注释】

① 回：姓颜名回，字子渊，鲁国人，孔子最喜欢的学生，生于公元前521年，小孔子30岁。

② 不违：不表示不同意见。

③ 退而省其私：退，散学以后。省，考察。私，独处，私下。

【译文】

孔子说：“我整天给颜回讲学，他从来不提反对意见和疑问，看上去比较愚钝。等他退下之后，我考察他私下的言论，发现他对我所讲授的内容有所发挥，可见颜回其实并不蠢。”

【读记】

这一章的内容比较简单，钱穆、杨伯峻、李泽厚等人的《论语》注译本对这一章讲得都比较简略。

这里第一次出现孔子最得意的弟子颜回的形象，沉默安静，不善言辞，只听不发问，只是点脑袋，看上去像个智力有问题的人。颜回对老师一贯顺从不违背，孔子也多次在不同场合赞扬他。但通观《论语》全书，并没有具体的言行和事迹来描述颜回，不像子路、子贡等弟子有许多具体言行，形象生动。

本章实际上还体现了孔子的教育思想和方法。他不满意那种“不违”、从来不提相反意见和问题的学生，希望学生在接受教育的时候，要开动脑筋，思考问题，对老师所讲的问题应当有所质疑、有所发挥。他认为，不思考问题、不提不同意见的人是蠢人。现代有种教育观点与此相同，认为不发问就是学习不努力、就是没有用心学习，没有问题就是最大的问题。

2·10

子曰：“视其所以[①]，观其所由[②]，察其所安[③]。人焉廋[④]哉？人焉廋哉？”

【注释】

① 所以：所做事情的方法路径。

② 所由：所做事情的理由。

③ 所安：所做事情的心情心境。

④ 廋（sōu）：隐藏。

【译文】

孔子说：“（要了解一个人），应看他做事情的方法路径，分析他所以那么做的理由，考察他做事的心情心境。那么，这个人怎样隐藏得了呢？这个人怎样隐藏得了呢？”

【读记】

本章主要讲如何观察了解一个人。孔子认为，对一个人应当听其言而观其行，还要了解他做事的心境，安于什么，不安于什么。从他的言论、行动到他的内心，全面了解观察一个人，那么这个人就没有什么可以隐瞒了。

“视、观、察”三者层层递进，由浅入深。“视”是看某一件事，指眼睛所看到的，“观”是从总体上分析，有眼睛看不到的，“察”是进一步考察细微处，看内心。

其实，在现实生活中要真正看清一个人是很难的，由于人们总是有意无意戴着各种面具，我们有时往往会被表面现象所迷惑，如果真正按孔子所说对一个人“视其所以，观其所由，察其所安”，所得出的结论可能会更接近于真实。

孔子这里也提出了一个心境问题，就是动机问题，一个人不可能不做错事，如果他做了错事，心安理得，就要对这个人大打折扣。如果一个做了错事，心情不安，有悔愧之心，有改正之行，则仍不失为一个好人。

2·11

子曰：“温故而知新[①]，可以为师矣。”

【注释】

① 温故而知新：温，温习。故，过去的知识。新，新体会，新发现。

【译文】

孔子说：“在温习过去的知识时，能有新体会、新发现，就可以当老师了。”

【读记】

“温故而知新”是孔子重要的教育思想之一。他认为，前人的知识技巧很重要，需要后人认真学习，要“时习之”，反复练习、温习。但是，更重要的是要在学习过去知识的基础上有新的体会、新的发现、新的收获，创造新的知识和技能。只有这样的人才能做老师。如果一个人所学全是前人的知识，拾人牙慧，没有自己的东西，就不能做老师。因为这样的人做老师，只能照本宣科，人类的知识就不会发展更新。

2·12

子曰：“君子不器①。”

【注释】

①器：器具。

【译文】

孔子说：“君子不要像器具那样，固定自己的功用，限定自己的才能。”

【读记】

本章是《论语》中最简短的章节之一，但意思并不简单。本章的关键词在“器”。朱熹在《论语集注》中将器解释为：“器者，各适其用而不能相通。”意思是，作为器具只有用在某一方面，不能通用。

“君子”是孔子心目中具有理想人格的人，不能只局限于某一特定的知识和技巧。他应该博学多识，具有综合能力，入则齐家，出则治国平天下，上马打仗，下马理政，还能出使四方，不辱君命。

联系《论语》其他关于“器”的论述可以看出，孔子希望君子学的是治国安邦的大道，而不是具体某一技能、知识。当然，这些大道也是需要一定的技能、知识支撑的。

这也是中国儒家传统的理想境界，所谓“一事之不知，儒者之耻”。当然，要做到也是很难的，现代就更难了，大多数人只能做“器”了，只能作为某种分工很细的专业人士即专门家，如医生、律师、工程师、经理、教师、教授、记者等，成为这个社会的各种器官而已，成为“君子必器”。

不过，在“专业化”越来越明显的今天，孔子提出的“君子不器”仍有意义，他希望我们对专业之外的许多问题有兴趣、有关怀。

李零在《丧家狗——我读〈论语〉》中对本章有个比喻解读，他说，器是用来载道的，君子追求的是道不是器，就像人吃的是饭，不是饭碗。

2·13

子贡问君子。子曰："先行其言而后从之。"

【译文】

子贡问怎样才能成为一个君子。孔子说："对于你要说的话，先实行了，然后再说出来。"

【读记】

关于君子，孔子也有多种说法，就像"问仁""问政""问孝"一样，不同的学生问，孔子的回答是不相同的，不能说一个人单独做到某一点、某一个方面就是君子了。孔子是针对不同学生的缺点有针对性地进行回答指导，这也是孔子因材施教教学方法的显著特点。

本章是针对子贡问君子的回答。子贡是言语科的高才生，反应敏捷，口才比较好，平时比较重视"言"。所以，孔子回答"行"比"言"重要。如果换作半天都不说一句话的颜回，孔子可能就不是这样的回答。

子贡不是问君子是什么意思，而是问一个君子应该怎样做事。孔子认为，作为君子，不能只说不做，而应先做后说。只有先做后说，才可以取信于人。孔子这句话对于那些经常放大话而又从不兑现的人来说，应该是一剂良药。

2·14

子曰："君子周①而不比②，小人③比而不周。"

【注释】

①周：合群，以道义相合。

②比：勾结，以利益相同。

③小人：没有道德修养的人。

【译文】

孔子说："君子合群而不与人勾结，小人与人勾结而不合群。"

【读记】

理解本章的关键词在“周”与“比”。古人对此有多种解释，笔者以为，王引之在《经义述闻》的解释最好，他认为，“周”与“比”都有“亲”“密”“合”的意思，主要分别在于“以义合者周也，以利合者比也”。

《论语》经常提出“君子”与“小人”的区别，有的指位置的上下，有的指品格的高下，这里指后者。杨逢彬在《论语新注新译》中对君子与小人的区别及关系有长篇考证，有兴趣者可以参考。孔子在这一章中提出君子与小人的区别：君子的目的在于治国平天下，所以，他要与大多数人和谐相处，团结带领大多数人和衷共济，不与少数人拉拉扯扯，相互勾结；小人的目的是谋取私利，干的大都是见不得人的事，所以，他只能与少数人结党营私，拉拉扯扯，不能与大多数人和谐相处。君子与小人的区别，也是公与私的区别。

2·15

子曰：“学而不思则罔①，思而不学则殆②。”

【注释】

① 罔：迷惑无知。

② 殆：危殆，疲惫。

【译文】

孔子说：“只读书学习而不思考，就会迷惑而无所得；只思考而不读书学习，就会精神疲倦甚至有害。”

【读记】

这句话是孔子提倡的一种读书方法，即正确处理好“学”与“思”的关系。“学”是追随前人、先辈学习，“思”是反问自己。孔子认为，只学不思则昏而不明，只思不学则很危险。朱熹在《论语集注》中也解释说：“不求诸心，故昏而无得。不习其事，故危而不安。”

孔子的意思是，一味读书而不思考，就会被书本牵着鼻子走，而失去主见，甚至受到欺骗；一味空想却不去进行实实在在的学习和钻研，则是脑子空转，终究好像沙上建塔，一无所得。如果胡思乱想后还盲目自大、随意行动就有危险了。学习与思考是相辅相成的，缺一不可，只有把学习和思考结合起来，才能学到切实有用的真知。

但“学”与“思”有个先后顺序，前提是“学”，“学”在“思”前。孔子在《论语·卫灵公》中说：“吾尝终日不食，终夜不寝，以思，无益，不如学也。”另一位儒家代表人物荀子也说：“吾尝终日而思也，不如须臾之学也。”荀子还专门写下名篇《劝学》，讲读书的意义。清末张之洞和日本近代著名的启蒙思想家福泽谕吉也写过《劝学》篇，再次凸显了“学”之重要性。当然，他们谈“学”并不是像本章中与“思”直接对照来说的。

李零在《丧家狗——我读〈论语〉》中对本章解读的比喻很好，他说，“学”像吃饭，“思”像消化，一样不能少。光吃饭，不消化不行；光消化，不吃饭，更不行。他认为，思而不学更危险，学而不思，顶多是不明白，是糊涂；思而不学，是脑子空转，自己把自己绕在里面，是大糊涂。

孔子关于读书的这个思想与西方哲人也是相通的。德国哲学家康德也说：感性无知性则盲，知性无感性则空。这与孔子的观点可以说是惊人的一致。可见，人类在知识的学习和获取上，在读书的方法上，不论地域、种族如何差异，其根本性原则往往是一致的。

子安宣邦在《孔子的学问》中进一步阐释了“学”“思”两者的关系：这句话提醒我们，人的精神活动中包含被动的学习与能动的思索两个侧面。人若不首先向父母以及周围的成年人学习，就无法自立。……然而，只会一味被动地接受，却不具备主动反省思考的精神能动性的人，则无法用自己的眼睛来看世界，也看不清世界。对这样的人而言，世界始终是昏暗模糊的。

2·16

子曰：“攻①乎异端②，斯③害也已④。”

【注释】

① 攻：攻击、批判。也有人将“攻”解释为“治”。

② 异端：另外、不同的一端。杨伯峻解释为不正确的言论。

③ 斯：代词，这。

④ 也已：语气词，无实际意义。

【译文】

孔子说：“攻击那些不同于你的异端学说，这是有害的。”

【读记】

本章虽然简短，但对它的解释存在颇多分歧。大多数解“攻”为“专攻”，即致力、学习，就是说学习异端邪说是有害处的。杨伯峻在《论语译注》中将此翻译为：攻劚异端邪说，于是它们就失去危害了。钱穆在《论语新解》中解释，一事必有两头，一线必有两端。从这端看，那边是异端；从那端看，这端是异端，孔子是在告诫人们不为只执一端。所以钱穆将本章翻译为：先生说，“专向反对的一端用力，那就有害了。”李泽厚在《论语今读》中翻译为：孔子说，“攻击不同于你的异端学说，那反而是有危害的。”

笔者赞同钱、李两位先生的观点。从孔子治学的历程看，他“无常师”，“就有道而正焉”，没有门户之见，是兼容并包集大成者。他认为，不同意见可以彼此切磋，求同存异，不要各执一端，更不要互相攻击，攻击其他学说是有害的，这也符合孔子一贯的中庸思想。

李泽厚在解读中还从这个角度扩展开去。他认为，这可以表现儒学的宽容精神：主张求同存异，不搞排斥异己。儒学这种宽容精神，也是建构今日社会性公德的重要资源。

2·17

子曰：“由①，诲女②知之乎！知之为知之，不知为不知，是知也。”

【注释】

① 由：姓仲名由，字子路，生于公元前542年，孔子学生，小孔子9岁，

长期追随孔子。

② 诲女：诲，教导。女，同“汝”，你。

【译文】

孔子说：“由，我教给你怎样算知道！知道的就是知道，不知道就是不知道，这就是真正的‘知道’。”

【读记】

“知之为知之，不知为不知”是《论语》中的一句名言，很多人用来教育下属和学生，但常常不用来教育自己。

本章中出现了6个“知”字，有些像绕口令，实则蕴含大道理。孔子的意思是说，对于文化知识和其他社会知识，人们应当虚心学习、刻苦学习，尽可能多地加以掌握。但人的知识再丰富，总有不懂的问题。那么，就应当实事求是，知道的就是知道，不知道的不能装作知道。做到前者比较容易，做到后者比较难，社会上自以为是、不懂装懂的人太多。

李泽厚在《论语今读》中读出了孔子和儒学的特征，他认为，孔子否认自己是天才、是教主，承认自己有不知道、不懂得的东西。孔子认为“不知”也是一种“知”，说明“知”永远有限，正如人是有限的存在一样。只有不断积累，才能不断向无限、永恒前进。孔子之所以罕言死生鬼神、人性天道，也是因为这个缘故。这个道理似乎很平常，其实很深刻。它揭示人必须认同自己的有限性，才可能超脱；认识自己“不知”，才可能“知”。这才是真正的智者。

2·18

子张①学干禄②。子曰：“多闻阙③疑④，慎言其余，则寡尤⑤；多见阙殆⑥，慎行其余，则寡悔。言寡尤，行寡悔，禄在其中矣。”

【注释】

① 子张：孔子学生，姓颛孙名师，字子张，生于公元前503年，小孔子48岁。

② 干禄：干，求。禄，俸禄。干禄，就是求取官职。

③ 阙：缺。此处指有疑问的暂时放置一旁不论。

④ 疑：怀疑。

⑤ 寡尤：寡，少。尤，过错。

⑥ 殆：同“疑”。

【译文】

子张要学谋取官职获得俸禄的办法。孔子说：“多听别人说话，有怀疑的地方先放在一旁不说，谨慎地说出其余有把握的部分，就可以少犯错误；多看别人做事，有怀疑的地方先放在一旁不做，谨慎地去做其余有把握的部分，就能减少后悔。说话少过失，做事少后悔，官职俸禄就在这里了。”

【读记】

从本章可以看出，到孔子这里求学的学生中，有不少人是为追求官职和俸禄来的，并非都如颜回等人是为知识而知识，为道德而道德，安贫乐道。但孔子并不反对他的学生谋求官职，在《论语》中还有“学而优则仕”的观点。

子张年少气盛，个性张扬，热衷功名利禄，别人都不太喜欢他，《论语》后面还要多次提到他，孔子讲的“过犹不及”中的“过”说的就是他。孔子在本章中对他这样讲也是有针对性的，孔子没有直接讲求官求职之道，讲的是做人之道。孔子认为，人做好了，求职为官的道理也就在其中了。孔子提出的多听少说，慎言慎行，即使在当前现实中也是很有用的。孔子认为，身居官位者，应当谨言慎行，说有把握的话，做有把握的事，这样可以减少失误，减少后悔。

“多闻阙疑”后来成为治学之道。其意思是，在治学中对于不知道的要暂时存疑，不能假装知道而胡言乱语，等到找到了新的证明材料，才能得出相对可靠的结论。

2·19

哀公[①]问曰："何为[②]则民服？"孔子对曰："举直错诸枉[③]，则民服；举枉错诸直，则民不服。"

【注释】

① 哀公：姓姬名蒋，定公之子，鲁国国君，前494—前468年在位，哀是其谥号。

② 何为：怎样做。

③ 举直错诸枉：举，选拔。直，正直公平的人。错，同"措"，放置。枉，曲，指不正直的人。

【译文】

鲁哀公问："怎么做才能使百姓服从呢？"孔子回答说："把正直无私的人提拔起来，放置在邪恶不正的人之上，老百姓就会服从了；把邪恶不正的人提拔起来，放置在正直无私的人之上，老百姓就不会服从统治了。"

【读记】

本章是孔子议政也是讲用人的一大学问和关键原则。"举直错诸枉"是本章重点，"错"又是关键字。有的把"错"理解为弃置、罢免，有的理解为放置，笔者赞成后者。孔子的意思也不是把小人全部罢免，因为那不可能，君子、优秀者毕竟是少数。他的意思是要把贤人放在小人之上而不是把小人放在贤人之上，这样贤人可以控制引导小人，政治也不会出大问题。相反，如果把小人放在贤人之上，让小人掌控局面，政治非出大问题不可。

荐举贤才、选贤用能，这是孔子德治思想的重要组成部分。宗法制度下的选官用吏，唯亲是举，非亲非故者即使再有才干，也不会被选用。孔子的这种用人思想可说在当时是一大进步，诸葛亮在《出师表》中总结的经验与孔子如出一辙："亲贤臣，远小人，此先汉所以兴隆也。亲小人，远贤臣，此后汉所以倾颓也。"

"任人唯贤"的思想，在今天也不失其珍贵价值。只是，如无制度保障，没有良好的官吏选拔、任用、监督、弹劾、罢免制度，"举直错枉"谈何容易！

2·20

季康子[1]问："使民敬、忠以[2]劝[3]，如之何？"子曰："临[4]之以庄，则敬；孝慈[5]，则忠；举善而教不能，则劝。"

【注释】

① 季康子：姓季孙名肥，康是他的谥号，鲁哀公时任正卿，很有权势。

② 以：连词，同"与"，并且。

③ 劝：勤勉。

④ 临：对待。

⑤ 孝慈：引导老百姓孝慈。

【译文】

季康子问道："要使老百姓对当政的人尊敬、尽忠并且勤勉努力，应该怎么办呢？"孔子说："你用庄重的态度对待老百姓，他们就会尊敬你；你引导老百姓对父母孝顺、对子弟慈祥，他们就会忠于你；你提拔好人，又教育能力差的人，百姓就会自我勉励、加倍努力了。"

【读记】

孔子谈政治往往与人道结合在一起，将国家与家庭结合在一起，他认为，没有离开人道的政治，也没有离开家庭的国家，他主张"德治""礼治"，本章对季康子问政回答中阐释的也是这个道理。孔子认为，统治者要获得人民的尊敬，首先必须以庄重认真的态度对待人民。要获得人民的忠诚，首先必须讲究尊老爱幼，上下都讲究美德，互相感应，社会风气才会好转。

2·21

或[1]谓孔子曰："子奚[2]不为政？"子曰："《书》[3]云：'孝乎惟孝，友于兄弟，施于有政[4]。'是亦为政，奚其为为政？"

【注释】

① 或：不定代词，有人。

②奚：疑问词，为什么。

③《书》：《尚书》。

④施于有政：施，一当施行讲；一当延及讲。笔者赞同后者，影响到。有政，当政者。

【译文】

有人对孔子说："你为什么不参与政治呢？"孔子回答说："《尚书》上说，'孝啊，只有孝顺父母，友爱兄弟，把这孝弟的道理影响到当政者。'这就是参与了政治，为什么一定要做官才算是参与政治呢？"

【读记】

在孔子及儒家看来，政治从伦理始，伦理即政治，政道即人道。讲孝弟就是讲政治，引导孝弟之风就是参与政治。

这与古代社会实际有关，古代社会从原始氏族部落发展而来，在部族国家里，父子、兄弟、夫妇并非只是个体家庭成员的"私人"关系，也是一种公共的政治体制和规范，而其中父子关系是核心。了解了这一点，我们才会理解孔子及儒家为何强调"孝"为政治的根本，只有保持了"孝"，保持了家庭秩序的稳定，才能确保政治秩序的稳定。

现代有些人恰恰忽视了这一点，虽然在官场中混得风生水起、威风八面，但家庭关系却处理得一塌糊涂，父子失和，夫妻不睦，子女不孝。最可笑者却以爱国忘家、爱岗忘家来做托词，不知道先人的思路是齐家治国，"家"尚且不能齐，"国"又如何能治好？

2·22

子曰："人而[①]无信，不知其可也。大车无輗[②]，小车无軏[③]，其何以行之[④]哉？"

【注释】

①而：如果。

②大车无輗（ní）：大车，指牛车。輗，古代大车车辕前面横木上

的活销。

③ 小车无轨（yuè）：小车，马拉的车。轨，古代小车车辕前面横木上的活销。没有輗和軏，车就不能走。

④ 何以：用什么、靠什么。

【译文】

孔子说："一个人如果不讲信用，不知道他凭什么在社会生存下去。就好像大车没有輗，小车没有軏一样，它靠什么行走呢？"

【读记】

"信"是孔子及儒家传统伦理准则之一，位置相当重要。本章中把"信"比喻为车子上的木销子，没有它车就无法行走。孔子在《论语・颜渊》中也说"民无信不立"，意思是，一个人如果没有"信"的话就无法生存下去。

作为如此重要的"信"是什么呢？顾名思义，就是诚实，不欺骗。"信"是一个会意字，就是用两个及两个以上的独立汉字，根据各自的含义所组合成的一个新汉字。"信"从"人"从"言"，就是由"人"和"言"两个字组成，也就是说，人的言论应当是诚实的，延伸下去就是讲信用，讲诚信。但这是指最初人的言语，后来人的语言却往往是不诚实的，信口开河、撒谎欺骗比比皆是。

人最初的言论为什么是诚实的呢？日本汉字学家白川静有个解释比较好，他在《字通》中如此解释"信"："会意字，人加言。言即誓言，是向神灵起誓的语言。《说文》解为'诚'。《春秋穀梁传・僖公二十二年》中，有'言而不信，何以为言'句，因为是誓约之言，因此也就有了信诚之意。"

按白川静对"信"的解释，人"言"之"言"不是一般的话，而是发咒起誓之言。古人崇拜巫术，面对神灵起誓，自是不敢乱讲的，是不打诳语的，故其言可信。而在日常生活中，不少人信口开河，往往不可信，失信、背信弃义者比比皆是。所以，时至今日，还得把"诚信"作为核心价值观加以提倡。

2·23

子张问："十世[①]可知也？"子曰："殷因于夏礼[②]，所损益[③]可知也；周因于殷礼，所损益可知也。其或继周者，虽百世可知也。"

【注释】

① 世：古时称 30 年为一世，也有人把"世"解释为一代。

② 殷因于夏礼：殷，商朝，建都殷，又称殷朝。因，因袭，沿用、继承，这里指质的继承。夏，夏朝。

③ 损益：减少和增加，即优化、变动。这里指量的变革。

【译文】

子张问孔子："今后十代的礼仪制度可以预先知道吗？"孔子回答说："商朝继承了夏朝的礼仪制度，所废除和所增加的内容是可以知道的；周朝又继承商朝的礼仪制度，所废除的和所增加的内容也是可以知道的。将来有继承周朝的，就是一百代以后的情况，也是可以预先知道的。"

【读记】

本章谈的是世代之间的继承问题，也是在讲变与不变的关系。孔子提出了一个重要概念：损益。这种继承既不是全盘照搬前代，也不是全部把前代推倒重来，而是有增有减，过去那些适合现时情况的典章制度、礼仪规范保留沿用，不适合的就废除。同时，为适应新的发展形势，增加一些新的典章制度、礼仪规范。李泽厚在《论语今读》中认为，这是"改良优于革命，继承高于批判"。

但其中"礼"是不会变的，以家庭家族为细胞的社会结构不会变，时至今日，似乎仍然如此，血缘和亲情仍是维系社会关系的重要纽带。

子张问十世，孔子回答百世可知，说明孔子对周代的礼仪制度很推崇、很自信，认为即使百代以后也是在周代的基础上继承增改。

当然，随着中国慢慢进入现代社会，这种以"礼"为核心的社会结构正在慢慢解体，科技的发达、生产力的进步也是当时孔子无法想象的。

2·24

子曰："非其鬼[1]而祭之，谄[2]也。见义[3]不为，无勇也。"

【注释】

① 鬼：古代人把死去的人都叫鬼，这里指死去的祖先。

② 谄（chǎn）：谄媚、阿谀。

③ 义：正义之事。

【译文】

孔子说："不是自己死去的祖先，你却去祭祀它，这就是谄媚。见到应该做的正义事情，却不做，就是怯懦。"

【读记】

在本章中，孔子实际上批评了人们的两种行为：一是不该做的去做，"非其鬼而祭之"；二是该做的不去做，"见义不为"。

"非其鬼而祭之，谄也。"指的是祭祀有该祭的和不该祭的，主要看目的和出发点。如果是为了崇德报恩，就该祭。如果是为了求福惧祸，就不该祭。不该祭的去祭，必定心有所图，必然是献媚。现在很多人见神就拜，见菩萨就跪，并不是真正对鬼神有什么敬畏，而是心中有所祈求、有所恐惧，希望鬼神保佑自己升官发财、消灾弭祸，这种祈福性、恐惧性的祭拜就是孔子说的谄媚，不是真正的信仰。还有的人去祭拜有权有势者的祖先，也不是真正的尊重、缅怀，表面上祭拜的是死人，实际上是在希求活人的帮助，也是一种有所求的祭祀。

孔子还提出了"义"和"勇"的概念，这都是儒家有关塑造高尚人格的规范。按何晏《论语集解》所注：义，所宜为。符合于仁、礼要求的，就是义。"勇"，就是果敢，勇敢。孔子把"勇"作为实行"仁"的条件之一。"勇"不是乱为，不是天不怕地不怕，也不是简单的不怕死，而是一种战胜自己、克服私心的勇气。同时，"勇"的前提还必须符合"仁、义、礼、智"，才算是真正的"勇"，否则就是"乱"。就如我们现在一些官员，"不作为”固然值得批评，但“乱作为”也要制止，“乱作为”有时候比“不作为”的后果更严重。“作为”必须符合发展实际，必须符合公共利益、人民利益，不能是为了自己的私利或为了自己的政绩。

“见义不为”是从否定的角度在说，从肯定的角度上说，就是“见义勇为”，这也是后世的一个常用成语。

《论语·八佾》第三

【题解】

本篇共26章。《论语》各篇一般是选取第1章的头几个字来命名，但本篇选取的却不是头两个字“季氏”，而是中间的“八佾”。其中原因，有的学者认为是孔子讨厌季氏，有的学者认为是第16篇叫“季氏”，避免重复。本篇主要内容涉及“礼”“乐”问题，比较集中地反映了孔子的礼乐思想，孔子主张维护礼在制度上、礼节上的种种规定。本篇名言有“是可忍，孰不可忍”“绘事后素”“获罪于天，无所祷也”“君使臣以礼，臣事君以忠”“既往不咎”等。

3·1

孔子谓季氏①，“八佾②舞于庭，是可忍③也，孰不可忍也！”

【注释】

① 谓季氏：谓，评论，《论语》中凡“谓……”的句型均做“评论”讲。季氏，鲁国正卿季孙氏，即季平子。

② 八佾（yì）：舞队行列。古时舞蹈，一行8人叫一佾，八佾就是64人。据《周礼》规定，只有周天子才可以使用八佾，诸侯为六佾，卿大夫为四佾，士用二佾。季氏是正卿，只能用四佾，用八佾是严重僭越。

③ 忍：一说为忍心，一说为容忍。笔者取前者。

【译文】

孔子评价季氏说，“他用六十四人在自己的庭院中奏乐舞蹈，这样的事他都忍心去做，还有什么事情不能狠心做出来呢？”

【读记】

本章孔子主要是批评季氏违背礼制，僭越用礼。春秋末期，奴隶制社会处于土崩瓦解、礼崩乐坏的过程中，违犯周礼、犯上作乱的事情不断发生，这是封建制代替奴隶制过程中的必然表现。季孙氏用八佾舞于庭院，是典型的破坏周礼的事件。孔子见微知著，从这个越礼事件中看出这些臣子的不臣之心，表现出极大的愤慨。“是可忍，孰不可忍也”反映了孔子对此事的基本态度。

“忍”是理解此句的关键字，有的解释为“忍心”，有的解释为“容忍”。李泽厚在《论语今注》中将“忍”解释为“容忍”，将整句翻译为“如果这可容忍，那还有什么不能容忍”，把孔子指责的对象由季氏转到了鲁君。钱穆的《论语新解》、杨伯峻的《论语译注》均将“忍”作“忍心”讲。笔者赞成钱、杨二位先生的意见，因为在孔子心目中的“礼崩乐坏”首先是由臣子引起的，所谓“乱臣贼子”是也，何况孔子本人一向是维护统治者的。

但在现在，“是可忍孰不可忍”作为一个成语，其中“忍”字当“容忍”讲。

3·2

三家①者以《雍》②彻③。子曰：“‘相维辟公，天子穆穆’④，奚取于三家之堂⑤？”

【注释】

① 三家：家，卿大夫采地食邑。三家，指鲁国当政的三卿孟孙氏、叔孙氏、季孙氏，三家都是鲁桓公的后代，又称“三桓”。

② 《雍》：《诗经·周颂》中的一篇，古代天子祭祀宗庙完毕撤去祭品时唱这首诗。

③ 彻：同“撤”，指祭祀结束后撤去祭品。

④ 相维辟公，天子穆穆：《诗经·周颂·雍》诗中的两句。相，助祭者。维，语助词，无意义。辟公，指诸侯。穆穆，庄严肃穆。

⑤堂：房屋正厅，接客祭祖的地方。

【译文】

孟孙氏、叔孙氏、季孙氏三家在祭祖完毕撤去祭品时，命乐工唱《雍》这首诗。孔子说："唱《雍》诗中的'助祭的是诸侯，天子严肃静穆地在那里主祭'这两句时，三家庙堂上是取的哪一点呢？"

【读记】

"礼"是孔子政治思想体系中的重要范畴，本章与前章谈的都是鲁国当政者违"礼"的事件。对于这些越礼犯上的举动，孔子表现得极为愤慨，所以加以讽刺。他认为，天子有天子之礼，诸侯有诸侯之礼，大夫有大夫的礼，各守各的礼，才可以使天下安定。

这里说的诗歌音乐不是指诗歌音乐本身，而是它代表的礼仪制度规范，代表着一种秩序，所以孔子决不赞同越礼、违礼行为。

3·3

子曰："人而不仁，如礼何？人而不仁，如乐何？"

【译文】

孔子说："一个人没有仁爱，怎么讲礼啊？一个人没有仁爱，怎么讲乐啊？"

【读记】

本章又说到孔子的一个核心思想"仁"。尽管孔子多次讲到"礼""乐"，但"礼""乐"是人们表达思想感情的外在的表现，而"仁"才是人们内心的道德情感和要求，"礼""乐"与"仁"是相辅相成的，"仁"是基础，没有"仁"，"礼""乐"就是形式，就是虚礼，就是作秀。

孔子认为，一个内心没有仁爱的人，是伪善之人，根本谈不上什么"礼""乐"。道家及后世多反对孔子的"礼""乐"，却忽略了儒家的"礼""乐"是以"仁"为基础的。

3·4

林放[①]问礼之本。子曰："大哉问！礼，与其奢也，宁俭；丧，与其易[②]也，宁戚[③]。"

【注释】

① 林放：鲁国人。

② 易：驰，铺张，这里指有关丧葬的仪式办得隆重。

③ 戚：悲伤。

【译文】

林放问什么是礼的根本。孔子回答说："这是个大问题啊！就礼节仪式而言，与其奢侈，不如节俭；就丧事而言，与其仪式铺张隆重，不如内心真正悲伤。"

【读记】

本章再次强调"礼"的本质在内心，礼节仪式只是表达内心思想情感的一种形式。所以，与其过分重视形式，不如真实表达自己的内心情感，从内心情感上体悟"礼"的根本，符合"礼"的要求。

当然，这里也不是说外在的形式不重要，内心思想情感也需要某种形式表达出来，只不过是以哪端为根本的问题。

3·5

子曰："夷狄[①]之有君，不如诸夏[②]之亡[③]也。"

【注释】

① 夷狄：古代中原地区的人对周边地区的人的贬称，认为他们不开化、经济文化落后。

② 诸夏：古代中原地区经济文化比较发达的国家。

③ 亡：同"无"。

【译文】

孔子说："文化落后的国家虽然有君主，还不如中原诸国没有君主呢。"

【读记】

孔子对中原文化有优越感，尽管当时已经是礼崩乐坏，君不像君，臣不像臣。但在孔子眼里，以礼乐为核心的文明比以君王为主的政体更重要，因此，落后国家有君不如文明国家的无君。

本章的"不如"有的注本解释为"不像"，那这句话的意思就不同了，就要译为：孔子说，"文化落后的国家有君主，不像中原诸国没有君主。"意思是指中原诸国礼崩乐坏，大夫越位、僭越之事时有发生，视君主如无物，而在周边落后国家反而保持了过去的君臣等级关系。

3·6

季氏旅①于泰山。子谓冉有②曰："女③弗能救④与？"对曰："不能。"子曰："呜呼！曾⑤谓泰山不如林放乎？"

【注释】

① 旅：祭名，祭祀山川为旅。当时，只有天子和诸侯才有祭祀名山大川的资格，季氏只是鲁国的大夫，没有资格祭祀泰山。

② 冉有：孔子学生，姓冉名求，字子有，生于公元前522年，小孔子29岁。当时是季氏的家臣，所以孔子责备他。

③ 女：同"汝"，你。

④ 救：制止、劝阻。

⑤ 曾：岂，难道。

【译文】

季孙氏去祭祀泰山。孔子对冉有说："你难道不能劝阻他吗？"冉有说："不能。"孔子说："唉！难道说泰山神还不如林放知礼吗？"

【读记】

与前几章一样，本章孔子仍然在强调“礼”的刚性约束力，强调不可僭越。祭祀泰山是天子和诸侯的专权，季孙氏只是鲁国的大夫，他竟然也去祭祀泰山，所以孔子认为这是“僭礼”行径。看上去孔子是在指责泰山不知礼，居然接受这不合规矩的祭祀，实际上是在批评季氏不知礼，也是在批评作为学生的冉求不尽劝阻职责。

3·7

子曰：“君子无所争，必也射①乎！揖让②而升，下而饮。其争也君子③。”

【注释】

① 射：原意为射箭，这里指“乡射礼”，古时候诸侯、卿大夫、士射箭必先行礼。

② 揖让：拱手作揖行礼，表示尊敬辞让。

③ 其争也君子：彬彬有礼的君子之争。

【译文】

孔子说：“君子没有什么可争的事情。如果有的话，那就是射箭比赛了。比赛时，先相互作揖谦让，然后上场。射完后，又相互作揖再退下来，然后登堂喝酒。这种争也是彬彬有礼的君子之争。”

【读记】

《论语》中很少谈到“争”，因为在孔子的字典里主要是“让”，即谦逊退让。孔子在这里所说的“君子之争”，不是不争，而是一种讲究礼貌、讲究规则的“争”，不是那种不讲规则，甚至使用阴谋手段的“争”。

其实，人生在世，不可避免要“争”。而且要鼓励竞争，不竞争一个人就没有进步，社会也不会前进。不过，这种“争”是有规则的“争”，公平的“争”。那些表明一团和气、暗中不择手段的“争”不是孔子所讲的“君子之争”，而是“小人之争”，这是需要杜绝和提防的。

3·8

子夏问曰："'巧笑倩兮，美目盼兮，素以为绚兮。'[①]何谓也？"子曰："绘事后素[②]。"

曰："礼后[③]乎？"子曰："起予者商也[④]，始可与言《诗》已矣。"

【注释】

① 巧笑倩(qiàn)兮，美目盼兮，素以为绚兮：前两句见《诗经·卫风·硕人》。倩，面颊美好，指微笑时出现的酒窝。兮，语助词，相当于"啊"。盼，眼珠与眼白黑白分明。绚，有文采。

② 绘事后素：绘，画。素，白底。

③ 礼后：礼是在具备了美的内在之后。

④ 起予者商也：起，启发。予，我，孔子自指。商，子夏名商。

【译文】

子夏问孔子："'有酒窝的脸笑得真好看啊，美丽的眼睛黑白分明啊，白色的底子用上灿烂的颜色啊。'这几句话是什么意思呢？"孔子说："这是说先有白底然后才画画。"

子夏又问："那么，是不是说礼也是后起的事呢？"孔子说："卜商，启发我的是你啊，现在可以同你讨论《诗》了。"

【读记】

子夏是一个喜欢诗的人，所以他引用《诗经》中形容美人的两句诗句"巧笑倩兮，美目盼兮"来向孔子提问。这两句诗的确很美，一句讲美人的笑态，一句讲美人的眼神。我们不得不佩服中国古代诗歌的魅力，这短短8个字要胜过几十、几百字的描写，没有具体细节的描写，却让人想象无穷，直到现在也经常有许多人用此句来形容美女。

本章的关键在理解"绘事后素"，有两种解释：一是绘在素后，即绘画中在白底上施采；一种以素为后，用白色为彩画勾边。两种意思相反，笔者取前一种解释。它的引申意义是，一个人虽然要有好的品质基础，但还得用礼仪来培养，以形成完美的人格。

礼后于什么？很多学者认为，后于仁。笔者以为，二者是一体的，“仁”是“礼”的核心内容，“礼”是“仁”的外在表现，“礼”是表达“仁”的形式，“仁”是“礼”表达的内容，无内容即无形式，无形式也无内容，二者应是统一的。

子夏能从孔子所讲的“绘事后素”中领悟到的“礼”的作用，所以，孔子表扬他，称可以和他言《诗》。因为按孔子的理解，《诗》里充满着讽喻意思，子夏理解了这两句诗的讽喻意思，所以可以言诗。

3·9

子曰：“夏礼，吾能言之，杞不足征①也；殷礼，吾能言之，宋②不足征也。文献③不足故也。足，则吾能征之矣。”

【注释】

① 杞不足征：杞，春秋时国名，夏禹后裔，在今河南杞县一带。征，证明。

② 宋：春秋时国名，商汤后裔，在今河南商丘一带。

③ 文献：文，指历史典籍；献，指通晓历史的贤人。

【译文】

孔子说：“夏朝的礼，我能说出来，（但它的后代）杞国不足以证明我的话；殷朝的礼，我能说出来，（但它的后代）宋国不足以证明我的话。这都是因为历史典籍和熟悉夏礼和殷礼的贤人不足的缘故。如果足够的话，我就可以证明它了。”

【读记】

本章的“文献”二字与现在的意思不同，现在主要指书面记载的资料，古代既指档案等“死”资料，也指熟悉过去知识礼仪的贤人即“活”资料。

孔子在本章中感叹，有关夏和商代的礼制，他能说出来，可是无法在现实中找到典籍和传人来证明。这一段话表明孔子推崇的古礼渐行渐远，也说明孔子推崇的古礼行不通的原因，找不到证明和依据，人们无法奉行。

3 · 10

子曰："禘[1]自既灌[2]而往者，吾不欲观之矣。"

【注释】

① 禘（dì）：古代极为隆重的祭祀祖先大礼，只有天子才可以举行。

② 灌：禘礼中第一次献酒。

【译文】

孔子说："对于行禘礼的仪式，从第一次献酒以后，我就不愿意看了。"

【读记】

本章只有短短一句话，却有些难解。李泽厚在《论语今读》中称"本章历来难解"。笔者以为，本章中孔子仍然是在强调"礼"，反对越礼，对当时鲁国国君僭用"禘礼"的行为，孔子看不惯，所以以此表达对当时礼崩乐坏现状的不满。

3 · 11

或问禘之说[1]。子曰："不知也。知其说者之于天下也，其如示诸斯[2]乎！"指其掌。

【注释】

① 禘之说：说，规定。禘之说，关于禘祭的规定。

② 示诸斯：示，置，摆放。斯，这里，指后面的手掌。

【译文】

有人向孔子请教关于举行禘祭的规定。孔子说："我不知道。知道这种规定的人，对治理天下的事，就会像把这东西摆在这里一样容易吧！"一面说一面指着他的手掌。

【读记】

"不知也"是孔子对他不满意的、有所忌讳的问题的回答，他并不是真的不知，只是不想说。

本章孔子再次强调“礼治”。他认为，在鲁国的禘祭中，名分颠倒，不值得一看。所以，有人问他关于禘祭的规定时，他故意说不知道，如果他说知道，就要纠正鲁君的越礼行为。他知道不可能纠正鲁君，只好推辞说不知道。但紧接着又说，谁能懂得禘祭的道理，治天下就容易了。还是归结到“礼”了，讲究等级秩序，反对僭越。他认为，一切按礼制来，治理就容易了。

3·12

祭如在，祭神如神在。子曰：“吾不与祭，如不祭。”

【译文】

祭祀祖先的时候，就好像祖先真在那里，祭神的时候，就好像神真在那里。孔子说：“我如果不能亲自参加祭祀，那就等于没有祭祀。”

【读记】

孔子并不过多提及鬼神之事，主张“敬鬼神而远之”。但他也没有否定鬼神的存在。这一章他说祭祖先、祭鬼神，就好像祖先、鬼神真在面前一样，并非认为鬼神真的存在，而是强调参加祭祀的人，应当在内心有虔诚的情感。

“吾不与祭，如不祭”强调仪式感，强调亲自参与祭祀的重要性，不亲自参加，没有心理情感的呈奉，便等于“不祭”。可见，对孔子来说，祭礼的重要性是要通过亲身参加仪式，获得心理、情感的认同。

3·13

王孙贾①问曰：“与其媚②于奥③，宁媚于灶④，何谓也？”子曰：“不然。获罪于天⑤，无所祷也。”

【注释】

① 王孙贾：卫灵公的大臣，时任大夫。

② 媚：谄媚、巴结、奉承。

③ 奥：古指屋内西南角，为尊者居住地。这里可理解为位置虽远但地位

更高的神。

④灶：煮饭的设备。这里可理解为地位较低但位置更近的神。

⑤天：指上天，天道。

【译文】

王孙贾问道："（人们都说）与其奉承奥神，不如奉承灶神。这话是什么意思？"孔子说："不是这样的。如果得罪了上天、违背天道，那就没有地方可以祷告了。"

【读记】

钱穆、杨伯峻、李泽厚在对《论语》的注译中都说这句理解分歧很多，难解，且各有不同理解。笔者试着分析一下。

"与其媚于奥，宁媚于灶"是当时的一个俗语，相当于现在的"县官不如现管""远水解不了近渴"的意思。王孙贾讲的是一般人的观念，很现实，很功利，谁离我近，谁管得住我，谁对我有用，我就敬谁。现在很多人还信奉这种观点，只管巴结管得住自己的人，不讲原则甚至不讲人性，虽然可能得逞于一时，但最终会因突破人性、道德法律底线而难逃处罚，就是孔子说的"获罪于天，无所祷也"。

孔子认为，不管是奥神还是灶神，谁都不用巴结奉承，关键是人之言行必须符合礼仪，不能得罪上天，不能违背天理，否则就逃脱不了惩罚，祈祷什么神也没有用。

有的注本把"天"理解为卫国国君或者国君的妃子南子，甚至认为灶神喻指王孙贾本人，暗示要孔子巴结王孙贾，笔者不取此意。

3·14

子曰："周监①于二代②，郁郁③乎文④哉！吾从周。"

【注释】

①监：视，总结、借鉴。

②二代：指夏代和商代。

③ 郁郁：丰富多彩。

④ 文：礼乐制度，或者扩大范围指文明。

【译文】

孔子说："周朝的礼仪制度总结借鉴于夏、商二代，是多么丰富多彩啊！我遵从周朝。"

【读记】

推崇周礼，是孔子的基本态度，也是孔子的社会观。孔子对夏、商、周三代的礼仪制度都有深入研究，他认为，一代一代的礼乐制度是在不断改进发展的，丰富完备的周代礼乐制度是在夏、商二代的基础上改进完善的。

孔子是一个主张渐进改良的人。在《论语·为政》第23章里，孔子在阐述夏、商、周三代"礼"之变迁时就提出了"损益"观点："殷因于夏礼，所损益可知也；周因于殷礼，所损益可知也"，说的也是这个道理。

3·15

子入太庙①，每事问。或曰："孰谓鄹②人之子知礼乎？入太庙，每事问。"子闻之，曰："是礼也。"

【注释】

① 太庙：君主的祖庙。鲁国太庙，即周公旦的庙，供鲁国祭祀周公。

② 鄹（zōu）：春秋时鲁国地名，在今山东曲阜附近，孔子父亲曾当过鄹地大夫，古代常把某地大夫称为某人，"鄹人"指孔子父亲叔梁纥，"鄹人之子"指孔子，不直接说孔子，有轻视之意。

【译文】

孔子到了太庙，每件事都要问。有人说："谁说叔梁纥的儿子懂得礼呀，他到了太庙，什么事都要问别人。"孔子听到此话后说："这就是礼呀！"

【读记】

孔子对周礼应该是很熟悉的，但他到周公太庙祭祀每件事都要问，结果遭人瞧不起，他为什么啥都要问呢？

有人把它解释为，是孔子虚心向人请教。李泽厚在《论语今读》中引《论语正义》的意思——“夫子不知故问，然云每事，容亦有所已知者，今犹复问于人，故为慎也”。他认为，孔子问是为了再问一遍以求确认，印证自己已知和未知的东西，所以，这是一种很好的学习方法。

钱穆在《论语新解》中认为，孔子并不是不知鲁国太庙中的种种礼器与仪文，但是，那里面好多已经超越规矩等级，如前面列举的“八佾舞于庭”“三家者以《雍》彻”，孔子不想直接指责它，而是明知故问“这是什么”“那是什么”，是一种委婉而又深刻的讽刺与抗议。一般人不知孔子用意，反而怀疑、嘲笑孔子不知礼。孔子也不明辨，只是说：“是礼也。”这正是知礼。

孙钦善在《论语新注》中认为，孔子之所以对周公庙的祭礼敬重之至，是因为这里的礼最为纯正，而鲁国的公庙则多僭，不足为法。

笔者认为，这要看孔子是什么时候进入太庙。如果是年轻时的孔子，此前没有去过太庙，第一次进去什么都问，说明孔子好学，正如他所言，是“知之为知之，不知为不知”（《论语·为政》）。如果孔子是在年轻时但不是第一次进入太庙，那是表明态度的慎重，因为孔子对祭祀大礼都非常重视。如果孔子是在老年时进入太庙，这时他已多次见惯鲁国违礼僭越的行动，心中很气愤，那他可能是明知故问，是质问，借此讽刺。

可能正因为孔子去太庙的时间不可考，才有后世学者的多种理解。其实，“学”必“问”，凡事皆“问”就是“学”，对于“好学”者孔子来说，“问”没有什么值得大惊小怪的。而且，孔子又是一个“信而好古”（《论语·述而》）之人，入太庙，考前人之礼仪，每事都问就更不奇怪了。

3·16

子曰：“射不主皮①，为力不同科②，古之道也。”

【注释】

①皮：用兽皮做成的箭靶子。

②科：等级。

【译文】

孔子说：“比赛射箭，不在于是否穿透靶子，因为各人的力气大小不一。这是自古以来的规矩。”

【读记】

这里的“射”属于周礼的内容之一，是周代贵族经常演习礼乐的“射”，不是指军队中战斗表演的“射”。所以，讲究的是是否射中目标，不讲究穿透程度。意思是说，只要肯学习有关礼的规定，不管学到什么程度，都是值得肯定的。这也体现出孔子尚德不尚力的思想。

李泽厚在《论语今读》中解释此句时说：“可能当时有人炫耀力量，所以孔子有此议论。”

3·17

子贡欲去告朔①之饩羊②。子曰：“赐也！尔爱③其羊，我爱④其礼。”

【注释】

①告朔：朔，农历每月初一为朔日。告朔，每年秋冬之交，天子把第二年的历书颁发给诸侯，历书规定了有无闰月和每个月的初一日。诸侯把得到的历书藏于祖庙，每月初一，杀一只活羊祭祀祖庙，叫“告朔”。

②饩（xì）羊：祭祀用的活羊。

③爱：吝惜。

④爱：爱惜。

【译文】

子贡想去掉每月初一告祭祖庙要宰杀活羊这一环节。孔子说：“赐，你吝惜那只羊，我却爱惜那种礼。”

【读记】

当时，鲁国君主已经不亲自去“告朔”了，而且也不听政，只是杀一只活羊表示一下形式。子贡是生意人，讲究实际，讲究成本，所以，提出去掉“饩羊”，不要这个形式。对此，孔子大为不满，对子贡加以指责，认为保留形式比了无痕迹要好，如果连形式都没有了，礼就彻底废了，君臣的关系就更加模糊，上下就更乱套了。

李泽厚在《论语今读》从审美的角度论述这种形式的重要性和在后世中的意义。他认为，即使某种典礼仪文已失去其实用意义和具体内容，但其形式本身仍有其某种价值在。它是远古文明的具体遗痕，在后世即以审美意味吸引着人们，培育造塑的是某种审美情感，许多古迹和某些失去使用价值的实用物件，今日均成为“艺术”或“艺术品”，即如此。

3·18

子曰：“事君尽礼，人以为谄也。”

【译文】

孔子说：“按照礼制规定侍奉君主，别人却以为是谄媚讨好。”

【读记】

春秋末期，随着礼崩乐坏，传统那种臣子尊崇君主的君臣关系遭到破坏，已经没有多少人再重视君臣之礼，鲁国三家大夫常常自行其是，越礼违制，就是明显的例证。在这种世风影响下，按礼制行事、尊敬国君的行为反而受到社会的讥讽，被认为是谄媚。孔子在这里实际上是在为自己坚持传统礼制、敬畏君王的行为辩解。

当然，孔子可能想不到，他之后，从秦一直到清代，君主权力得到极大上升，臣民对君主已不仅仅是谄媚，而是必须绝对服从，君臣关系成为一种主奴关系，这恐怕也不符合周礼和孔子的原意。孔子心目中的理想君臣关系是下文表述的“君使臣以礼，臣事君以忠”。

3·19

定公①问：“君使臣，臣事君，如之何？”孔子对曰：“君使臣以②礼，臣事君以忠。”

【注释】

① 定公：鲁国国君，姓姬名宋，继归公而立，定是谥号，前509—前495年在位。

② 以：用。

【译文】

鲁定公问孔子："君主役使臣子，臣子侍奉君主，应该怎么样呢？"孔子回答说："君主应该按照礼的要求来使唤臣子，臣子应该尽心竭力来侍奉君主。"

【读记】

如何处理好君臣关系是中国古代政治的一个重要内容。按孔子的说法，理想的君臣关系就是"君使臣以礼，臣事君以忠"，只要做到这一点，君臣之间就会和谐相处。而且，按孔子原意及初期儒家的观点，主要还侧重于对君主的要求，强调君主应该依礼待臣，臣才会以忠侍奉，至少二者还是较为平等的关系，绝不是简单的指使与听命关系，必须以"礼"为处理二者关系的原则，"礼"是双方都要遵从的。

孔子之后的孟子、荀子对此有进一步的发挥，孟子提出"君之视臣如手足，则臣视君如腹心；君之视臣如犬马，则臣视君如国人；君之视臣如土芥，则臣视君如寇仇。"即使强调君权的荀子也有"从道不从君，从义不从父"的说法。可见，在儒家的原典中，"道义"高于君父，提倡"忠孝"却又反对不讲原则、不论是非、不顾人格的愚忠愚孝，"忠孝"绝非盲目的服从。历代统治者对儒家这些观点是不赞同的，所以，朱元璋要骂孟子，要删改《孟子》。

《论语》中的"忠"主要表达的是"尽己"的意思，就是尽自己的力量，不是后来演变的下对上的唯命是从，甚至舍命以侍。但自汉儒以后，强调"君为臣纲"，甚至提出"君要臣死，臣不得不死"，专制政制下的君臣关系权重完全在君王一方，后世帝王对臣下、子民的统治是绝对的，无所不至，臣下、子民必须无条件地绝对服从和接受，这可能是孔子所没有想到的。因此，必须注意后世儒家思想与先秦儒家特别是孔子的思想的区别。

“君使臣以礼，臣事君以忠”也可以看作孔子代表臣民与君主拟定的一份双方均有义务的契约。但是，它并没有制度设计，只是一种道德约定、口头约定，缺少刚性制约，权重的君主一方往往拒绝遵守，遂使这种理想关系往往不能实现，也使儒家思想过于理想化，陷入空谈，甚至成为君主取其一点为其所用、加强自身权力的工具。这也是孔子及儒家思想的一个致命缺陷。

3·20

子曰：“《关雎》①，乐而不淫②，哀而不伤。”

【注释】

①《关雎（jū）》：《诗经》的第1篇，事涉男女情爱，追求不得时，虽有悲哀但并不伤痛，追求到手后快乐但并不过分。

②淫：过分而失当，如“淫雨”，指时间下得较长的雨水。

【译文】

孔子说：“《关雎》这首诗，快乐而不过分到放荡，悲哀而不至于伤损。”

【读记】

《关雎》是《诗经·国风》的第一首诗，是写得很美的一首情诗，开篇就是千古名句：“关关雎鸠，在河之洲。窈窕淑女，君子好逑。”全诗主要讲一个男子追求一个女子前后的心理活动。

传说《诗经》是经过孔子整理编成的，孔子把《关雎》放在第1章肯定有他的考虑。本章中孔子借评价《关雎》一诗来体现他的中庸思想，要求人们表达快乐和悲哀情感时要恰当，不能过分，强调用“礼”来节制。诗歌中的男子追求不得时，也只是“寤寐思服”“辗转反侧”，追求成功后，也是按照礼仪“琴瑟友之”“钟鼓乐之”。有得就快乐，有失就悲哀，喜乐惧哀，这是人之常情。但关键是要把握好度，得意忘形可能会悲从中来，如范进中举；过分悲哀会伤心伤身，甚至于一病不起，如林黛玉。

李泽厚十分喜爱本章，他在《论语今读》中对本章写了较长篇幅的“记”，沿着他在《论语·学而》中第1章提出的中国属“情感本体论”观点，上升到审美层级，与希腊哲学、西方“酒神”精神进行对照。李泽厚强调中国礼乐并称，用“礼”控制“乐”，“乐从中出，礼自外作”。关于此点，李泽厚在他的《华夏美学》中还有详细的论述，有兴趣者不妨参读。

3·21

哀公问社①于宰我。宰我②对曰：“夏后氏以松，殷人以柏，周人以栗，曰，使民战栗③。”子闻之，曰：“成事不说，遂事不谏，既往不咎④。”

【注释】

① 社：土地神，这里指土地神的牌位。

② 宰我：孔子学生，名予，字子我，孔子学生，生卒年不详，属于受孔子批评较多的弟子之一。

③ 战栗：恐惧，发抖。

④ 既往不咎：既往，以往、过去。咎，追究。

【译文】

鲁哀公问宰我，土地神的神主牌位应该用什么树木。宰我回答：“夏朝用松树，商朝用柏树，周朝用栗子树。用栗子树的意思是说，使老百姓畏惧战栗。”孔子听到后说：“已经做过的事不用提起了，已经完成的事不用挽救了，已经过去的事也不必追究了。”

【读记】

本章的意思不大好懂，李零在《丧家狗——我读〈论语〉》中认为“好像土匪对暗号，可能是隐语”。

古时祭祀非常庄重肃穆，既是向神祇祷告祈福，同时也是借此震慑臣民。孔子排斥恐惧杀戮，提倡温情，所以当宰我认为周朝祭祀时用栗树作神主牌位是为了让老百姓畏惧战栗，他不同意宰我的解释。但是，孔子不愿解释，也不直接表态，只是轻描淡写地将话题拨开，云遮雾罩地说了三句：“成事不说，遂事不谏，既往不咎。”一句话，过去的就让它过去。

李零在解读中引用了清代方观旭《论语偶记》中的一种猜测性解释，认为“社”是古代杀殉为祭的地方，“哀公问社”是问能不能杀人，意思是想除去“三桓”，宰我的回答是劝哀公痛下决心，不杀不足以使民警惕。孔子的意思是，凡是成功的事不要说出，凡是可能如愿的事不要劝阻，凡事过去了的事，无论成败，不要埋怨。这样的解释也许让孔子的三句话有了着落，可备一说。

“既往不咎”成为至今沿用的成语，往往成为人们宽大原谅犯过错之人的心理和行为，在复杂的人际关系中，许多恩怨就在四个字中轻轻了断。但这种处理方式用于原谅初次犯错或者不是大原则错误尚可，如果是涉及原则性的问题或屡错屡犯，这样处理可能会纵恶，会姑息养奸。

3・22

子曰：“管仲①之器小哉！”或曰：“管仲俭乎？”曰：“管氏有三归②，官事不摄③，焉得俭？”

“然则管仲知礼乎？”曰：“邦君树塞门④，管氏亦树塞门；邦君为两君之好，有反坫⑤，管氏亦有反坫。管氏而知礼，孰不知礼？”

【注释】

① 管仲：姓管名夷吾，春秋时齐国人。齐桓公时任宰相，辅助齐桓公成为诸侯霸主。

② 三归：此词有诸多解释。钱穆、杨伯峻都有多种考证解释，可以参考，笔者取三处家室之意。

③ 摄：兼职。

④ 树塞门：树，树立。塞门，在大门口筑的一道短墙，以别内外，相当于屏风、照壁等。

⑤ 反坫（diàn）：坫，放置器物的台子。反坫，君主招待其他国君时，献过酒后放置空杯子的土台。

【译文】

孔子说："管仲这个人的器量真是狭小呀！"有人说："管仲节俭吗？"孔子说："他有三处家室，家里的管事也是一人一职而不兼任，怎么谈得上节俭呢？"

那人又问："那么管仲知礼吗？"孔子回答："国君大门口设立照壁，管仲也在大门口设立照壁。国君同别国国君举行会见时在堂上有放空酒杯的设备，管仲也有这样的设备。如果说管仲知礼，那么还有谁不知礼呢？"

【读记】

管仲是齐国有作为的政治家，他帮助齐桓公治理齐国，称霸诸侯，有《管子》一书传世。孔子在《论语》中对管仲有多处评价，总体上是赞扬，而且是高度赞扬（详见《论语·宪问》第16、17章），他认为合乎"仁"标准的有六个人，管仲是其中之一。但本章对管仲却是批评，孔子批评管仲有三大问题：一是器量小，二是不节俭，三是不知礼。说明对事功再大的人，孔子也并不会一味歌功颂德，他有自己的评判标准，也就是合不合乎"礼"，管仲攀比国君，僭用诸侯之礼，这是孔子所不能容忍的。

管子胸怀全局，帮助齐桓公称霸，应该是大器，那孔子为什么说管仲器量狭小？孔子这里讲的"小"应该不是指胸怀，到底指什么这里没有明说。有的说就是下文的不节俭、不知礼，但笔者认为这好像与器量大小关系不大。朱熹《论语集注》的解释可能还准确一些，他说："器小，言其不知圣贤大学之道，故局量褊浅，规模卑狭，不能正身修德，以致主于王道。"意思是说，管仲不能引导齐桓公行王道而行霸道，就是器量不大。在儒家看来，王道肯定大于霸道。但是，当时社会已礼崩乐坏，周天子失去权力控制，王道式微，霸道兴起，王道已不可行，与一个人的器量大小没有什么关系，与一个人的政治见识倒是有关。同时代的宋襄公倒是有孔子所说的"器量"，自称仁义之师，打仗时不愿打击半渡之楚军，反被渡河过来的敌人打败，成为笑柄。

孔子批评管仲主要还是因为他越"礼"，比照国君的排场，设立照壁，设立放置空酒杯的设备。管仲好排场、不节俭，可能与他出身贫寒之家有关，

《史记·管晏列传》中对此有详细记载。比之后世，这种苦出身的人一旦发迹，往往比较奢侈，仿佛是要把失去的东西全部夺回来，或者想一世享受几世的福，结果往往福报未尽祸却来了。

3·23

子语[①]鲁大师[②]乐，曰："乐其可知也：始作，翕如也[③]；从之，纯如也[④]，皦[⑤]如也，绎[⑥]如也，以成。"

【注释】

①语：告诉。

②大（tài）师：乐官名。

③翕（xī）：古乐，先奏金鼓钟，让人闻之振奋热烈。

④从（zòng）之，纯如也：从，放纵、展开。纯，美好、和谐。钟声既作，然后八音齐奏，乐声自此放开，堂上堂下，互相应和。

⑤皦（jiǎo）：音节分明，清晰明白。

⑥绎：连续不断。

【译文】

孔子告诉鲁国乐官演奏音乐的道理，说："奏乐的道理是可以知道的，开始演奏，金鼓齐鸣，让人振奋热烈；展开以后，各种乐器合奏，和谐舒缓，继续下去，音节分明，连续不断，从而完成一套乐曲。"

【读记】

前面出现过许多关于"礼"的篇章，本章谈"乐"，说明孔子是一个礼乐兼通的人。本章反映了孔子的音乐思想和高超的音乐欣赏水平，说明孔子不仅是一个会讲"仁""礼"等道德品格的好老师，还是一个会讲"乐"、讲艺术的全才型老师。

本章谈的"乐"是有节奏、有章法的，就像"礼"一样，也是有章法的。

3·24

仪封人[①]请见，曰："君子之至于斯也，吾未尝不得见也。"从者见之[②]。出曰："二三子何患于丧[③]乎？天下之无道也久矣，天将以夫子为木铎[④]。"

【注释】

① 仪封人：仪，地名，在今河南兰考县境内。封人，系镇守边疆的官。孔子到达这个地方，他请求接见。

② 从者见之：随行学生引他见了孔子。

③ 丧：失去，这里指失去官职。

④ 木铎：木舌的铜铃。古代天子发布政令时摇它以召集听众，比喻天下将以孔子为精神导师，听从孔子的指引。

【译文】

仪这个地方的长官请求孔子接见，他说："凡是君子到这里来，我从没有不得到接见的。"孔子的随从学生引他去见了孔子。他出来后（对孔子的学生们）说："你们几位何必为你们老师失去官职而发愁呢？天下无道已经很久了，上天将以孔夫子为导师宣扬大道，号令天下，引导百姓。"

【读记】

孔子虽然在政治上不得志，在官场上做官时间很短，没有把自己打造成一个政治家，但成了一个国际知名学者、一个神圣的布道者。

孔子的影响越来越大，天降大任于他，不在做官，而在布道，宣扬周礼，并以此获得天下人的信服，为天下师，为万世师。这是那些所谓国君所做不到的，也不可比的。当时就已经有人认识到这点，比如这位仪地的边防官，他认为，孔子是"礼乐"文化的代表，肩负文明传承的重任，虽然失去官职，并不值得忧虑，他自有上天赋予的使命。

3·25

子谓《韶》[①]："尽美[②]矣，又尽善[③]也。"谓《武》[④]："尽美矣，未尽善也。"

【注释】

①《韶》：相传是古代歌颂虞舜的一种乐舞。

②美：美好，主要指乐舞的形式。

③善：好，主要指乐舞的内容。

④《武》：相传是歌颂周武王伐纣的一种乐舞。

【译文】

孔子讲到《韶》这一乐舞时说："形式美极了，内容好极了。"谈到《武》这一乐舞时说："形式美极了，但内容还不够好。"

【读记】

在本章孔子谈到对艺术作品的一个重要评价标准：内容与形式尽善尽美。既要重视艺术的形式美，更要重视艺术的内容善。这二者的关系一向很难处理好，往往不是为了内容损伤了形式，就是为了形式而损伤了内容，过分注重内容则失之枯燥，过分注重形式则失之空泛，达到内容与形式完美统一的艺术作品少之又少。五四运动期间及后来的各种文艺派别对此曾有过激烈的讨论甚至争论。

孔子对音乐很有研究，他认为音乐不仅仅能怡情娱性，还能反映出一个社会、一个地方、一个国家的风气和政治兴衰。他赞扬《韶》尽善尽美，认为《武》未尽善，虽然孔子没有说明理由，但后来有研究者认为，是因为舜的天子之位是由尧"禅让"而来，是德取天下，而周武王的天子之位是由讨伐商纣王而来，靠的是武力，虽是正义之战，但毕竟有"杀伐之声"。

从本章可以看出，音乐的作用很大很广，所以，现在许多国家有国歌，军队有军歌，学校有校歌，其目的都是一样，用音乐凝聚人心，用音乐展示精神，用音乐体现追求。

3·26

子曰："居上不宽，为礼不敬，临丧不哀，吾何以观之哉？"

【译文】

孔子说："居于执政地位的人，不能宽厚待人，行礼的时候不严肃，参加丧礼的时候不悲哀，我还有什么可看的呢？"

【读记】

本章中孔子再次列举当时列国中破坏礼制的种种行为，感到既生气又失望，难以容忍。

《论语·里仁》第四

【题解】

本篇共26章，主要内容涉及义与利的关系、个人的道德修养、孝敬父母以及君子与小人的区别等问题，特别是对“仁”的论述很多。本篇名言有“朝闻道，夕死可矣”“一以贯之”“君子喻于义，小人喻于利”“见贤思齐”“父母在，不远游”等。

4·1

子曰：“里仁为美①。择不处仁②，焉得知③？”

【注释】

① 里仁为美：里，住处。仁，有仁德的人。里仁为美，住在有仁者的地方才好。

② 择不处仁：择，选择住处。处，居住。

③ 知（zhì）：同智。

【译文】

孔子说：“跟有仁德的人住在一起，才是好的。如果选择的住处不是跟有仁德的人在一起，怎么能是聪明呢？”

【读记】

物以类聚，人以群分。孔子在本章讲的是要重视对环境的选择，重视对朋友的选择，要与有仁德的人在一起。近朱者赤、近墨者黑，与有仁德的人住在一起，耳濡目染也会受到仁德者的影响。古代就有“孟母三迁”的传说。

现在大家买房子，很重视地点、交通、环境及学校、医院、超市、菜市等条件，但往往忽略对邻居的选择，忽略了相处的人。按孔子说法，不注意选择邻居就是不智。

4·2

子曰："不仁者不可以久处约①，不可以长处乐。仁者安仁②，知者利仁③。"

【注释】

① 约：穷困、困窘。

② 安仁：安于仁道，行仁是为了心安。

③ 利仁：认为有利才去行仁。

【译文】

孔子说："没有仁德的人不可能长久地处在贫困中，也不可能长久地处在安乐中。有仁德的人安于仁，聪明人利用仁，知道仁对自己有利才去行仁。"

【读记】

"仁"是一个人立身处世之本。没有仁德的人既不可能长久地处在贫困中，也不可能长久处在安乐中。久处贫困，他们会为非作乱，成为歹人；久处安乐，他们会骄奢淫逸，成为废人。

同时，真正有仁德的人实行"仁"是自然而然的，是一种发自内心的本性，在任何环境下都能做到仁心不变。而有的人是利用"仁"，认为实行"仁"对自己有好处时才去做，这种人不是真正的"仁者"，最多只是一个"智者"。

4·3

子曰："唯仁者能好①人，能恶②人。"

【注释】

① 好（hào）：喜爱。

② 恶（wù）：憎恶、讨厌。

【译文】

孔子说："只有那些有仁德的人，才能真正地喜欢人、憎恨人。"

【读记】

人人都有爱恨，有喜欢的人，有讨厌的人，但喜欢的可能是坏人，讨厌的可能是好人。更有甚者，出于私心而有其好恶，他的好恶不是出于本心，而是出于利害。为了利益，他可以颠倒是非，可以把恶当善，把坏人当好人，把好人当坏人。

而仁者的爱恨没有私心，不是从自我私心出发，是本于大道出发，"是"就是"是"，"非"就是"非"，"好"就是"好"，"恶"就是"恶"，不会因利益诱惑而改变，不会因众声喧哗而改变，不会因权力而改变。所以，他的爱恨才是真正的爱恨。

4·4

子曰："苟志于仁矣，无恶也。"

【译文】

孔子说："如果立志于仁德，就不会做坏事了。"

【读记】

这里把"仁"的作用看得很大，说的是如果一个人存心于"仁"，即使会犯错，但不会做坏事，即使做了坏事，也会改恶从善。本性有"仁"，便有善念，便会向善、择善、行善、至善。

4·5

子曰："富与贵，是人之所欲也，不以其道得之，不处也；贫与贱，是人之所恶也，不以其道得[1]之，不去也。君子去仁，恶乎[2]成名？君子无终食之间违[3]仁，造次必于是，颠沛必于是。"

【注释】

① 得：与"去"意思相同，抛弃。

② 恶（wù）乎：怎样。

③ 违：离开。

【译文】

孔子说："发财和做官是人人都想要的，但不用正当的方法得到它，君子是不会接受的；贫穷与低贱是人人都厌恶的，但不用正当的方法摆脱它，君子是不会想办法摆脱的。君子失去仁德，又怎么成就他的名声呢？君子一顿饭的时间也不背离仁德，在仓促紧迫的时候，一定是这样，在颠沛流离的时候，也一定是这样。"

【读记】

很多人以为儒家只讲"仁义"不讲利益，其实不然，大力倡导"仁义"的孔子并不否认人的欲望，他很清楚，任何人都不会甘愿过贫穷困顿、地位低贱的生活，都希望得到富贵安逸。但他特别强调一定要以"道"得之，用正当的方法去追求、去选择。而其中"仁"是根本，是标准，如果违背了"仁"，就不应该去接受富贵，也不应该为了摆脱贫穷低贱，而去违背"仁"。孔子在《论语·述而》中说："不义而富且贵，于我如浮云。"后世流行的"君子爱财，取之有道"也是这个意思。

而且，这种以"仁"为标准的利益观、财富观不是一时，不是表面作秀，不设前提条件，而是在任何时候任何条件下都要坚持，特别是在最不容易坚持的仓促匆忙之间、颠沛流离时也要坚持。为什么这样说？因为人在心情平静、境遇良好时行"仁"行"善"要相对容易。

4 · 6

子曰："我未见好仁者，恶不仁者。好仁者，无以尚[①]之；恶不仁者，其为仁矣，不使不仁者加乎其身。有能一日用其力于仁矣乎？我未见力不足者。盖[②]有之矣，我未之见也。"

【注释】

① 尚：超过。

② 盖：大概，可能。

【译文】

孔子说："我没有见过爱好仁德的人，也没有见过厌恶不仁的人。爱好仁德的人，是不能再好的了；厌恶不仁的人，在实行仁德的时候，不让不仁德的人影响自己。有人能一天把力量用在实行仁德上吗？我还没有看见力量不够的。这种人大概还是有的，但我没见过。"

【读记】

从本章可以看出，一方面一个人要成为仁德之人还是比较难的，另一方面当时社会礼崩乐坏，爱好仁德的人已经不多了。所以孔子感叹他没有见到爱好仁德的人、厌恶不仁的人，而且没有见到能有一天把自己的力量用在实行仁德上的人，不是力量不够，是用心不够。

同时，这段话也说明，一个人只要一天一天地努力，还是可以达到"仁"的境界，成为一个有仁德的人的。许多人以心有余而力不足为借口，想表明不是自己主观不努力，而是自己力量达不到。针对这种现象孔子指出，关键不在于力足与不足，关键在于是否有这种仁心仁念。

4 · 7

子曰："人之过也，各于其党[①]。观过，斯知仁[②]矣。"

【注释】

① 党：类。

② 仁：杨伯峻《论语译注》、李泽厚《论语今读》均将其当“人”讲，笔者赞同钱穆等人的见解，当“仁”的本义讲。

【译文】

孔子说：“人们的错误，各有他的类型特点。考察一个人所犯的错误，就可以知道他的仁德如何。”

【读记】

观过知人是孔子观察人的一种新方法，我们看人一般是看他的优点、长处。孔子认为，观察一个人主要不是看他的优点，而是看他犯的过错，就可以知道他仁与不仁了。

4·8

子曰：“朝闻道，夕死可矣。”

【译文】

孔子说：“早晨懂得了真理，要我当天晚上死去也可以。”

【读记】

孔子论“道”以本章最为有名，“朝闻道，夕死可矣”这句话也十分有名，当代美学家王朝闻即以此取名。

同整部《论语》言简意赅的风格一样，在这短短几个字里并没有说明“道”是什么。有些注本也对此一言不发。杨伯峻的《论语译注》除有一句简单的译文外，对本章一个字都没有注。是不好注解，还是不需要注解，还是不值得讲解，笔者无从知道。

朱熹在《论语集注》中说：“道者，事物当然之理。苟得闻之，则生顺死安，无复遗恨矣。”朱子眼中的“道”，似乎是指事物的客观规律，有些类同于西方的真理。

杨伯峻和李泽厚均把“道”翻译为“真理”，笔者的译文也是遵从他们。钱穆的《论语新解》把“道”仍译为“道”，没有用现代词汇注解它，他认为："道，人生之大道。人生必有死，死又不可预知。正因时时可死，故必急求闻道。否则生而为人，不知为人之道，岂不枉了此生？若使朝闻道，夕死即不为枉活。"

上述几位的注解都强调了"道"的迫切性。李泽厚的《论语今读》认为："这是非常著名的篇章，宗教性特征极强。因为它联结生、死问题。"李泽厚引《中庸》说"恐惧其所不闻"，即害怕浑浑噩噩过此一生而未能"闻道"，这就等于白活了一辈子，岂不严重也哉。

子安宣邦在《孔子的学问》中对这个"道"解释得比较清楚，我们可以参考。他说，"道"最初的意思是"路"，引申的含义即具有公共的或者说普遍性特质的"道理""道路"，也即任何人都以此为依凭的规范。"道"还意味着一种方法，如果人们循此以行，就能够抵达目的地。更进一步说，作为人们倚赖的正确的道理，"道"意味着"正义""义理"。从追求者的角度看，就是"真理"。老子称此真理为"道"，是宇宙最究极的根本所在。同理，人所依靠的某种重大的东西，也被称作"道"。

子安宣邦在《孔子的学问》中还援引了日本另一位学者涩泽荣一的解释："我们必须注意，孔子说这句话，只是要教导我们应当把'道'视为即使用生命去换取也不为过的事物，而不是为了怂恿我们真的这样着手去做。"

与我国学者多数强调"道"的急迫性不同，涩泽荣一的解释把重点放在了"道"的重要性上面，认为孔子此言是将"道"视为具有与生命同等重要的价值的东西。

这里的"闻"不是简单地知道、听到，而是要懂得、明白、理解。

4·9

子曰："士志于道，而耻恶衣恶食者，未足与议也。"

【译文】

孔子说："读书人有志于追求真理，但又以粗衣淡饭为耻辱，这种人是不值得与他讨论的。"

【读记】

孔子教人的主要目的不是为做官，而是为了求道、弘道，即使某些人“学而优则仕”了，也是希望他借此行道。既然求道不是为了追求富贵，那么恶衣恶食就不足为耻，如果以恶衣恶食为耻，那他一定只是贪图物质利益，一定没有远大志向，就不会有志于行道，那就只是口中称“道”的伪君子。因此，也就没有必要与这样的人去讨论“道”的问题了。

4·10

子曰：“君子之于天下也，无适①也，无莫②也，义③之与比④。”

【注释】

①适（dí）：敌视，反对。

②莫：羡慕。

③义：正当，合理。

④比：亲近、靠近。

【译文】

孔子说：“君子对于天下的人和事，既不存心敌视，也不倾心羡慕，只是以正当合理为标准去做。”

【读记】

本章孔子提出了对君子的要求：“义之与比”。即不以自己的好恶为标准对待天下事物，而是看其是否正当合理，如果正当合理就顺从，就去做，如果不正当合理，就反对，就不去做。

这里提出了一个“义”的概念，有的人甚至认为“义”比“仁”还重要，实际上“仁”才是《论语》的核心，二者是互相联系、互相统一的，“仁”在内心，“义”在身外，心中有“仁”，行为自然就“义”，“义”之行为，必出于“仁”。到了孟子那里，“义”就与“仁”合在一起成为“仁义”了。

4·11

子曰："君子怀[①]德，小人怀土[②]；君子怀刑[③]，小人怀惠。"

【注释】

①怀：关心。

②土：田地，乡土。

③刑：法制惩罚。

【译文】

孔子说："君子关心的是道德，小人关心的是乡土；君子关心的是法制，小人关心的是恩惠。"

【读记】

本章的"君子""小人"不是指道德品行上的区别，是指国君、官吏和一般老百姓在位置上的区别，他们所处位置不同，思考关心的内容自然也就不同。国君、官吏关心社会道德，关心法制，考虑的是国家和社会的事情。老百姓关心自己的土地、生活，考虑个人和家庭的生计。

李泽厚在《论语今读》中对"刑"字做了重点阐述：中国一大问题，是只有"刑"而无"法"；与"德"相联结的是"刑"，而非"法"。中国古代只有氏族社会维系尊卑秩序的"礼"和随后发展出来的"刑"，始终缺乏基于老百姓权利基础上的"法"。

4·12

子曰："放[①]于利而行，多怨[②]。"

【注释】

①放（fǎng）：同"仿"，效仿，依据。

②怨：招致别人怨恨。

【译文】

孔子说："依据个人利益而行动，就会招致很多怨恨。"

【读记】

朱熹在《论语集注》中引程子语："欲利于己，必害于人，故多怨。"杨伯峻的《论语译注》、李泽厚的《论语今读》均依此解。但钱穆《论语新解》对此却是另一种解释：此怨字，当指己心对外言。所以他译为：先生说，"一切依照着利的目的来行事，自己心上便易多生怨恨。"

4·13

子曰："能以礼让为国乎，何有①？不能以礼让为国，如礼何②？"

【注释】

① 何有：全句意为"何难之有"，反问"有什么难的"？

② 如礼何：把礼怎么办？

【译文】

孔子说："能够用礼让原则来治理国家，那还有什么困难呢？不能用礼让原则来治理国家，又拿礼仪怎么办呢？"

【读记】

本章讲"礼"的重点在"让"字上，这是"礼"的一个具体内容和关键所在。许多《论语》注本和相关著作对"礼""让"都做了很好的注解，这里援引李泽厚在《论语今读》中举的几例以做参考。

《论语正义》："让者，礼之实；礼者，让之文。先王虑民之有争也，故制为礼以治之。礼者，所整壹人之心志，而抑制其血气，使之咸就于中和也。"

《论语集释》引《左传·襄公十三年》："君子曰：让，礼之主也。世之治也，君子尚能而让其下，小人农力以事其上，是以上下有礼，而谗慝黜远，由不争也。谓之懿德。"

《管子·五辅》："夫人必知礼然后恭敬，慕敬然后尊让，尊让然后少长贵贱不相逾越，故乱不生而患不作。"

他们都是把"礼"与"让"联系在一起说。"让"这种外在行为既是因为受到礼制或习俗的约束所致，更是因为内心的修养所致，是由内心存在的"仁""义"所发出。"让"如果不出于内心，就可能流于虚伪做作，甚至怯懦卑弱。

"让"就是节制、谦让，是处理人际关系的一个重要原则，俗话说"退后一步天地宽""让他三尺又何妨"，一个"让"字能化解许多矛盾和纠纷。

4·14

子曰："不患①无位，患所以立。不患莫己知②，求为可知也。"

【注释】

① 患：忧虑、担心。

② 莫己知："莫知己"的倒装，即没有人了解自己。

【译文】

孔子说："不要担心没有职位，要担心没有任职的本领。不要担心没有人知道自己，只求自己有什么值得人们知道的。"

【读记】

孔子并不反对追求职位、追求名声，但他更强调必须首先立足于自身的学问、修养、才能的培养，具备足以胜任官职的各方面素质。只要自己通过努力，道德提升了，学问增长了，才能养成了，就不愁没有位置，不愁别人不知道自己。

4·15

子曰："参①乎！吾道一以贯②之。"曾子曰："唯。"子出，门人③问曰："何谓也？"曾子曰："夫子之道，忠恕而已矣。"

【注释】

①参：曾子名。

②贯：贯通。

③门人：孔子学生。

【译文】

孔子说："曾参啊！我讲的道是由一个基本思想贯彻始终的。"曾子说："是。"孔子出去之后，同学便问曾子："这是什么意思？"曾子说："他老人家的道，只是忠和恕罢了。"

【读记】

本章提出了孔子的一个重要思想："忠恕"。何谓"忠恕"？

按钱穆《论语新解》的解释："尽己之心以待人谓之忠，推己之心以及人谓之恕。""忠"就是对对方尽自己的心力，"恕"则是多为对方着想。"忠恕"就是要站在对方的立场上考虑问题，尽心力。人心相同，你喜欢的和讨厌的别人可能也喜欢和讨厌。因此，要将心比心，自己喜欢的东西，也要考虑到别人是否喜欢，自己讨厌的东西不要加在别人身上。"忠恕"之道也就是"仁道"，是"仁"的基本要求，是形成"仁道"的根本。这样解释可能更容易让人明白，因为"仁"体现在日常人伦之间，人人都可以尽力而为。

但曾子把孔子的学说概括为"忠恕"之道未必准确，钱穆就不赞成。钱穆一方面说曾子的理解"虽不中不远矣"，另一方面又说"然谓一部《论语》，只讲孝弟忠恕，终有未是"。我们可以把它看作孔子一位学生的个体感悟，不一定非要当成孔子或者说《论语》的全部思想。

4·16

子曰："君子喻于义，小人喻于利。"

【译文】

孔子说："君子明白礼义，小人知道利害。"

【读记】

这又是一个有名且费解的章节。“君子”与“小人”、“义”与“利”经过宋明理学后，成为两对绝对对立、非此即彼的观念，道德高尚的是“君子”，道德低下的是“小人”，“利”是人欲，必须“灭”掉，才能保存天理（礼义）。

但在孔子时代或者在他之后较长的时期，“君子”与“小人”并没有那么对立，有时只是指人的地位的不同，“君子”指国君和官吏，“小人”指普通老百姓。如果从这个角度，我们可以这样理解孔子这句话：因为“君子”知道“义”，面对利益时知道该不该取，以“义”为标准决定取舍；而“小人”可能不知道“义”，只懂得利益。

“君子”“小人”在这里并没有道德上的高下之分，“小人”地位低下，条件较差，常常迫于生计，取利也无可厚非，总不能让他们饿着肚子去讲“义”吧。《管子》说：“仓廪实而知礼节，衣食足而知荣辱。”清代学者焦循在《雕菰楼集》中说：“儒者知义利之辨而舍利不言，可以守己而不可以治天下之小人。小人利而后可义，君子以利天下为义。”真是击中宋明理学的要害。

在孔子那里，“义”与“利”也不是那么对立的，他虽然“罕言”利，但并不讳言利，只是反对见利忘义。南宋永嘉学派叶适等人提出“义利并举”，是对宋儒程朱学派的纠正，实在是难能可贵，正是这一脉思想，影响并产生了20世纪后叶中国经济发展中的“温州模式”。

实际上，“义”与“利”是一对很难处理的关系。它在日常生活中应该是或多或少的程度问题，不是全有全无的类别问题。也就是说，一个人不可能完全只求“义”而不求“利”，否则他就难以生存，只是把谁放在“第一位”、放在“首先”的问题。同样，一个完全不讲“义”只求“利”的人也是很少很少的，如果有就是我们经常说的太自私了，可能会遭到大多数的人鄙弃，也难以生存。

4·17

子曰：“见贤思齐[①]焉，见不贤而内自省也。”

【注释】

① 齐：平等，看齐。

【译文】

孔子说：“见到贤人，就想到向他学习、看齐，见到不贤的人，就自我反省有没有与他相类似的错误。”

【读记】

本章与《论语·述而》中的“三人行，必有我师焉；择其善者而从之，其不善者而改之”意思相近。“见贤思齐”在现在是一个成语。本章谈的是提升个人道德修养的方法，实际上就是取别人之长补自己之短，同时，又以别人的过失为鉴，不重蹈别人的覆辙。这是对自我的高要求，从正反两个方面不断提高修养，追求完善。

这里的“贤”是一个关键词。孔子对人的最高标准是“仁”，他不轻易称某人为“仁”，却用“贤”称赞过许多人，比如在《论语·雍也》中称颜回“贤哉回也”，在《论语·述而》称伯夷叔齐是“古之贤人也”。明显，“贤人”要比“仁人”多，我们才可以有学习的榜样。

但是，一般的人都有忌妒之心，往往见不得别人比自己好，对有德有才的贤人，“思齐”学习的少，忌恨的多，甚至不惜罗织罪名陷害贤者。所以“思齐”的前提是除掉忌妒之心。

4·18

子曰：“事[①]父母几[②]谏，见志不从，又敬不违，劳[③]而不怨。”

【注释】

① 事：侍奉，是下级对上级、晚辈对长辈的敬语。

② 几（jī）：轻微、婉转的意思。

③ 劳：忧愁、劳心。

【译文】

孔子说："侍奉父母，如果父母有不对的地方，要委婉地劝说他们。看到自己的意见没有被听从，仍然要恭敬并不违抗，寻找机会再委婉劝说，虽然忧虑却不埋怨。"

【读记】

"孝"是儒家伦理、政治的核心，而"孝"的一个关键点就是对父母的"无违"，但"无违"不是什么都听，也不是有些人讲的"天下无不是的父母"。见到父母有了过错也要委婉客气地谏议，如果父母不听，也不要发火生气，而是继续和颜悦色地劝说。朱熹《论语集注》中说："父母有过，下气怡色，柔声以谏也。谏若不入，起敬起孝，悦则复谏也。"《礼记·曲礼》："三谏而不听，则是泣而随之。"

在实际生活中真正能这么对待父母的子女很少，要做到也很难。但从接受学讲，如果对父母的劝谏能够讲究时间、讲究场合、讲究方法、照顾到他们的心情，可能效果会好一些。对领导或上级的劝谏也一样，也要讲究方式方法。如果在领导心情不好的时候，你去提建议特别是与之相反的建议，肯定是难以被接受的，甚至会惹得领导生气。

这里孔子没有谈到父母对子女的谏议该如何处理，从后世要求君王对臣下的进谏要虚心纳谏看，恐怕父母对子女的进谏也应该虚心接受，闻过则喜。如果双方都能这样，关系一定会真正地和谐，形成良好的亲子关系。

4·19

子曰："父母在，不远游①，游必有方②。"

【注释】

① 游：指外出游学、求仕求职、经商等。

② 方：方位、去处。

【译文】

孔子说："父母在世，不远离家乡，如果不得已要出远门，也必须要有一定的去处。"

【读记】

这句话的背景显然是在古代，那时候交通不便，路途遥远，出门往往费的时日较多，难以沟通。子女外出远了，如果父母急切有事，往往不得见，考虑到这点，提出"父母在，不远游"。如果必须出门远游，也一定要让父母知道你的方位去处，有急事，知道到哪里找你。

这句话还有一个意思，不远游也是为了使父母不过分思念（不知何时才相见）和过分忧虑（担心吃穿、担心伤病、担心安全）。古人云"儿行千里母担忧"，孟郊诗"慈母手中线，游子身上衣。临行密密缝，意恐迟迟归"也是这个意思。

现代社会，出门便捷，加上手机在手，可以即时通信、视频相见，现在应该随时可以远游的了。不过，子女不管是近住，还是远游，还是要常与父母联系，常回父母家看看，孝心不能失去。

4·20

子曰："三年无改于父之道，可谓孝矣。"①

【注释】

① 本章重出，参见 1·11。

4·21

子曰："父母之年，不可不知也。一则以喜，一则以惧。"

【译文】

孔子说："父母的年纪，不可不常常记在心里。一方面为他们的长寿而高兴，另一方面又为他们的衰老而恐惧。"

【读记】

孔子讲的“孝”是很具体的，一件件都体现在具体日常生活中，记得父母的年纪就是一个具体事例。

尽管两千多年前孔子就在强调，但直到现在，父母一直记得子女生日的多，子女一直记得父母生日的少。可以说把这句话改两个字就是现代的实际情况了，即“子女之年，不可不知也。一则以喜，一则以惧”。一则以喜，孩子渐渐长大了，但更多是忧。父母从孩子上幼儿园就开始操心，直到小学、中学、大学，然后是操心工作、买房、结婚等。

换言之，子女对父母的爱远不及父母对子女的爱。不知为什么一说到子女对父母的“孝”，好多年轻人觉得听上去很刺耳，不爱听，认为是说教。讲到父母对自己的爱，又觉得天然应该，总嫌不足。

4・22

子曰：“古者言之不出，耻躬之不逮①也。”

【注释】

① 耻躬之不逮：耻，意动用法，以……为耻。躬：行动。逮：及，赶上。

【译文】

孔子说：“古代人不轻易把话说出口，他们以行动上做不到为可耻啊。”

【读记】

古人以不能兑现自己的承诺为可耻。孔子一贯主张谨言慎行，不轻易允诺，不轻易表态，如果做不到，就会失信于人。所以，他主张，言不轻出，出必践诺。

4・23

子曰：“以约①失之者鲜②矣。”

【注释】

① 约：约束。这里指“约之以礼”，不少注本解释为俭约，笔者不取。

② 鲜：少的意思。

【译文】

孔子说："用礼来约束自己，就会很少犯错误了。"

【读记】

如果每个人都能真正按要求规范约束自己的言行，犯错误就少了，甚至就不犯错误了。但这种规范约束必须还有外在强大的刚性力量，也就是足够的震慑机制、严密的阻错设计，仅靠自内而外的个人自觉是很难的，或者说在大多数人身上是难以做到的。

4·24

子曰："君子欲讷①于言而敏②于行。"

【注释】

① 讷：迟钝。这里指说话要谨慎。

② 敏：敏捷、快速。

【译文】

孔子说："君子应该说话缓慢谨慎，行动勤快敏捷。"

【读记】

从《论语》中多处可以看到，孔子不喜欢花言巧语、滔滔不绝的人，他欣赏看似"木讷"的人。他最得意的弟子颜回就是一个特别木讷、看上去比较愚钝的人。对那些能说会道的弟子如子贡等，他常常进行规劝。这说明孔子及儒家重视实践、行为、活动，行为优于语言。李泽厚称之为"儒学基本精神"。

"讷"不一定是天生木讷，而是因为说话太容易，所以孔子要求"讷"，即说话要慢而谨慎；而行动往往要求敏捷，所以孔子要求"敏"。

4·25

子曰："德不孤，必有邻①。"

【注释】

① 邻：亲近。

【译文】

孔子说："有道德的人是不会被孤立的，一定会有志同道合的人来与他亲近。"

【读记】

现代往往是有德的好人被孤立，成了没有"邻"，因为无德者太多了。所以，"必有邻"的前提是社会崇尚公德，人人讲私德，有德者居多，是主流。如果有德者是少数，社会摒弃了道德，有德者当然就"孤"了。所以，必须人人修明私德，崇尚公德，达到梁启超先生所言"由个体人格之独立，进于'合群之德'"。

4·26

子游曰："事君数①，斯②辱矣；朋友数，斯疏矣。"

【注释】

① 数（shuò）：频繁、亲密，引申为烦琐。

② 斯：就。

【译文】

子游说："侍奉君主过于烦琐，就会招来侮辱；对待朋友过于烦琐，就会遭到疏远。"

【读记】

本章讲的是侍君侍友之道。不管是对国君还是朋友，再好的意见建议如果他们不听，不宜反复劝说，因为谁都不喜欢一个人在自己面前反复絮叨。

看来早期儒家的观念与后来的“忠臣不惮辱”“文死谏”观念行为颇不相同。其实，连好朋友都不耐烦听你的意见，何况君主，尽管你一片好心，坚持正义，反复强谏只能是自取其辱，甚至丢掉性命。

当然，与君主、与上级、与朋友之间不只是提意见时要注意不要太烦琐，就是在处理关系上也不能太亲密，也要保持适当的距离和频次。

《论语·公冶长》第五

【题解】

本篇共28章，内容以谈论人物为主，以孔子学生居多，兼及他人，涉及修养、处世、政事等问题。本篇名言有“朽木不可雕也”“听其言而观其行”“敏而好学，不耻下问”“三思而后行”“愚不可及”等。

5·1

子谓公冶长①：“可妻②也。虽在缧绁③之中，非其罪也。”以其子④妻之。

【注释】

① 公冶长：孔子学生，姓公冶名长，齐国人，生卒不详。

② 妻：可嫁他作妻。

③ 缧（léi）绁（xiè）：捆绑犯人用的绳索，这里指代监狱。

④ 子：古时儿女均称子，此处指女儿。

【译文】

孔子评价公冶长：“可以把女儿嫁给他。他虽然被关在牢狱里，并不是他的罪过呀。”孔子就把自己的女儿嫁给了他。

【读记】

孔子能够把女儿嫁给一个人，应该是对这个人的最高评价和最大认可。公冶长到底有什么优点，这里没有明说，但作为自己的学生，孔子应该是很了解他的。他虽然进过监狱，但并不是有什么罪过，可能是遭到诬陷。说明孔子明辨是非，看重的是一个人的内在品质，而不在乎他是否进过监狱。

孙钦善在《论语新注》中认为，此举是在为好人申冤，向恶势力示威，大义凛然。笔者觉得这样解释似乎有些牵强夸大。

5・2

子谓南容①，"邦有道②，不废③；邦无道，免于刑戮④。"以其兄之子妻之。

【注释】

①南容：孔子学生，姓南宫名适（kuò），字子容，生卒不详。

②道：指国家政治清明。

③废：废弃不用。

④刑戮：刑罚和杀戮。

【译文】

孔子评价南容："国家有道时，他有官做，不会被废弃；国家无道时，他也可以免去刑戮。"于是把自己的侄女嫁给了他。

【读记】

孔子对南容的评价似乎比对公冶长还要高，虽然在本章中同样也没有南容具体优点的说明，但他可以明哲保身，躲避牢狱之灾。国家有道，他有官做，国家无道，他也没有性命之忧。这样的男人很优秀，也很保险、很靠谱。但孔子没有把自己的女儿嫁给更优秀的男人，而是把侄女嫁给他，也体现了先人后己的思想。此时孔子之兄可能已死，只有孔子为侄女考虑了。

5・3

子谓子贱①："君子哉若②人！鲁无君子者，斯焉取斯③？"

【注释】

① 子贱：孔子学生，姓宓（fú），名不齐，字子贱。

② 若：此。

③ 斯焉取斯：斯，此。前一个“斯”指子贱，后两个“斯”字指君子品德。

【译文】

孔子评论子贱说：“这个人真是个君子啊！如果鲁国没有君子的话，这种人是从哪里学到君子品德的呢？”

【读记】

孔子很少称赞学生为“君子”，这里称子贱为“君子”，主要目的是想说子贱的君子品格来自周围的环境，来自教育，来自同道之人的影响。换言之，孔子自己就是君子，而子贱的君子之德是由他一手教育培养的。

子贱到底有什么好的才德可以称为君子，这里没有说。查相关资料可以看到，子贱在治理单父这个地方颇有政绩，与孔子有过多次交流，他的治理思想很符合孔子的思想。司马迁在《史记·滑稽列传》中记载：“子产治郑，民不有欺；子贱治单父，民不忍欺；西门豹治邺，民不敢欺。”子贱能够做到让老百姓“不忍”欺瞒，主要就是靠君子的德行。

5·4

子贡问曰：“赐也何如？”子曰：“女[①]，器也。”曰：“何器也？”曰：“瑚琏[②]也。”

【注释】

① 女：同“汝”，你。

② 瑚琏：古代祭祀时盛粮食用的器具，以玉装饰，华美贵重。

【译文】

子贡问道：“我是一个怎样的人？”孔子说：“你呀，好比一个器皿。”

子贡又问："什么器皿？"孔子说："是华美贵重的瑚琏。"

【读记】

子贡听到孔子评价诸位弟子，就问孔子自己如何？这是一般人的正常心理，听到有人在评价与自己类似或相关的人，就想听到这人对自己的评价。但这种主动索取评价的行为其实不好，往往让评价者不好说，特别是对并不优秀的人。想得到评价的人听到的多是言不由衷的话，不是真实的话，或者不是很好的评价，如本章孔子对子贡的评价。

孔子把子贡比作瑚琏，肯定了子贡有一定的才能，是有用之才，因为瑚琏是古代祭器中贵重而华美的一种。但这个评价似乎没有上两章对公冶长和子贱的评价高，上章直接称子贱为"君子"，而本章称子贡为"器"。前文中曾说"君子不器"，"器也"说明孔子认为子贡仅有某一方面的才干，还没有达到"君子不器"那样的程度。

也有人认为孔子是在调侃子贡，说他是饭桶，因为瑚琏是盛粮食用的器具。这种理解虽然幽默，但恐非孔子原意。

5·5

或曰："雍①也仁而不佞②。"子曰："焉用佞？御人以口给③，屡憎于人。不知其仁④，焉用佞？"

【注释】

① 雍：孔子学生，姓冉名雍，字仲弓，鲁国人，小孔子 29 岁。

② 仁而不佞（nìng）：佞，能言善辩。全句指有仁德却没有口才。

③ 口给：给，供给。口给，口才好，应对敏捷。

④ 不知其仁：不知道有口才者是否有仁。

【译文】

有人说："冉雍这个人有仁德但没有口才。"孔子说："何必要口才呢？伶牙俐齿与人辩论，常常被人讨厌。我不知道冉雍是不是有仁德，但何必要有口才呢？"

【读记】

孔子一向讨厌花言巧语、滔滔不绝、华而不实的人，认为“巧言令色，鲜也仁”。他最喜欢老实巴交、不爱说话的人，如颜回、曾参、冉雍等，都是看似木讷、不善言辞的人。冉雍除了德行外，在政事方面也很有成就，孔子在《论语·雍也》中夸奖他“可使南面”。冉雍还当过季氏的家臣，在孔子弟子中，算是能知能行者。

同样，孔子不轻易许人以“仁”，因为“仁”是一个很高的境界，别人说冉雍有仁德，孔子说不知道，实际上是委婉地说明冉雍没有达到“仁”的境界。

5·6

子使漆雕开①仕。对曰：“吾斯之未能信。”子说②。

【注释】

① 漆雕开：孔子学生，姓漆雕，名开，字子开，一说字子若，小孔子 11 岁。

② 说（yuè）：同“悦”。

【译文】

孔子让漆雕开去做官。漆雕开回答说：“我对做官这件事还没有信心。”孔子听了很高兴。

【读记】

儒家并不清高，孔子也不反对学生从政当官，孔子的教育方针之一就是“学而优则仕”，学到知识，有余力了就去做官。他经常向学生灌输读书做官的思想，鼓励和推荐他们去做官。但做官的目的并不是热衷利禄，不是为了光宗耀祖，而是要把学到的知识特别是学到的礼仪进行实践，加以运用。也并不是越早当官越好，而是要通过学习，把本领练好了，准备好了，才去当官。所以，孔子很赞赏漆雕开谦虚好学、不轻易出仕、不热衷利禄的态度，听了漆雕开的话很开心。

有的学者找到的资料中记载漆雕开身上有残缺。李零在《丧家狗——我读〈论语〉》中认为，因为漆雕开是个残疾人，可能他比较自卑，所以才不愿出仕。但又怎么解释孔子听了漆雕开的话后高兴呢？可见此说不通。

5·7

子曰："道不行，乘桴[①]浮于海。从我者，其[②]由与？"子路闻之喜。子曰："由也好勇过我，无所取材。"

【注释】

① 桴（fú）：用竹或木编成、用来渡河的筏子。

② 其：大概。

【译文】

孔子说："如果我的主张行不通，我就乘上木筏子到海外去。跟从我的大概是仲由吧！"子路听到这话很高兴。孔子说："仲由这个人好勇精神超过了我，就是不知道到哪里去找做木筏的木材。"

【读记】

孔子周游列国，挫折甚多，没有多少执政者愿意真正接受他的礼制、德政思想。本章孔子在感叹他的主张不为当世者接受，有退隐之意，是失意者的悲叹，有不得志的愤懑。

本章不好理解的部分在最后一句"由也好勇过我，无所取材"。句读不同，释义也不同。有的标点为："由也好勇过我，无所取材。"有的标点为："由也好勇过，我无所取材。"对于"无所取材"，杨伯峻在《论语译注》中翻译为"这就没有什么可取的"，钱穆在《论语新解》中翻译为"没处去弄到这些木材"，李泽厚在《论语今读》采用朱熹《论语集注》的解释，译为"不知道如何剪裁自己"。笔者取钱穆之意。

"乘桴浮于海"是一种假设，是孔子的一时愤激之言。孔子一生都没有避世退隐，而是孜孜于恢复周礼，知其不可而为之，不怕失败，不做隐者，永不放弃。但孔子毕竟也是人，遇到的挫折多了，有时也难免说些泄气、打退堂鼓的话，比如在本章里，孔子就不无愤慨地说，再没有人听我的，我就到海外去算了。

没想到，一向勇猛但比较粗心的子路没能细心体察孔子的心思，听到老师称赞自己的“勇”，喜形于色，可能会说出“没问题，老师，我陪你去”之类的话。本来只是发发牢骚，没有真心要走的孔子只好委婉地说，我走倒是想走，可是没有做木筏的木材啊。仔细品读这段话，我们会发现孔子与子路师徒的对话非常生动。

如果把“无所取材”解释为是孔子批评子路不知道如何剪裁控制自己，虽然也可以说得通，但一下子就大失趣味了，孔子又成了一个随时都在教导、批评学生的严肃先生了，这样的老师怎么可能有那么多学生跟随着他长期颠沛流离、吃苦受罪呢?

5·8

孟武伯问：“子路仁乎？”子曰：“不知①也。”又问。子曰：“由也，千乘之国，可使治其赋②也，不知其仁也。”

“求也何如？”子曰：“求也，千室之邑③，百乘之家④，可使为之宰⑤也，不知其仁也。”

“赤⑥也何如？”子曰：“赤也，束带立于朝⑦，可使与宾客⑧言也，不知其仁也。”

【注释】

① 不知：假装说“不知道”，实际上是不认可。

② 赋：兵赋，兵役、军政工作。

③ 千室之邑：邑，古代居民聚居点，小的几十家，大的上万家。千室之邑，有一千户人家的大邑。

④ 百乘之家：家，指卿大夫的采地。百乘，拥有兵车百辆，是采地中较大者。

⑤ 宰：家臣、总管。

⑥赤：孔子学生，姓公西，名赤，字子华，鲁国人。

⑦束带立于朝：指穿着礼服立于朝廷。

⑧宾客：贵客称“宾”，一般客称“客”。

【译文】

孟武伯问：“子路有仁德吧？”孔子说：“我不知道。”他又问。孔子说：“仲由嘛，在拥有一千辆兵车的国家里，可以让他负责兵役、军政工作。我不知道他有没有仁德。”

孟武伯又问：“冉求这个人怎么样？”孔子说：“冉求这个人，在一个千户人家的公邑或一百辆兵车的采邑里，可以让他当总管。我不知道他有没有仁德。”

孟武伯又问：“公西赤这个人怎么样呢？”孔子说：“公西赤嘛，穿着礼服，站在朝廷上，可以让他接待贵宾和客人。我不知道他有没有仁德。”

【读记】

孟武伯在《论语·为政》里问的是“孝”，这次问的是“仁”。孔子对“仁”的要求标准很高，一般不轻易许人以“仁”，连他自己都不敢称“仁”，《论语·述而》中孔子自称“若圣与仁，则吾岂敢”。在孔子看来，只有那些能以天下苍生为念的人才可当“仁”无愧，比如“殷之三仁”（微子、箕子、比干）。孔子认为，有才者未必有仁，也未必有德。尽管子路、冉有、公孙赤这三位学生都各具才能、各有所长，甚至在“仁”上面的修养也很深，但孔子仍不轻易许之为“仁”。观《论语》全书，他的弟子中最有可能称“仁”的大概只有颜回、闵子骞、冉伯牛和仲弓少数几个，特别是颜回。但孟武伯没有问，孔子也不会主动说，说明他并不想炫耀自己的学生有多优秀。

孔子实事求是地指出了三位弟子各自的才能本领以及相适应的工作，说明他对自己的弟子很了解，这些弟子也很能干，不同的人具备不同的才能。孔子也没有直接否定三位学生的“仁”，而只是说“不知”，说明他们的行为中有“仁”的成分，但“仁”还不纯，还没有达到至高境界。“仁”道至大，岂敢轻言。

5·9

子谓子贡曰①："女与回也孰愈②？"对曰："赐也何敢望回？回也闻一以知十③，赐也闻一以知二。"子曰："弗如也，吾与④女弗如也。"

【注释】

① 谓子贡曰：凡"谓……曰"句式就是"对……说"的意思。

② 愈：胜过、超过。

③ 十：指数的全体。

④ 与：赞同、同意。

【译文】

孔子对子贡说："你和颜回哪一个强些？"子贡回答说："我怎么敢和颜回相比？颜回听到一件事就可以推知十件事，我听到一件事，只能推知两件事。"孔子说："是不如他呀，我与你都不如他。"

【读记】

颜回是孔子最得意的学生。他虽然看似木讷，但勤于学习，而且善于独立思考，能做到闻一知十，推知全体，融会贯通。在《论语》中孔子多次提到他，这里也对他大加赞扬。

因为推崇孔子，维护孔子的形象，一些《论语》注本把最后一句"吾与女弗如也"解释为"我同意你的话，是不如他"。如果这样理解，这句与前一句"弗如也"就有些多余别扭。笔者以为，按照多数《论语》旧注的理解，译为"我与你都不如他"，更能体现孔子的谦虚品德和广阔的胸怀，也可显现孔子师徒和谐融洽的良好氛围。韩愈后来不是说"弟子不必不如师，师不必贤于弟子"吗？

本章中的"望"字不可忽略，其本意是站在远处看。说明子贡有自知之明，认为自己与颜回差得太远，有难以望其项背之意。

5·10

宰予昼寝。子曰："朽木不可雕也，粪土[①]之墙不可杇[②]也，于予与何诛[③]？"子曰："始吾于人也，听其言而信其行；今吾于人也，听其言而观其行。于予与改是[④]。"

【注释】

①粪土：腐土、脏土。

②杇（wū）：抹墙用的抹子，此处指用抹子刷墙。

③何诛：何，什么。诛，批评、指责。

④于予与改是：于予，由于宰予。与，语气词。是，指代"今吾"一句。

【译文】

宰予白天睡觉。孔子说："腐朽的木头无法雕刻，粪土垒的墙壁无法粉刷。对于宰予责备还有什么用呢？"孔子说："起初我对于人，听了他说的话，便相信他的行为；现在我对于人，听了他讲的话还要观察他的行为。是由于宰予的行为，我变成了现在这个态度。"

【读记】

"朽木不可雕也，粪土之墙不可杇"可能是老师对学生最严厉的批评言辞了，把一个人贬到如同朽木、粪土，不堪造就，这比破口大骂更厉害，更让人难受。

白天睡觉，在我们多数人看来，是一个小过错，并不是大错大恶，孔子为什么会对这个行为出言如此严厉？有的人对此推测，可能是宰予大白天和老婆睡觉，才使孔子发那么大的火。

其实没有必要去找这些理由，儒家一贯强调勤奋，反对懒惰，知道生命短暂，对时间应该倍加珍惜，所以"饱食终日，无所用心""昼寝"等行为理所当然受到严责。古代没有电灯，只有利用白天时间来做事或读书，宰予居然把白天用来睡觉，所以孔子大为生气。

宰予是他著名弟子，孔门十哲之一，聪明但不够勤奋，有些恃才傲物，加上他能说会道，可能有时候说的与做的不一致。我们可以设想宰予可能说过“努力学习”之类的话，因为下面孔子说“始吾于人也，听其言而信其行；今吾于人也，听其言而观其行”，说明过去孔子听了宰予的话就相信他会照说的去做，现在发现他言行不一，以后看人就要“听其言观其行”了。孔子在这里还提出了判断一个人所说的话是否可信的正确方法。

5·11

子曰：“吾未见刚者。”或对曰：“申枨[①]。”子曰：“枨也欲，焉得[②]刚？”

【注释】

① 申枨：孔子学生，姓申名枨（chéng），字周，生卒不详。

② 焉得：怎么能。

【译文】

孔子说：“我没有见过刚强的人。”有人回答说：“申枨。”孔子说：“申枨啊，欲望太多，怎么能刚强？”

【读记】

作为孔子学生，申枨在《论语》中只出现过一次，而且名声还不大好。

“刚”是一种难得的品质，所以孔子说他没有见过刚强的人。欲望是影响刚强的一个重要因素，人的欲望多就会有所求，有所求就会对人低声下气，就容易屈服而无法刚强。这里的“刚”，不是血气之勇，而是一种强大的内心力量和道德意志，是指不屈不挠，无坚不摧的意志。

与“多欲不刚”相反，“无欲则刚”后来成为一个成语，特别是在林则徐引此作对联“海纳百川有容乃大，壁立千仞无欲则刚”后更加著名，很多人以此自勉。但要在物欲横流的时代，做到真正“无欲”却并不容易，因为多欲是人性的本能，欲望就像一头猛兽，控制起来很难，许多起初立志廉守的人后来染于污浊而倒下，就是因为多欲，且得不到控制。所以，孔子才说“吾未见刚者”。

5·12

子贡曰："我不欲人之加诸我也，吾亦欲无加诸人。"子曰："赐也，非尔所及[①]也。"

【注释】

①非尔所及：尔，你。及，达到。

【译文】

子贡说："我不愿别人强加于我的事，我也不愿强加给别人。"孔子说："赐呀，这就不是你所能做到的了。"

【读记】

子贡反对强加于人，别人欺负我，不行，这是一种刚毅；我欺负人，也不行，这是一种恕道。本章意思与《论语·卫灵公》中的"己所不欲，勿施于人"意思相同，都是仁者所为，是"仁"的核心要义。这种高要求，孔子认为子贡还做不到。

5·13

子贡曰："夫子之文章[①]，可得而闻也；夫子之言性[②]与天道[③]，不可得而闻也。"

【注释】

①文章：这里指孔子传授的文献典籍。

②性：人性。

③天道：天命。

【译文】

子贡说："老师讲授的礼、乐、诗、书的知识和文献，我们是可以听得到的；老师讲授的人性和天道，我们听不到。"

【读记】

孔子讲给学生听的，要么是诗、书、礼、乐的知识和文献，要么是具体的生活言行，“仁”“礼”都体现在具体日常生活中。孔子很少像西方哲学家那样谈概念、谈范畴，谈高深的大题目，如“人性”“天道”等，所以学生们听不到。

这也体现中国古代哲学与西方哲学、现代哲学的不同。因为很少谈形而上的东西，中国古代哲学特别是《论语》被西方一些哲学家认为不是哲学，只是一些生活格言。

孔子很少谈论性命与天道并不是因为他不信，而是因为这个问题神秘莫测，不好与阅历尚浅的后生小子言说。即使他自己，也是在积累了人生阅历之后才开始涉猎这一问题，正如他自己所言“五十而知天命”。

5·14

子路有闻，未之能行，唯恐有①闻。

【注释】

①有：又。

【译文】

子路听到一条道理，还没有能去做，唯恐又听到新的道理。

【读记】

孔子希望学生“讷于言敏于行”，子路不能“讷于言”，经常快人快语接老师的嘴，甚至顶撞老师。但他“敏于行”，是行动的代表。本章生动表述了子路急切正直的性格和勇于实践的态度，是一个知行合一的人。

5·15

子贡问曰：“孔文子①何以谓之‘文’也？”子曰：“敏②而好学，不耻下问，是以谓之‘文’也。”

【注释】

①孔文子：名圉（yǔ），卫国大夫，“文”是谥号，“子”是尊称。

②敏：敏捷、勤勉。

【译文】

子贡问道：“孔文子凭什么被谥号为‘文’呢？”孔子说：“他聪敏勤勉而好学，不以向比他地位卑下的人请教为耻，所以给他谥号叫‘文’。”

【读记】

本章通过讨论“文”的问题引出“不耻下问”的求学态度，这是孔子一贯的治学方法。“不耻下问”，就是不仅要向老师、长辈请教，而且还要求教于地位比自己低、知识看起来不如自己的人，不怕丢身份，不怕丢面子，不以这样做感到可耻。孔子提倡的“不耻下问”的学习态度对后世文人学士产生了深远影响，“不耻下问”也因此成为一个耳熟能详的成语。

“好学”是孔子比较看重的一个品质，《论语》中共有四处提到“好学”。第一次是在《论语·学而》第14章，说的是“君子”，子曰：“君子食无求饱，居无求安，敏于事而慎于言，就有道而正焉，可谓好学也已。”第二次是在《论语·公冶长》第28章，说的是孔子自己，子曰：“十室之邑，必有忠信如丘者焉，不如丘之好学也。”第三次就是此处，说的是孔文子；第四次是在《论语·颜渊》第3章，说的是颜回：“有颜回者好学，不迁怒，不贰过，不幸短命死矣。”可见，孔子所讲的“好学”标准很高，在《论语·颜渊》第3章孔子接着说：“今也则亡，未闻好学者也。”

古人对死后的谥号非常看重，“文”是一个意思很好的谥号，曾国藩谥号“文正”，左宗棠谥号“文襄”，李鸿章谥号“文忠”。据说，在本章中子贡是因为听说孔文子道德有污点，对他死后被谥号为“文”有疑问。孔子这样回答，说明他认为有“敏而好学，不耻下问”两大优点就够了。

“敏而好学，不耻下问”对于一般人而言相对要容易，因为他们没有多少面子要保，而对于位高权重者、才学卓异者、功成名就者、自以为聪明者就相对难得多了，因为他们的面子太大、自我感觉太好。朱熹就说：“凡人性敏者多不好学，位高者多耻下问。”这样的人如能做到“敏而好学，不耻下问”，当然就更值得肯定了，如本章中提到的既聪明身份又高贵的孔文子，所以，孔子要赞扬他。

5·16

子谓子产①：“有君子之道四焉：其行己也恭，其事上也敬，其养民也惠，其使民也义。”

【注释】

① 子产：姓公孙名侨，字子产，郑国大夫，做过正卿，是郑穆公的孙子，为春秋时郑国贤相。

【译文】

孔子评论子产说：“他有君子的四种德行，他自己行为谦虚庄重，他侍奉君主严肃恭敬，他养护百姓有恩惠，他役使百姓合理得当。”

【读记】

在战乱纷起的春秋时代，作为一个国力较弱的国家，郑国在几个大国的夹缝中生存，这就需要执政者良好的个人品质和高明的政治智慧，方能治国安邦。子产就是一个具有良好个人品质和政治智慧的政治家、外交家。孔子对子产评价很高，认为他行为端庄，对上恭敬，爱护百姓，善于管理。一个位高权重、德才兼备者才能做到这四点，子产的为政之道就是君子之道，既能修身，又能治国。

子产在历史上还有一件事得到当时及后世赞赏，就是他对言论自由的保障，特别是对批评时政的言论很宽容。当时，有人在郑国的乡校评论时政，一些大臣建议子产查封乡校，被子产拒绝。《古文观止》里面就选有《子产不毁乡校》一文，文中子产说：“其所善者，吾则行之，其所恶者，吾则改之，是吾师也。”

用今天的话来说，子产把乡校作为获取群众议论政事、反馈信息的场所，而且注意根据来自公众的意见调整自己的政策和行为。子产执政后，重视听取百姓的议论，还把刑书铸在鼎上公告于世，努力疏通统治者与被统治者之间的关系，颇得百姓的爱戴，使郑国强盛一时。

5·17

子曰："晏平仲[①]善与人交，久而敬之[②]。"

【注释】

① 晏平仲：齐国的贤大夫，名婴，"平"是他的谥号。

② 久而敬之：之，指交的朋友。

【译文】

孔子说："晏平仲善于与人交朋友，即使相识很久，仍然尊敬他们。"

【读记】

一般人交朋友很难长久保持友谊，相反，朋友反目、渐行渐远的例子却特别多。其中，主要原因是以利交朋友，以势交朋友，利尽则散，势衰则离。而"君子之交淡如水"，朋友间互相尊重，而不是相互利用。初品味淡，却历久不变，持久转浓。晏婴就是以这种态度交友的，认识越久，相知越深，越加恭敬。孔子推许晏婴为"善与人交"。

"久而敬之"有两解，一说指晏婴敬人，一说指人敬晏婴，比较起来，笔者认为以晏婴敬人从而证明前句"善与人交"解释更为贴切。

晏婴和他之前的管仲都是齐国名相，但晏婴比管仲风趣，故事也多，最知名的是晏子使楚和二桃杀三士。晏婴对孔子并不好，孔子37岁在齐国求仕时，齐景公本来打算用他，就是因为晏婴的反对而作罢，但孔子并不因此而不赞扬晏婴的优点，足见孔子坦荡的胸怀。

5·18

子曰："臧文仲[①]居蔡[②]，山节藻棁[③]，何如其知也？"

【注释】

① 臧文仲：鲁国大夫，姓臧孙，名辰，"文"是他的谥号。

② 蔡：国君用以占卜的大龟。蔡这个地方产龟，所以把大龟叫作蔡。

③ 山节藻棁（zhuō）：节，柱上的斗拱。棁，房梁上的短柱。把斗拱雕成山形，在棁上绘以水草花纹，这是古时装饰天子宗庙的做法。

【译文】

孔子说："臧文仲藏了一只大龟，让它居住在很讲究的地方，屋子的斗拱雕成山的形状，短柱上画以水草花纹，他的聪明算什么啊？"

【读记】

臧文仲在当时被人们称为"智者"。但他不顾周礼的规定，竟然修建了藏龟的大屋子，装饰成天子宗庙的式样，既越礼，又迷信，谄龟邀福，这在孔子看来是"不智"。所以，孔子多次批评他，《左传》记载有孔子批评他"三不仁""三不知"之事，可以参考阅读。

5·19

子张问曰："令尹子文①三仕为令尹，无喜色；三已②之，无愠色。旧令尹之政，必以告新令尹。何如？"子曰："忠矣。"曰："仁矣乎？"曰："未知。焉得仁？"

"崔子③弑④齐君⑤，陈文子⑥有马十乘，弃而违之⑦。至于他邦，则曰：'犹吾大夫崔子也。'违之。之一邦，则又曰：'犹吾大夫崔子也。'违之，何如？"子曰："清矣。"曰："仁矣乎？"曰："未知。焉得仁？"

【注释】

① 令尹子文：令尹，楚国官名，相当于宰相。子文，人名。

② 三已：三，指多次。已，罢免。

③ 崔子：齐国大夫崔杼（zhù），曾杀死齐庄公，在当时各国引起极大反应。

④ 弑：居下位的人杀了居上位的人。

⑤ 齐君：即指被崔杼所杀的齐庄公。

⑥ 陈文子：齐国大夫，名须无。

⑦ 弃而违之：弃，放弃。违，离开。

【译文】

子张问孔子说："令尹子文几次做楚国令尹，没有显出高兴的样子，几次被免职，也没有显出怨恨的样了。（他每一次被免职）一定把自己的一切政事全部告诉给接任的人。这个人怎么样？"孔子说："可算是忠诚了。"子张问："算得上仁了吗？"孔子说："不知道。这怎么算得上仁呢？"

子张又问："崔杼杀了他的君主齐庄公，陈文子有四十匹马，都舍弃不要，离开齐国。到了另一个国家，他说，'这里的执政者也和我们崔子差不多。'就离开了。到了另一个国家，又说，'这里的执政者也和我们崔子差不多。'又离开了。这个人怎么样？"孔子说："可算是清白了。"子张说："算不得上仁吗？"孔子说："不知道。这怎么算得上仁呢？"

【读记】

忠诚、清白虽然也是优秀品质，是"仁"的某种表现，但还不是"仁"，"仁"是一种至高境界，是一种涵盖广泛、包罗万象的品质。孔子认为，令尹子文和陈文子，一个只是"忠"，一个只是"清"，都只是拥有某一方面的品质，他们两人都还算不上"仁"。

傅佩荣在《论语新解》中讲到在《庄子·田子方》里子文的故事，特别有意思，这里引述如下：别人问子文，当宰相怎么一点也没有高兴的样子呢？他说，如果高兴的话，表示宰相的职位比他重要，那应该是宰相那个职位高兴，他有什么好高兴的呢？他还是原来的他啊。如果当宰相就高兴，没有当就难过，那他岂不是受宰相之职所影响吗？应该是他来当宰相，而不是宰相来当他。

有的《论语》注译本将"未知"译为"连智都达不到"。笔者以为这与上下语意有些不合，子文和陈文子两人的品行已经是很好了，虽然不是最高的"仁"的境界，但也不至于"不智"。所以，笔者认为应当译为"不知道。"

5・20

季文子[1]三思而后行。子闻之，曰：“再[2]，斯[3]可矣。”

【注释】

① 季文子：即季孙行父，鲁国大夫，“文”是谥号。

② 再：两次。

③ 斯：就。

【译文】

季文子每做一件事都要考虑多次才行动。孔子听到了，说：“考虑两次也就可以了。”

【读记】

一般而言，“三思而后行”是一个劝告性词语，劝人不要冲动，决策、行动之前多想想。但在本章中孔子却是反对的，这是因为季文子做事过于谨慎，顾虑太多，所以就会发生各种弊病。

《左传・文公六年》记载的一个故事最能说明季文子谨慎多虑性格。季文子准备出国，临行前，让人代他向鲁君请求，如果遇到不幸，应享什么样的礼，手下人问他：“准备这个有什么用？”文子答道：“要预备不测之事，这是自古以来的教训，否则万一事到临头去请求而求不到，那为难了，现在请求虽然过分了一点，但又有什么害处？”

思与不思、多思与少思是一对辩证关系，不思、少思固然不好，容易莽撞行事。但多思又可能由于过于慎重而陷入犹豫、怯懦甚至错失良机的境地，特别是在“机不可失、失不再来”或者是在“当断不断，反受其乱”的关键时刻，多谋寡断往往导致失败。孔子说“再，斯可矣”，带有纠偏味道。实际上，孔子多数情况下总是强调谨慎行事的。

5・21

子曰：“宁武子[1]，邦有道则知，邦无道则愚[2]。其知可及也，其愚不可及也。”

【注释】

① 宁武子：姓宁，名俞，卫国大夫，“武”是他的谥号。

② 愚：装傻。

【译文】

孔子说：“宁武子在国家政治清明时就显得聪明，在国家政治黑暗时就装傻。他的那种聪明别人是可以做得到的，他的那种装傻别人就赶不上了。”

【读记】

“愚不可及”作为成语在现在的意思是指愚蠢得别人比不上，形容极其愚笨，是贬义。但它在此处的意思却是赞扬，是肯定。孔子这里是在讲宁武子的处世哲学，别人比不上宁武子的不是他的愚蠢，而是他的装傻避害的智慧与能力，这不是真正的傻，是韬晦之计。人们都知道当国家政治清明时做一个智者的困难，却不知道当国家政治黑暗时当一个愚者更困难。清代郑板桥就喜欢“难得糊涂”，可惜他还“愚”得不行，有时不免抗争，最终被清政府杀害。

装傻、装糊涂避害似乎不是儒者所为，应是道家的气质，在整部《论语》中孔子很少显露这种思想。李泽厚先生读出了这点，他在《论语今读》中认为，孔子固然有“知其不可而为之”的积极进取、坚持不懈的一面；同时又有洁身自好、保身全生的一面，如“乘桴浮于海”（《论语·公冶长》）、“舍之则藏”（《论语·述而》）、“可卷而怀之”（《论语·卫灵公》）等，这显然与道家相通。儒家与道家的结合有两个方面，一方面是儒家与老子和道法家的互相利用、补充、渗透、交融，最终形成历代的“阳儒阴法”的政治和权术；另一方面是儒家与庄子以至佛家的互补而造就个体人格的完成，形成“儒道互补”。

李泽厚先生给我们的启示是，不能简单地把《论语》看成只有儒家立场。

5·22

子在陈[1]，曰：“归与！归与！吾党之小子[2]狂简[3]，斐然[4]成章，不知所以裁[5]之。”

【注释】

① 陈：古国名，大约在今河南东部和安徽北部一带。

② 吾党之小子：古代以 500 家为一党，吾党意即我的故乡。小子，指孔子在鲁国的学生。

③ 狂简：志向远大但行为粗率简单。

④ 斐（fěi）然：有文采的样子。

⑤ 裁：原意指裁剪，引申为指导培养。

【译文】

孔子在陈国，说："回去吧！回去吧！我家乡的学生有远大志向，但行为粗率简单，文采斐然可观，我不知道怎样指导他们。"

【读记】

孔子周游列国，四处建言，但并不如意，无人采纳他的政治主张，有时生活、旅途都很困顿，甚至遭到围攻。本章就是孔子在陈国受困时所发的感慨，有失望，有无奈，也有重新选择人生方向的坚定，即回乡聚徒讲学，将希望寄托在下一代。

5・23

子曰："伯夷、叔齐①不念旧恶②，怨是用希③。"

【注释】

① 伯夷、叔齐：商朝末年孤竹君的两个儿子，父亲死后，二人互相让位，都逃到周文王那里。周武王起兵伐纣，他们认为这是以臣弑君，是不忠不孝的行为，曾加以拦阻。周灭商统一天下后，他们以吃周朝的粮食为耻，逃进首阳山中以野草充饥，最后饿死。

② 恶：仇恨。

③ 怨是用希：是用，是以，因此。希，同"稀"，少。

【译文】

孔子说："伯夷、叔齐不记住人家过去的仇恨，他们的怨恨因此也就少了。"

【读记】

在本章，孔子主要称赞的是伯夷、叔齐的"不念旧恶"。但对于"怨是用希"却有不同的解释，杨伯峻的《论语译注》、李泽厚的《论语今读》对此解释为，因为伯夷、叔齐不念旧恶，别人对他们的怨恨就少了。叶适在《习学记言》、钱穆在《论语新解》中则认为，其意指伯夷、齐不记人恶，所以自己心中的怨恨少了。

笔者认为后者的解释更为贴切，二者的因果关系也更为合理，自己不记仇、不记恨，心中自然就对别人少了怨恨。但别人是不是对自己少了怨恨只能推想之，事实上是不是真正少了却难以确定，因为世人以怨报德的事太多了。

我们再看与之相关的《论语·述而》，曰："伯夷、叔齐何人也？"曰："古之贤人也。"曰："怨乎？"曰："求仁而得仁，又何怨？"出，曰："夫子不为也。"这里的"怨"与本章的"怨"是一样的，主语都是伯夷叔齐。

"不念旧恶"，不算老账，也是儒家奉行的一个处世原则：主和解、重调停，既往不咎，不纠缠过去，避免冤冤相报，也就是"和"的理念。自己不怨别人，别人也不怨自己，这是高境界。

5·24

子曰："孰①谓微生高②直？或乞醯③焉，乞诸其邻而与之。"

【注释】

① 孰：谁。

② 微生高：姓微生，名高，鲁国人，当时人认为他性格直率。

③ 醯（xī）：即醋。

【译文】

孔子说："谁说微生高这个人直率？有人向他讨点醋，他不说自己没有，却到邻居家里讨来给人。”

【读记】

《论语》里面充满了对生活细节的描写，孔子从中引出深刻道理，本章就是一例。微生高素有直率之名，但从别人向他借醋这件小事看出，他并不直率，有就是有，没有就是没有，他却从邻居家讨来醋给向他借醋的人，孔子认为他并不直率，是在沽名钓誉。

也有人对本章提出另一种解释，认为孔子是在赞扬微生高，别人来借东西，自己没有，他还想办法到邻居家去讨来借给别人，这是一种好品质。

5·25

子曰："巧言、令色、足恭①，左丘明②耻之，丘亦耻之。匿怨③而友其人，左丘明耻之，丘亦耻之。"

【注释】

① 足恭：超出常礼，过分恭敬。

② 左丘明：姓左丘，名明，鲁国太史，相传是《左传》作者。

③ 匿怨：隐藏怨恨。

【译文】

孔子说："花言巧语，装出好看的脸色，超出常礼，过分恭敬，左丘明认为这种人可耻，我也认为可耻。把怨恨藏在心里，表面上对一个人却装出友好的样子，左丘明认为这种人可耻，我也认为可耻。"

【读记】

孔子提倡正直、坦率、诚实，反对虚伪。巧言令色、过分恭敬是虚伪，心里怨恨、表面亲近更是虚伪。这种口是心非、表里不一、两面三刀的伪善之人在现实中大有人在。这对正常的人际交往、良好的社会关系具有很大的破坏力和杀伤力。所以，左丘明以之为耻，孔子以之为耻。

5·26

颜渊、季路侍[1]。子曰："盍[2]各言尔志？"

子路曰："愿车马衣轻[3]裘与朋友共敝之而无憾。"

颜渊曰："愿无伐[4]善，无施劳[5]。"

子路曰："愿闻子之志。"

子曰："老者安之，朋友信之，少者怀之。"

【注释】

① 侍：服侍，站在旁边陪着尊贵者叫侍。

② 盍：何不。

③ 轻：多数学者认为是多字，为后人所加。

④ 伐：夸耀。

⑤ 施劳：施，表白。劳，功劳。

【译文】

颜渊、子路两人侍立在孔子身边。孔子说："何不各自说说自己的志向？"

子路说："愿意拿出自己的车马衣服皮袍，同我的朋友共同使用，用坏了也不遗憾。"

颜渊说："我愿意不夸耀自己的好处，不表白自己的功劳。"

子路向孔子说："希望听听老师的志向。"

孔子说："让年老的安心，让朋友们信任我，让年轻人得到关怀。"

【读记】

弟子侍陪老师在一起讨论学问，是古代教学的一种普遍形式，有些像西方近现代的教学模式。《论语》中记载这种形式的除本章外还有更为有名的《论语·先进》里的"侍坐"一章，两章都是师生围坐在一起，各自谈论自己的志向。

本章中子路、颜回两个年龄、性格差距很大的人讲自己的志向，子路的回答显示了重然诺、讲义气、与朋友共享乐的豪勇气概。颜回的回答显示了谦虚、谨慎，注重自我修养的品质。孔子的志向却要高远得多，面向所有的人，以自己的品德和努力，让他们安心、信任，得到关怀，也就是“修己安人”，臻于“仁”的境界。

5·27

子曰：“已矣乎！吾未见能见其过而内自讼者也。”

【译文】

孔子说：“算了吧，我还没有看见过能够看到自己的错误便自我反省责备的人。”

【读记】

儒家提倡内省，《论语·学而》中曾子说：“吾日三省吾身。”反省的重点是自己的过失。但古往今来，人们往往只看到别人的错误与缺点，却看不到或者不愿意看到自己的错误与缺点。有人即使明知自己有错，也常常拒绝承认错误，更谈不上从内心去责备自己了。

孔子说他没有见过有自知之明、有错即改的人，说明这种人实在是太少了，即使到了今天也不多。

5·28

子曰：“十室之邑，必有忠信如丘者焉，不如丘之好学也。”

【译文】

孔子说：“即使只有十户人家的小村子，也一定有像我这样忠诚信实的人，只是不像我那样好学罢了。”

【读记】

这一章实际上也是孔子的自我评价，讲了自己的两个优秀品质：忠信和好学，特别强调好学。

“学”在《论语》中非常重要，开篇即讲“学”，这里又强调“学”。孔子认为一个人的品德、知识并不是生来就有的，而是通过后天不断努力学习而来的，孔子也不承认自己是“生而知之”，强调自己只是“学而知之”。这是一种教人自强不息、努力可致的理念，是一种积极的人生态度。

一个人、一个民族最大的能力就是学习能力。一个人、一个民族能不能进步，进步有多大，就看这个人、这个民族好不好学习、善不善于学习。当然，这里的学习不只是对书本知识的学习，不是死读书，而是孔子强调的“学而时习”，既是对书本知识的反复研读，更是通过实践对知识的反复印证、创新，形成自己的观点、思想、方法。

孔子讲的“好学”从来都不只是读书，不只是知识的增长，不只是考得好成绩、考上好学校，而主要是德行方面的修养。正如《论语·学而》中所说：“君子食无求饱，居无求安，敏于事而慎于言，就有道而正焉，可谓好学也已。”

《论语·雍也》第六

【题解】

本篇共30章，朱熹分成28章，内容涉及政治、伦理、哲学、人性、人才等。其中评论孔子门人较多，尤其是多次谈到颜回，孔子对他的评价甚高。本篇名言有“质胜文则野，文胜质则史，文质彬彬，然后君子”“知之者不如好之者，好之者不如乐之者”“敬鬼神而远之”“己欲立而立人，己欲达而达人”等。

6·1

子曰：“雍也可使南面①。”

【注释】

① 南面：古代以面向南为尊位，天子、诸侯和官员听政都是面向南面而坐。这里指从政做官，居于治民之位。

【译文】

孔子说：“冉雍这个人，可以让他去做官。”

【读记】

本章可能确实没有什么“深意”，所以，李泽厚在《论语今读》中的“记”中只有四个字：“无话可说。”

笔者还是试解几句。冉雍是孔子学生中“德行”比较好的，而且有干事之才。“可使南面”是孔子对学生的最高评价，他对颜回都没有这种评价。孔子认为冉雍已经具备了为官从政的基本条件。也再次说明，孔子及儒家并不反对当官从政，相反，他们教育学生的目的之一就是当官从政。

6·2

仲弓问子桑伯子①。子曰："可也，简②。"

仲弓曰："居敬③而行简④，以临⑤其民，不亦可乎？居简而行简，无乃⑥大⑦简乎？"子曰："雍之言然。"

【注释】

①仲弓问子桑伯子：仲弓，冉雍的字。子桑伯子，人名，生平不可考。

②简：简要，不烦琐。

③居敬：为人严肃认真，依礼严格要求自己。

④行简：指推行政事简而不烦。

⑤临：面临、面对。此处指治理。

⑥无乃：不是。

⑦大：同"太"。

【译文】

仲弓问孔子子桑伯子这个人怎么样。孔子说："此人还可以，办事简要而不烦琐。"

仲弓说："居心恭敬严肃而行事简要，像这样来治理百姓，不是也可以吗？但是，自己马马虎虎，又以简要的方法办事，这岂不是太 简单了吗？"孔子说："冉雍，这话你说得对。"

【读记】

不管是一般管理，还是治国理政，贵简而忌烦琐，烦苛之政最为劳民伤财、效率低下。所以，刘邦入关灭秦后废秦律，而只"约法三章"。但孔子强调的"简"不是简单、马虎，是"简约"而不是"简单"，是在认真严肃的前提下简化程序、缩短时间，出发点是把事情办好，提高办事效率，是"敬"字下的"简"。如果为"简"而"简"，马虎草率，目的是少办事甚至不办事，那就是不负责任的“简单”。

6·3

哀公问：“弟子孰为好学？”孔子对曰：“有颜回者好学，不迁怒[①]，不贰过[②]，不幸短命死矣[③]。今也则亡[④]，未闻好学者也。”

【注释】

① 不迁怒：不借人撒气，不把怒气发泄到别人身上。

② 不贰过：贰，重复、一再。不重复犯同样的错误。

③ 短命死矣：据《孔子家语》记载，颜回死时年仅 31 岁。

④ 亡：同“无”。

【译文】

鲁哀公问孔子：“你的学生中谁是好学的呢？”孔子回答说：“有一个叫颜回的学生好学，他从不迁怒于别人，也不犯同样的过错。不幸短命死了。现在没有那样的人了，没有听说谁是好学的。”

【读记】

本章中孔子极力赞扬他的得意门生颜回，同时，也为颜回的早夭深深惋惜，慨叹从此再也没有这样好学的学生了。

孔子评价颜回“好学”并没有举出他与知识、学习有关的具体事例，只是特别指出“不迁怒，不贰过”来证明颜回“好学”，说明孔子教育学生，重在实践，重在修养，学以德先，重在致用，重在培养他们的道德情操，而不仅仅是学习知识技能。

“不迁怒，不贰过”说起来简单，但要真正做到很难，孔子那么多优秀弟子，但他只用这句话来评价颜回。很多人都习惯把怒气发泄到别人身上，很多人都不断犯同样的错误。一个人如果能做到“不迁怒”，说明他心理素质好、个人修养高、自控能力强；能做到“不贰过”，说明他自我管理能力强、自我修正能力强，善于从错误中反思学习。

6·4

子华使于齐，冉子[①]为其母请粟[②]。子曰："与之釜[③]。"

请益。曰："与之庾[④]。"

冉子与之粟五秉[⑤]。

子曰："赤之适齐也，乘肥马，衣轻裘。吾闻之也：君子周[⑥]急不济富。"

【注释】

①冉子：冉有，在《论语》书中被孔子弟子称为"子"的只有四个人，冉有即其中之一，另外三个是曾参、有若、闵子骞。

②粟：小米。

③釜（fǔ）：古代量名，一釜约等于六斗四升。

④庾（yǔ）：古代量名，一庾等于二斗四升。

⑤秉：古代量名，一秉等于十六斛，十斗为一斛。

⑥周：周济、救济。

【译文】

子华受孔子指派出使到齐国，冉有替子华的母亲请求补助一些小米。孔子说："给他六斗四升。"

冉有请求再增加一些。孔子说："再给他二斗四升。"

冉有却给了他八百斗。

孔子说："公西赤到齐国去，乘坐着肥马拉的车子，穿着又轻又暖的皮袍。我听说：君子只是周济急需救济的人，而不是周济富人。"

【读记】

本章又是从生活小事中引出孔子一个观点："周急不济富。"这件事应该是发生在孔子在鲁国任职的时候，但到底是在大司寇任上还是在顾问任上已不可考，可以肯定的是，此时孔子具有财物支配权，能干的冉有此时可能是孔子的总管。

公西赤家比较富有，当冉有请求补助时，孔子并不想多给。冉有出于同学情义多给，孔子就讲“周急不济富”。也就是我们平常说的，应当“雪中送炭”，而不是“锦上添花”。杨伯峻的《论语译注》直接就将这句话意译为“君子只是雪里送炭，不去锦上添花”。笔者采用的是直译。

6·5

原思①为之宰②，与之粟九百③，辞。子曰：“毋！以与尔邻里乡党乎！”

【注释】

① 原思：孔子学生，姓原名宪，字子思，鲁国人，小孔子 36 岁。孔子在鲁国任大司寇的时候，原思曾做过他家的总管。

② 宰：家宰，管家。

③ 九百：没有说明单位是什么，何晏的《论语集解》引孔安国说，是九百斗，姑且从之。

【译文】

原思给孔子家当总管，孔子给他俸米九百斗，原思推辞不要。孔子说：“不要推辞！如果有多的，给你那些比较穷的乡亲们吧！”

【读记】

原思列孔门弟子中“知耻”第一人。原思与孔子的另外一个富裕学生子贡正好相反，家庭很贫困。原思给孔子做总管，孔子考虑到原思家贫，特意多给了他俸米。但原思却是一个安贫乐道、有德行的人，不愿意多拿，推辞超出应得部分的俸米。现在恐怕很难遇到这种情况，相反，很多人对于金钱是多多益善，只有嫌薪水不够的，没有人嫌薪水多了。

本章应该与上一章对照阅读，有的《论语》注本也将这两章直接合成一章。在上一章，对于公西赤这样的富裕学生，孔子主张少给报酬；在这一章，对原宪这样比较贫困的学生，孔子主张多给报酬。突出的还是孔子的“仁爱”之心，只是角度不同而已。这说明孔子不是一个成天埋头知识的学者，也不只是关心家国大事的政治家、思想家，还是一个关心个别具体人的仁者。

本章还体现了另外一层意思，即一个人不应贪图太多的钱财，只取自己应该得的那部分，也就是《论语·季氏》中提出的“见得思义”。

6·6

子谓仲弓，曰：“犁牛①之子骍且角②，虽欲勿用③，山川④其舍诸⑤？”

【注释】

① 犁牛：即耕牛，古代耕牛不用于祭祀。

② 骍（xīng）且角：骍，赤色。角，角长得端正。

③ 用：用于祭祀。

④ 山川：山川之神，比喻上层统治者。

⑤ 其舍诸：其，怎么会。舍，舍弃。诸，“之于”二字的合音。

【译文】

孔子在评论仲弓的时候说：“耕牛产下的牛犊长着赤色的毛、整齐的角，虽然不想用它做祭品，但山川之神难道会舍弃它吗？”

【读记】

孔子对仲弓的评价用的是比喻。仲弓的父亲是贱人，而且行为不端，仲弓却很有才德，按当时的一般规则，贱人之子是不会被重用的。孔子认为，人的出身并不是最重要的，重要的在于自己应有高尚的道德和突出的才干。只要具备了这样的条件，就不应该受到舍弃。

在世卿世袭的氏族贵族体制下，孔子反对高贵论、血统论，主张不问出身，不问家世，唯贤是举，是难得的，是革命性的提法。后来的打破门第、唯才是举、任人唯贤等观点与孔子的观点是相通的。

仲弓就是本篇第 1 章中提到的冉雍，此处再次提及，与之呼应，说明冉雍确实是一个德才兼备的人才。

6·7

子曰："回也，其心三月①不违②仁，其余则日月至焉③而已矣。"

【注释】

① 三月：指较长的时间。

② 违：离开。

③ 日月至焉：一日或一月，指较短的时间。至焉，做到仁。

【译文】

孔子说："颜回这个人，他的内心长时间不离开仁德，其他的学生只是在某天某月做到仁而已。"

【读记】

作为孔子的得意门生，颜回是"居仁"，是将"仁"贯穿于自己的一切行动与言论当中，无时不在，无处不在。其他学生则是"至仁"，是想起来就做一下，想起一件就做一件。

6·8

季康子①问："仲由可使从政也与？"子曰："由也果②，于从政乎何有？"

曰："赐也可使从政也与？"曰："赐也达③，于从政乎何有？"

曰："求也可使从政也与？"曰："求也艺④，于从政乎何有？"

【注释】

① 季康子：见前 2·20 注①。

② 果：果敢。

③ 达：通达。

④ 艺：富有才能。

【译文】

季康子问孔子："仲由这个人，可以使用他治理政事吗？"孔子说："仲由做事果敢，对于治理政事有什么困难呢？”

季康子又问：“端木赐这个人，可以使用他治理政事吗？”孔子说：“端木赐通达事理，对于治理政事有什么困难呢？”

又问：“冉求这个人，可以使用他治理政事吗？”孔子说：“冉求多才多艺，对于治理国家政事有什么困难呢？”

【读记】

在本章，孔子比较骄傲地评价他的三个学生。孔子教育学生因材施教，培养出来的学生也各有所长，就像仲由、端木赐和冉求那样，有的果敢，有的通达事理，有的多才多艺，他们都可以从政。这与后世有些儒者主要追求内圣、重在心性修养有所不同。孔子培养的人才，不只是做学问、养心性，更是能够辅佐君主或大臣治国理政的。

6·9

季氏使闵子骞①为费②宰。闵子骞曰：“善为我辞焉！如有复我③者，则吾必在汶上④矣。”

【注释】

① 闵子骞：孔子学生，姓闵，名损，字子骞，鲁国人，小孔子 15 岁。

② 费（bì）：季氏的封邑，在今山东费县西北一带。

③ 复我：再来召我。

④ 汶（wèn）上：汶，水名，流经齐、鲁两国；汶上，指汶水之北，暗指齐国。

【译文】

季氏派人请闵子骞去做自己封地费邑的长官，闵子骞对来人说：“请你好好替我推辞掉吧！如果再来召我，那我一定跑到汶水那边去了。”

【读记】

费是季氏的封地，因为季氏多次表现出对鲁君的不臣之心，此地的长官也就多次反对季氏。季氏听说孔子学生闵子骞是个贤人，所以想请他出任费地长官。

闵子骞觉得季氏品行不端，不愿去为他做事，而且闵子骞的态度很坚决，说季氏如果强求，宁愿离开鲁国。闵子骞既不像有些人那样，不讲原则，有奶便是娘，只要给职位、给钱就去，也不像某些沽名钓誉之徒那样，内心明明想去，表面却惺惺作态，假意推辞。

6・10

伯牛①有疾，子问之，自牖②执其手，曰："亡之③，命矣夫！斯人也而有斯疾也！斯人也而有斯疾也！"

【注释】

① 伯牛：孔子学生，姓冉，名耕，字伯牛，鲁国人，小孔子 7 岁。有人说他是冉雍的父亲。

② 牖（yǒu）：窗户。

③ 亡：无，没有。

【译文】

伯牛病了，孔子前去探望他，从窗户外面握着他的手，说："没有这样的道理啊，这是命里注定的吧！这样的人竟会得这样的病啊，这样的人竟会得这样的病啊！"

【读记】

伯牛德行很好，列名孔门弟子"德行科"。但他到底有些什么德行，《论语》没有说，他第一次出现在这里，就身染重病，快要死了。

孔子为什么"从窗外握手"而不入内看望，说法不一，有一种说法是冉伯牛得了"恶"病（传染病）。冉伯牛是孔子比较优秀的学生，却得了不治之症，孔子在这里感叹命运的无常，"天不易知""命不可测"。但感叹归感叹，孔子并不是一个悲观主义者，他提倡奋力人事，知其不可而为之，认识到人生的苦难，但并不逃避，虽悲怆但不退缩，这也是撑起中华民族不断前行的一种思想动力。

“亡之”，有的翻译为“快要死了”，笔者不取此意。去探望病人，孔子不会这样说话。

6·11

子曰：“贤哉，回也！一箪①食，一瓢饮，在陋巷②，人不堪③其忧，回也不改其乐。贤哉，回也！”

【注释】

① 箪（dān）：古代盛饭用的竹器。

② 陋巷：陋室，指颜回的住处。

③ 堪：承受、忍受。

【译文】

孔子说：“颜回的品质高尚啊！一盒饭，一瓢水，住在简陋的屋子里，别人都受不了那种忧苦，颜回却没有改变他的快乐。颜回的品质多么高尚啊！”

【读记】

一般人都重视物质生活条件，担心吃不饱、穿不暖、住不好。本章孔子称赞颜回虽然生活条件艰苦，但“不改其乐”。颜回乐什么呢？我们不得而知，宋儒程颐、周敦颐、朱熹等曾经对此进行探讨，但可能都不能确定，反正最后都引而不发，没有明说，称“不敢妄为之说”，让大家“深思而自得”。

对此我们也不好妄加揣测，但颜回是深得孔子真传的学生，从孔子的所乐可以推测颜回的乐。在《论语·里仁》，讲“食无求饱，居无求安，敏于事而慎于言，就有道而正焉”；在《论语·卫灵公》，讲“谋道不谋食”“忧道不忧贫”；在《论语·述而》，讲“饭疏食饮水，曲肱而枕之，乐亦在其中矣”；在《论语·季氏》，讲“益者三乐”，等等。可见孔子的乐不是指物质条件，他重视的是精神层面上的东西，是乐于学，安贫乐道。颜回的乐应该也是这种乐，不以艰苦的生活条件为苦。

6·12

冉求曰：“非不说[①]子之道，力不足也。”子曰：“力不足者，中道而废[②]。今女画[③]。”

【注释】

① 说（yuè）：同“悦”。

② 中道而废：中道，中途。废，停止。

③ 画：划定界限，停止不前。

【译文】

冉求说：“我不是不喜欢您所讲的道，是我的能力不够。”孔子说：“能力不够是走到半路才停下来。现在你是划了界限不想前进。”

【读记】

能力不足，是很多人不想前进、掩盖思想懈怠的一个托词。本章孔子批评冉求可谓一针见血。孔子敏锐地指出，冉求在学习孔子所讲授的道中感到吃力，产生厌倦情绪，不是他自己所说的能力不够，而是思想上产生了畏难情绪，不想前进。这是很多人遇到困难只在客观上找理由、不从主观找原因的通病。孔子说“今女画”，真是诛心之论。

朱熹对这两种情况分析得很清楚。他在《论语集注》中说：“力不足者，欲进而不能。画者，能进而不欲。”用孟子的话就是“是不为也，非不能也”。

6·13

子谓子夏曰：“女为君子儒，无为小人儒。”

【译文】

孔子对子夏说：“你要做君子那样的儒者，不要做小人那样的儒者。”

【读记】

本章字面意思似乎很简单，但对于什么是“君子儒”，什么是“小人儒”一直是众说纷纭，并不容易说清楚。

这里的“君子”与“小人”与其他地方的意义都不相同，既不是指地位，也不是指道德，而指格局、器量、见识的大小。何晏的《论语集解》认为：“子夏规模狭隘，盖未免过于拘谨，故圣人进之以远大。”钱穆的《论语新解》认为：“推孔子之所谓小人儒者，不出两义：一则溺情典籍而心忘世道。一则专务章句训诂，而忽于义理。子夏之学，或谨密有余，而宏大不足，然终不免于小人儒之讥矣。”两者的意思都是讲子夏格局不大，重视知识，喜欢小道，忽视大的道德修养，只见树木，不见森林，是“小人儒”，所以孔子规劝他。

6·14

子游为武城①宰。子曰：“女得人焉耳乎②？”曰：“有澹台灭明③者，行不由径④，非公事，未尝至于偃⑤之室也。”

【注释】

① 武城：鲁国小城邑，在今山东费县西南。

② 焉耳乎：此三个字都是语助词。

③ 澹台灭明：姓澹台，名灭明，字子羽，武城人，后来成为孔子学生，小孔子 39 岁。

④ 行不由径：径，小路。全句引申为坚守正直，不取巧贪便。

⑤ 偃：子游名，这是他自称其名。

【译文】

子游做了武城的长官。孔子说：“你在那里得到人才没有？”子游回答说：“有一个叫澹台灭明的人，走路不抄小道，如果没有公事从不到我屋子里来。”

【读记】

孔子重视发现人才、使用人才。他问子游的这段话，就反映出他对人才的重视。子游的回答，间接地说明了孔子关于人才的标准，就是行事光明正大，不走小道捷径，不走后门，公事公办，没有私情。

澹台灭明长得很丑陋，如果子游以貌取人，就会放弃他，成语“以貌取人，失之子羽”说的就是他。

6·15

子曰：“孟之反[1]不伐[2]，奔[3]而殿[4]，将入门，策其马，曰：‘非敢后也，马不进也。’”

【注释】

① 孟之反：名侧，鲁国大夫。

② 伐：夸耀。

③ 奔：败逃。

④ 殿：殿后，在全军最后做掩护。

【译文】

孔子说：“孟之反不喜欢夸耀自己。在打仗败退的时候，他走在最后掩护全军。快进城门的时候，他鞭打着自己的马，说，‘不是我敢于殿后，是马不肯走。’”

【读记】

公元前484年，鲁国与齐国打仗，鲁国右翼军败退的时候，孟之反走在最后掩护败退的鲁军，事后，孟之反并不炫耀自己。对此，孔子给予了高度评价。

6·16

子曰：“不有祝鮀之佞[1]，而有宋朝[2]之美，难乎免于今之世矣。”

【注释】

① 不有祝鮀（tuó）之佞：不有，没有。佞，口才。祝鮀，字子鱼，卫国大夫，有口才，以能言善辩受到卫灵公重用。

②宋朝：宋国的公子朝，《左传》中有记载他因美丽而惹起乱子的事情。

【译文】

孔子说："如果没有祝鮀那样的口才，没有宋朝的美貌，那要在今天的社会上避免祸患就比较难了。"

【读记】

孔子一向反感花言巧语、巧言令色之辈，但现实生活中此类人却大量存在，而且左右逢源、游刃有余。一些当权者也特别喜欢这些阿谀奉承之辈，忠贞正直之士反而往往不为所容。孔子为此大发感慨。

学者对"而有"的理解有分歧，一种认为是相向的意思，当"与有"讲，仍然是"不有"的意思，可理解为，如果没有好的口才和外貌，就难以免祸。一种认为是相反的意思，当"却有"讲，这样理解就是，如果没有好口才，只有好外表，就难以免祸。笔者赞成第一种理解，因为孔子一向反感巧言令色，祝鮀依靠口才、宋朝依靠外表有宠于君王，但都不是孔子心目中的好人。

6·17

子曰："谁能出不由户？何莫由斯道也？"

【译文】

孔子说："谁能不经过房门而走出屋外呢？为什么没有人走我指出的这条道路呢？"

【读记】

孔子这里用比喻来讲一个道理。他所宣扬的"仁政""德治""礼制"，在当时有许多人不重视，不采纳，不按他指的路走，他内心感到很不理解。所以，他发出了这样的疑问。

孔子活动时期，社会已进入以力说话、大争之世的前夜，"五霸"先后登场，春秋时期即将结束，战国时代即将到来，王道衰微，霸道已兴，宋襄公的"仁义之师"已成笑柄，谁还听得进去孔子"仁政""德治""礼制"那套学说呢？

6・18

子曰："质①胜文②则野③，文胜质则史④。文质彬彬⑤，然后君子。"

【注释】

①质：质朴，内在本质。

②文：文采，外在装饰。

③野：粗俗、粗野。

④史：虚华、浮夸。

⑤彬彬：指文与质的恰当配合，后多指一个人文雅有礼貌 。

【译文】

孔子说："质朴多于文采，就流于粗野，文采多于质朴，就流于虚浮。只有质朴和文采配合恰当，然后才能成为君子。"

【读记】

这又是一句知名语录，特别是"文质彬彬"在后世成了一个成语，不少人把"彬"字来用于人名。它表达的意思是，一个人既要有比较高的道德修养，又要有比较优雅整洁的外表和礼仪，这样才是君子的品格。这也是孔子中庸思想的反映。

这一章讲了"文"与"质"的辩证关系，要求"文"与"质"的统一，但要做到"文质彬彬"却很难。有的人品质比较好，但言词粗野，外表邋遢，缺乏修养；有的人外表整洁，对人恭敬礼貌，但内心污浊，素质低下，浮夸虚伪。那种既有高素质，又有高颜值，还礼貌待人的"彬彬君子"实在难得。两者达不到统一怎么办？朱熹在《论语集注》中引杨氏的语句"与其史也，宁野"。也就是说，在无法达到"文质彬彬"的情况下，宁愿朴质粗放，也不要那些虚夸伪善的东西。

"文"与"质"也可以理解为内容与形式的关系，内容好形式差就粗鄙，形式好内容差就空洞，最好的是内容形式的完美统一，实在不行，内容重于形式。

子安宣邦在《孔子的学问》中对这段的理解又有不同。他把“质”理解成人所具备的天赋的自然性，即人原本拥有的自然本性，就是质朴。“文”是学习前人遗留下的文章、文物和文化成品，孔子认为，一个人只有“质”还不能成为“君子”，还必须有“文”，要学习历史发展过程中形成的、包含文章学问的文化，才初步具备成为君子的资格。所以，孔子在《论语·学而》第6章中说“行有余力，则以学文”。在《论语·颜渊》第15章和《论语·雍也》第27章中也说“博学于文”。所谓“学”，就是学习古代文献，学习前人。

6·19

子曰：“人之生也直，罔①之生也幸而免。”

【注释】

① 罔：枉曲不直的人。

【译文】

孔子说：“一个人能生存下去是因为正直，而不正直的人也能生存，那只是他侥幸地避免了灾祸。”

【读记】

“直”是儒家的道德规范。孔子在这里讲了一个普遍的、正当的生存原则，就是正直、正派。针对不正直、虚伪奸诈的人也能生存得好的状况，孔子指出，他们中的某些人只是侥幸地避免了灾祸，不是普遍规律，并不值得仿效。

6·20

子曰：“知之者不如好之者，好之者不如乐之者。”

【译文】

孔子说：“懂得它的人不如喜好它的人，喜好它的人又不如以它为乐的人。”

【读记】

孔子在这里讲了“知”“好”“乐”的关系，一层一层递进，“乐”是最高境界。李泽厚在《论语今读》中称之为“悦神”的审美境界。反之，这三者的关系也可以倒推，如果某个人对某种东西感到快乐，就会更加喜欢它，从而更加了解它、知道它。如果针对的是学习知识，那就更是如此了，最好的学习方法就是要在学习知识中感到快乐，如果对学习感到味同嚼蜡，不喜欢它，那是绝对学不好的，即使分数很高，那也是靠强行学来的，很难转化成一个人的内在素质和才能。

孔子所讲的“知”“好”“乐”的对象除了学习，还包括“仁”这个他最重视的内容，强调不管是学习知识还是学习仁德都要从内心真正喜欢。

6·21

子曰：“中人以上，可以语上也；中人以下，不可以语上也。”

【译文】

孔子说：“具有中等才智以上的人，可以给他讲授高深的学问；中等才智以下的人，不可以给他讲高深的学问。”

【读记】

人的理解力、接受力有差别，孔子在教学过程中，提出因材施教的原则，即根据学生理解力、接受力的高低来决定教学内容和教学方式。如果学生的理解力、接受力还比较差就不应教他高深的知识，必须循序渐进，待他的理解力、接受力达到一定高度，再教他高深的知识。

6·22

樊迟问知①。子曰：“务②民之义③，敬鬼神而远之，可谓知矣。”问仁。曰：“仁者先难而后获，可谓仁矣。”

【注释】

①知（zhì）：同“智”，聪明、智慧。

② 务：从事、致力。

③ 义：人道之所宜，也就是符合礼义的人道关系。按《礼记》解释，就是“父慈、子孝、兄良、弟弟、夫义、妇听、长惠、幼顺、君仁、臣忠”这十种人义。

【译文】

樊迟问孔子怎样才算是聪明。孔子说：“专心致力于让老百姓走向‘义’，尊敬鬼神但保持适当的远离，就可以说是聪明了。”

樊迟又问怎样才算是仁。孔子说：“仁人做难事在人前，求收获在人后，这可以说是仁了。”

【读记】

朱熹在《论语集注》中说“此必因樊迟之失而告之”，意思是，在这段话中孔子是以樊迟的缺点为依据来教导他的。樊迟的缺点，就是过于接近鬼神之事，总是一边算计着最后的得失，一边工作。

古人对于鬼神大致有两种态度，要么坚决不信，否认它的存在，要么完全迷信，把自己命运全交它主宰。孔子的态度却是敬而远之，既尊敬但不沉迷，保持适当的距离，既不肯定，也不否定，既不完全拒绝它，也不过分亲近它。孔子称这种态度为“智”，反之，另外两种态度就是“愚”。

这里对樊迟问“仁”也没有直接回答什么是“仁”，只是说“先难而后获”，就是担当吃苦在前，享受回报在后，也就是先耕耘后收获，先苦后甜。也就是后来范仲淹提出的“先天下之忧而忧，后天下之乐而乐”，从这个角度上讲，范仲淹的思想也是仁者的思想。

6·23

子曰：“知者乐水，仁者乐山①。知者动，仁者静；知者乐，仁者寿。”

【注释】

① 知（zhì）者乐（yào）水，仁者乐（yào）山：“知”，同“智”；乐，喜爱。

【译文】

孔子说："聪明的人喜爱水，有仁德的人喜爱山。聪明的人活动，有仁德的人沉静。聪明的人快乐，有仁德的人长寿。"

【读记】

本章对"智者""仁者"的比喻非常贴切，也非常有名。为什么用水来比喻智者？因为水灵敏快速，缘理而行，周流无滞，犹如智者。真正聪明的人之所以常快乐，不仅因为能够迎刃而解各种问题，而且因为了解人生的方向和意义而快乐。为什么用山比喻仁者？因为山可靠、稳定、厚重，万物生焉，犹如仁者。仁者宁静、牢固，所以"寿"。孔子这里希望人们都能做到"智"和"仁"。

后世对"仁者寿"讨论很多。董仲舒在《春秋繁露》中说："仁人之所以多寿者，外无贪而内清净，心平和而不失中正，取天地之美以养其身，是其且多且治。"即仁人没有贪欲，内心清净平和而中正，因而多寿。荀悦在《申鉴》中说："仁者内不伤性，外不伤物，上不违天，下不违人，处正居中，形神以和，故咎征不至而休嘉集之，寿之术也。"即仁者既不伤害自己的身心，也不伤害他人他物；既不违背自然规律，也不违背伦理道德，这就是长寿之术。

也有人从颜回短命的事例来质疑"仁者寿"，其实，这里的"寿"不只是指人的生理寿命，还包括人的精神寿命。徐干在《中论·夭寿》中辨明，"寿"是从德行方面讲的，讲的不是年岁。老子说得更明白："死而不亡者寿。"有的学者说："仁者与天同寿。"这里的"寿"已超越了人的生理层次，上升到生命的意义。

6·24

子曰："齐一变，至于鲁；鲁一变，至于道。"

【译文】

孔子说："齐国一改革，可以达到鲁国的样子，鲁国一改革，就可以达到西周时的王道境界了。"

【读记】

齐国在齐桓公时代，管仲辅政，推行霸道、九合诸侯，虽然国力强盛，但齐国开国初建立的礼制与文化破坏太多。鲁国是周公之后，崇尚礼制，是保留周代礼制与文化最多的国家。所以孔子希望齐国改革回到鲁国崇尚礼制的时代。但鲁国后来也出现了礼崩乐坏的情况，所以孔子希望鲁国改革回到周初时的王道时代。这实际上反映了孔子对礼崩乐坏现实的不满，对美好制度的向往，而他心目中的美好制度就是西周时制定的周礼，他在《论语·八佾》中说："郁郁乎文哉，吾从周。"

6·25

子曰："觚[①]不觚，觚哉！觚哉！"

【注释】

① 觚（gū）：古代盛酒的器具，上圆下方，有棱，容量约有二升，后来觚被改变了，所以孔子认为觚不像觚。

【译文】

孔子说："酒杯不像个酒杯了，这是酒杯吗？这是酒杯吗？"

【读记】

李零在《丧家狗——我读〈论语〉》中说，本章最莫名其妙，不知什么意思。

笔者试着解之。笔者认为在本章酒杯比喻的是周礼规定的内容。在孔子看来，现在国家社会的秩序、人们的言行已经变样了，早已不是周礼规定的内容了，早就名不符实了。所以，他发出气愤无奈的感慨。从这个意思讲，本章可以翻译为："现在这个社会礼不像礼了，这是周礼吗？这是周礼吗？"

6·26

宰我问曰："仁者，虽告之曰'井有仁[①]焉'，其从之也？"子曰："何为其然也？君子可逝[②]也，不可陷[③]也；可欺也，不可罔也。"

【注释】

① 仁：这里指仁人。

② 逝：往，这里指到井边去看并设法救之。

③ 陷：陷入。

【译文】

宰我问道："有仁德的人，如果告诉他井里掉下去一个人，他会跟着跳下去救吗？"孔子说："为什么一定要那样做呢？君子可以到井边去看看怎么救，却不可以陷入井中；可以被欺骗，不可以被愚弄。"

【读记】

针对本章内容，有人责难孔子假仁假义，有人掉到井里，见义不为，见死不救。实际上是没有完全理解本章的意义。

宰我问的是假如有人欺骗仁者说井里掉下去了一个人，仁者是不是会马上跳下井里救人，所以才有了孔子的回答。孔子心中的仁者也是智者，并非笨蛋，不能随便受人欺侮陷害，故曰："仁者必有知，知者不必有仁。"那种憨厚老实、总受人戏弄和陷害的人不能算是仁者。

6・27

子曰："君子博学于文，约之以礼①，亦可以弗畔②矣夫③！"

【注释】

① 约之以礼：约，约束。全句意为用礼约束自己。

② 畔：同"叛"，离经叛道。

③ 矣夫：语气词，表示较强烈的感叹。

【译文】

孔子说："君子广泛地学习文献、典籍，又用礼仪来约束自己，也就可以不离经叛道了！"

【读记】

孔子认为教育的目的是要让学生研习古代的典章制度，研习的目的是实践恢复古代的典章制度，当然是越广博越好。但必须要有一定的规则来约束，不然就会离经叛道，这不是他的目的和愿望。

6·28

子见南子①，子路不说②。夫子矢③之曰："予所否④者，天厌之！天厌之！"

【注释】

① 南子：卫国灵公夫人，当时掌握卫国实权。

② 说（yuè）：同"悦"。

③ 矢：同"誓"，此处讲发誓。

④ 否：不对，不当，指做了不正当、不符合礼义的事。

【译文】

孔子去见南子，子路不高兴。孔子发誓说："如果我做了什么不正当的事，让上天处罚我吧！让上天处罚我吧！"

【读记】

南子是《论语》中唯一出现的女人，据说是卫灵公一个品德不正、行为淫乱的妾妇，人虽然很漂亮，却是一个不道德的人，与前面讲的美男子宋朝通奸，但她把持着卫国的朝政。孔子为了向卫灵公"推销"他的治国理念，去拜见南子请求她引见，引起学生们的怀疑和不高兴。

这里没有讲孔子与南子干了什么、做了什么。《史记·孔子世家》里补充了一些情节，说的是孔子周游列国到了卫国，住在蘧伯玉家。南子邀请孔子见面。两人在帷幕中相见。子路没有进去，只听到玉器碰撞的声音。孔子出来后，子路就起疑了，质问孔子。

本章生动地记录了孔子了及其弟子的言行。子路也是《论语》中唯一敢给老师脸色看的学生（"不说"），他疾恶如仇，态度坚决，认为不管出于何种目的，都不应见这种人，也表明了子路维护孔子形象的忠诚。孔子也如常人一样率真使气，在别人不相信自己的时候，急得只好发咒赌誓。

6・29

子曰："中庸[①]之为德也，其至矣乎！民鲜久矣。"

【注释】

① 中庸：中，谓之无过无不及。庸，平常。

【译文】

孔子说："中庸作为一种道德，该是最高的了吧！人们缺少这种道德已经很久了。"

【读记】

《礼记》有《中庸》篇，后来专门独立成为一部书，为"四书"之一。中庸是孔子和儒家的重要思想，也是遭到人们指责的观念之一，究其原因是很多人对中庸的理解有误，以为中庸就是平常，就是明哲保身。

什么是中庸？宋儒说，不偏不倚谓之中，平常谓庸。钱穆《论语新解》认为："中庸之人，平人常人也。中庸之道，为中庸之人所易行。中庸之德，为中庸之人所易具。故中庸之德，乃民德。其所以为至者，言其至广至大，至平至易，至可宝贵，而非至高难能。"

孙钦善的《论语新注》对中庸注解详细，值得参读。大意是，孔子的中庸思想并不是绝对的不偏不倚、刻板地居中不移。他强调执中，但并不拘泥固执，同时又强调权衡变通。孟子就意识到中庸与"权"的密不可分，他在《孟子・尽心上》里说："执中无权，犹执一也。所恶执一者，为其贼道也，举一而废百也。"

中庸的"中"不一定是不偏不倚的"正中"，正如公认的黄金分割线不是在一条线的正中间一样。更形象的比喻是"权"的本义秤砣、"衡"的本义秤杆，把握"中庸"离不开"权衡"。秤杆平衡的时候，秤砣不一定在正中间。因此"中庸"的意思不是死守中点居中，而是大体适中，动态取中，灵活趋中，随时恰当地折中、平衡，力戒偏颇，避免走极端。

6·30

子贡曰："如有博施[①]于民而能济众，何如？可谓仁乎？"子曰："何事[②]于仁！必也圣乎！尧舜其犹病诸[③]！夫仁者，己欲立而立人，己欲达而达人[④]。能近取譬[⑤]，可谓仁之方也已。"

【注释】

① 博施：广泛施惠。济众，周济众人。

② 何事：事，仅、只。何事，哪里只是。

③ 尧舜其犹病诸：尧舜，传说中上古时代的两位帝王，孔子心目中的"圣人"。其，大概。病，难。诸，"之于"的合音，指在"博施于民而能济众"方面。

④ 己欲立而立人，己欲达而达人：欲，想要。立，站立。而，表转折，才能够。立人，使动用法，使人站立。达，发达。达人，使动用法，使人发达。此句意思是，自己要站立，也要让别人站立，自己要腾达，也要让别人腾达。

⑤ 能近取譬：近，自身。取譬，打比方。全句即将心比心，推己及人。

【译文】

子贡说："如果一个人能给老百姓施以很多恩惠又能普遍周济大众，怎么样？可以算是仁人了吗？"孔子说："这哪里只是仁，简直是圣了！就连尧、舜都难以做到。所谓仁，就是自己想要站得住，也要帮助别人站得住，自己想发达，也要帮助别人一起发达。凡事能就近以自己做比想到他人，可以说就是实行仁的方法了。"

【读记】

本章有两个关键点。一是提出比"仁人"更高的境界"圣人"，因为"仁人"虽有德但不在其位，虽有仁心，但不能给大众很多好处，只有圣人有德有位，方能周济大众。这说明做好人可以自己努力，但做好事、让普遍大众受益就要有位有权。二是提出"己欲立而立人，己欲达而达人"，这是实行"仁"的重要原则，也即推己及人，将心比心，自己要好，也要让别人好。

《论语·述而》第七

【题解】

本篇共38章，也是学者们在研究孔子和儒家思想时引述较多的篇章之一，主要表现孔子的教育思想、学习态度以及孔子对仁德等重要道德范畴的进一步阐释。本篇名言有“学而不厌，诲人不倦”“举一反三”“临事而惧，好谋而成”“不义而富且贵，于我如浮云”“子闻《韶》，三月不知肉味”“不知老之将至”“三人行必有我师”“择其善者而从之”“君子坦荡荡，小人长戚戚”等。

7·1

子曰：“述而不作①，信而好古，窃比于我老彭②。”

【注释】

① 述而不作：述，传述。作，创作。

② 窃比于我老彭：私，私自，私下。比于我，比我于。老彭，人名，古代的一位先贤。

【译文】

孔子说：“只阐述而不创作，相信而且喜好古代的东西，我私下把自己比作老彭。”

【读记】

“老彭”是谁？学术界对此说法不一。有的说是殷商时代一位“好述古事”的“贤大夫”，有的说是老子和彭祖两个人，有的说是殷商时代的彭祖。

笔者倾向于他是殷商时代一位“好述古事”的“贤大夫”这种说法，因为孔子是商朝后裔宋国人，所以他对商朝时的贤人很亲切、很向往。

但这并不重要，重要的是孔子在本章中提出了“述而不作”的原则，说明他讲的礼制内容都是古已有之的好东西，他只是原文照录，不是他个人的发明。

这个“述”字是非常重要的，孔子一生删《诗》《书》，定《礼》《乐》，修《春秋》，中国很多古代典籍、文化完全是靠孔子的“述”得以传承后世。柳诒徵在他的名著《中国文化史》中称孔子是中国文化第一人。子安宣邦在《孔子的学问》一书中援引另一位学者伊藤仁斋的话：“盖圣人之所以为圣人者，不在自用其智，而在广资众智；不在自我作古，而好事必稽古。”

笔者以为，“述而不作，信而好古”，传承古代文化，也是孔子“知天命”的内容。对孔子而言，政治上复兴古代已不可能了，他领悟到自己的“天命”就是祖述尧、舜、禹、汤、文、武等先王之道，而孔子也就是在这一过程中成就伟大，成为圣人的。从某种程度上讲，“述”的作用完全可能大于“作”，故朱熹在《论语集注》中说：“其事虽述，而功倍于作矣。”后来“作”者多矣，赶得上孔子的又有多少呢？更莫说超越了。

当然，实际上孔子也不是完全不“作”，他是“述”中有“作”，寓“作”于“述”。对《诗》《书》的删订也是一种“作”，即使“述”也掺进了自己的观点，也是一种“作”。

傅佩荣在《论语新解》中讲，古代的“作”不是指文字的写作，主要是指制作礼乐，而按《中庸》的解释，制作礼乐的人必须是德高位重者，即位如天子、德如圣人者，故孔子不能“作”。

7·2

子曰：“默而识①之，学而不厌，诲②人不倦，何有于我哉③？”

【注释】

①识（zhì）：记住。

②诲：教诲。

③ 何有于我哉：对我算得什么呢？有什么难呢？

【译文】

孔子说："默默地记住所学的知识，努力学习不觉得厌烦，教导别人不知道疲倦，这对我算得什么呢？"

【读记】

在这一章里孔子提出了一个重要的教育思想："学而不厌，诲人不倦"。"学而不厌"就是学习先王之道乐此不疲。孔子对自己的好学十分自豪，他在《论语·公冶长》中说："十室之邑，必有忠信如丘者，不如丘之好学也。"

"学而不厌，诲人不倦"的态度值得后世学生和老师学习效仿。如果真正能做到学习的人对知识不厌倦，教授者对教学不厌倦，那肯定是教学的最佳状态，只是这种状态一般难以达到。

众学者对"何有于我哉"的理解有分歧。上文采用的是钱穆《论语新解》中的解释，这样理解的话孔子似乎做到了这点。但傅佩荣在《论语新解》中觉得按上文这样讲，会显得孔子有些骄傲。如果按杨伯峻在《论语译注》中的翻译"这些事情我做到了哪些呢？"说明孔子也还在质疑自己，似乎还没有完全做到，是一种自我期许。

7·3

子曰："德之不修，学之不讲，闻义不能徙[①]，不善不能改，是吾忧也。"

【注释】

① 徙（xǐ）：迁移，随从。此处指靠近义、做到义。

【译文】

孔子说："品德不修养，学问不讲习，懂得道理不能亲身去做，有了缺点不能改正，这些都是我的忧虑啊。"

【读记】

本章中孔子提出了四种担心、忧虑：品德不修，学问不讲，好的不从，坏的不改。孔子强调，品德靠“修”，学问靠“讲”，也就是说，他所推崇的东西是可以靠自己努力达到的，并不是虚无缥缈的东西。同时，他提出了躬身实践、改正缺点的重要性。这说明孔子的人生观也是很具体的，都表现在日常的学习生活中。

7·4

子之燕居①，申申②如也，夭夭③如也。

【注释】

① 燕居：家居、闲居。

② 申申：舒展。

③ 夭夭：愉快。

【译文】

孔子闲居在家里的时候，身体舒展，心情愉快。

【读记】

本章描述孔子在家休闲时心情愉快、身体放松的状况，远不是一些人想象的正襟危坐、一脸严肃的老夫子模样。这是孔子的可爱之处。尽管孔子一生并不得意，甚至迭遭坎坷，但他乐天知命，俯仰不愧天地，并不成天唉声叹气，怨天尤人，这种生活境界值得充分肯定。朱熹的《论语集注》引杨氏语：“申申，其容舒也。”这让我们看到了一个在外端庄严肃、回家放松轻快的孔子。

有的注本把“申申”解释为“整敕貌”，翻译成整齐端庄。孔子的形象就成了回家以后也正襟危坐，老是绷着的了。笔者不取。

7·5

子曰：“甚矣吾衰也！久矣吾不复梦见周公①！”

【注释】

① 周公：姓姬名旦，周文王的儿子，武王的弟弟，成王的叔父，鲁国的始祖。

【译文】

孔子说："我衰老得很厉害了，我好久没有梦见周公了！"

【读记】

这是孔子晚年的自述。周公相传是西周典章制度的制定者，是孔子最敬服的"圣人"之一，是他心目中周代文化的代表。年轻时，孔子以继承发扬自尧、舜、禹、汤、文、武、周公以来的道统，光大古代文化为己任，可能常常会梦到周公。但到了老年，知道恢复周礼已不可能，所以，梦见周公也很少了。孔子作为哲人的悲怆无奈心情在本章尽显。

"梦周公"后来演变成想睡觉的代名词，一般的人也不去深究其中的深意了。

7·6

子曰："志于道，据于德，依于仁，游于艺①。"

【注释】

① 艺：指礼、乐、射、御、书、数六艺。

【译文】

孔子说："以道为志向，以德为根据，以仁为凭藉，悠游于礼、乐、射、御、书、数六艺之中。"

【读记】

本章既是孔子自述，也是孔子教学的大纲，概括了孔子教学的内容。孔子培养学生，就是以仁、德为纲领，以六艺为基本，使学生能够得到全面均衡的发展。

最后一句"游于艺"的"游"字很有意思，前三种"道""德""仁"

都是说的严肃的事情，要“志”“据”“依”，这一种说的是“艺”，要“游”，说的却是愉快的事情。“游”，朱熹《论语集注》中注为“玩物适情之谓”，杨伯峻在《论语译注》中注为“游憩”，应该是要求学生熟练掌握礼、乐、射、御、书、数六艺，如鱼在水，十分自由愉快。同时，也说明孔门的学习并不是完全枯燥乏味的。

可惜，后来关于“艺”的教育就越来越少了，大家看不起“艺”，科举考试也没有这些内容了，就是喜欢学习的人也只是一门心思只读书，不懂“艺”，不知美，不会美，不欣赏美。

7·7

子曰：“自行束脩①以上，吾未尝无诲焉。”

【注释】

① 束脩（xiū）：脩，干肉，又叫脯。束，十条。十条干肉在当时是比较微薄的礼物。

【译文】

孔子说：“只要自愿拿着十条干肉为礼来见我的人，我从来没有不教诲他的。”

【读记】

孔子之前，学在官家，学生只能进入官家机构学习，学费昂贵，一般家境较差的平民百姓学不起。私学从孔子开始，孔子对学生只收取微薄的一点见面礼，打破了教育的垄断，可以让一些家境贫寒的学生受到教育，比如颜渊、原思等，仅从这一点看，孔子就很伟大。

李泽厚在《论语今读》中依汉儒郑玄等人对《论语》的注解，把“束脩”解释为“年十五以上”，那孔子这句话就应当翻译为：“凡十五岁以上，我没有不收教的。”虽然也可以算一种说法，似乎还可以和孔子前面讲的“十五而志于学”相呼应，但会遮蔽孔子的教育思想，体现不出孔子招收贫寒子弟的伟大行为。

7·8

子曰："不愤[①]不启，不悱[②]不发。举一隅[③]不以三隅反，则不复也。"

【注释】

① 愤：心求通而未得，苦思冥想仍然领会不了。

② 悱（fěi）：口欲言而未能，想说又不能明确说出来。

③ 隅（yú）：角落。

【译文】

孔子说："教导学生，不到他想弄明白而不得的时候，不去开导他；不到他想明白却说不出来的时候，不去启发他。指出一个角落，他却不能由此推知其他三个角落，那就不能用同一例子教他了。"

【读记】

本章点明了孔子重要的教育思想：启发式教育。作为学生，首先要主动、独立地思考问题，养成自身的求知欲；作为老师，要在学生努力思考仍然不得其解后才进行适当点拨，最终让学生能举一反三，讲到此一方面而能领悟到相关其他方面。

与此相反的是"填鸭式""满堂灌"的教育方式，学生不思考，只听老师讲解，老师只管把知识全部一股脑儿地灌输给学生。结果学生只得到了知识，思维得不到训练，只能举一知一，不能达到举一知三的效果。

最后一句"则不复也"中的"不"，大多数《论语》注本解释为"不再"，则全句译为"不再教这样的学生了"。有的解释为"不能"，则全句译为"不能再用同一例子教学生了"。笔者赞成后一种，因为这样才能与孔子"诲人不倦""有教无类"的老师形象相吻合，孔子应该不会因为一个学生不能举一反三就不再教他了。

7·9

子食于有丧者之侧，未尝饱也。

【译文】

孔子在有丧事的人旁边吃饭，不曾吃饱过。

【读记】

别人在伤痛，自己在一旁也吃不下饭，说明孔子有恻隐之心、同情之心。如果一个人在别人伤痛之时，还能当着他的面大吃大喝，真是没心没肺了。“未尝”表示从来没有，说明是一贯的，不是一两次表现出来的。

7·10

子于是日哭，则不歌。

【译文】

孔子在这一天为吊丧而哭泣过，就不再唱歌。

【读记】

本章与上章表达的意思大致相同，有的版本将其与上章合为一章。当天参加过别人的丧事，就不唱歌。说明孔子心里有一种对悲伤之人的恻隐同情之心，才停止了自己的欢乐歌唱。

7·11

子谓颜渊曰：“用之则行，舍之则藏①，惟我与尔有是夫②！”

子路曰：“子行三军③，则谁与④？”

子曰：“暴虎冯河⑤，死而无悔者，吾不与也。必也临事而惧⑥，好谋而成者也。”

【注释】

① 舍之则藏：舍，舍弃，不用。藏，退隐修身。

② 夫：语气词，相当于“吧”。

③ 子行三军：行，统帅。三军，大国军队。

④ 谁与：与谁，和谁在一起。

⑤暴虎冯河：暴虎，空手与老虎搏斗。冯河，徒步过河。

⑥临事而惧：惧，谨慎、警惕。即遇到事情格外小心谨慎。

【译文】

孔子对颜渊说："用我，我就积极行动，施展抱负；不用我，我就退隐，洁身自爱，大概只有我和你才有这样的志向吧！"

子路问孔子说："老师您如果统帅三军，和谁在一起共事呢？"

孔子说："空手与老虎搏斗，徒步涉水过河，死了都不会后悔的人，我是不会和他一起共事的。与我共事的人，一定要是遇事小心谨慎，善于谋划而能完成任务的人。"

【读记】

"勇"虽然也是孔子很赞赏的一种道德行为，但"勇"不是蛮干，"勇"须与"智"和"仁"相连，才是《中庸》所说的"天下之达德"，无仁之勇是暴力，无智之勇是莽撞，孔子更喜欢"临事而惧，好谋而成"的人。

本章问答语言生动，人物性格跃然纸上。子路看到孔子盛赞颜回，心中不服，就夸耀自己勇敢的长处。他以为，孔子会说，那还有谁啊，只有子路啊。没想到孔子并没有表扬他，而是挖苦他，泼他一瓢冷水，又一次挫折他。

"临事而惧"这句话值得重视，它的意思不是遇着事情就害怕，就不敢去做，而是要求我们对任何事情都要认真，如履薄冰，如临深渊，怀有担心做不好的心态。现在不少人往往大而化之，凡事皆无所谓，什么都不在乎，做什么事都是将就，不追求细节，不追求卓越，没有工匠精神。

我们经常说到"敬畏"这个词，一个人先要有惧怕担心之心才可能生出崇敬之心，如果一个人什么都不怕，对人、对祖先、对社会、对国家、对自然、对上天都不敬畏，那他的言行就会无所忌惮，没有底线，那他就是一个非常危险的人了。

7·12

子曰："富[①]而可求[②]也，虽执鞭之士[③]，吾亦为之。如不可求，从吾所好。"

【注释】

① 富：发财。

② 求：指合于道，正当追求。

③ 执鞭之士：古代为天子、诸侯和官员出入时手执皮鞭开路的人，或指市场的守门人。这里可泛指地位低下的职事。

【译文】

孔子说："如果财富可以正当地追求到，虽然是做那些给人执鞭等地位低下的差事，我也愿意去做。如果财富不能正当地追求到，那还是做我爱好的事吧。"

【读记】

从本章可以看到，孔子不反对追求财富，就像他并不反对做官一样，而且孔子发财的欲望还比较强烈，如果能追求得到，而且合乎道义，即使干一些低下的事也可以。但不是每个人都有发财的机会，都能发财，如果不能走正道发财，那就遵从自己的爱好吧。孔子的爱好就是"好学"，就是学习知识、学习古代典籍。

7·13

子之所慎：齐[①]、战、疾。

【注释】

① 齐：同"斋"，斋戒。古人在祭祀前要洁身清志，比如沐浴更衣，不吃荤，不饮酒，不与妻妾同寝等，表示虔诚之心。

【译文】

孔子谨慎小心对待的有：斋戒、战争和疾病。

【读记】

神明虽不可知，但不可亵渎；战争事关国家存亡及多数人的生死；疾病牵涉人的生死。这些事情都是不能马虎、不可掉以轻心的，所以不可不慎重。

为什么把斋戒排在第一位？因为古代不管是个人或者国家都特别重视祭祀，而祭祀是一件非常严肃隆重的事情，必须身心整洁，态度虔诚，程序完整，仪式庄重，合规合礼。

7·14

子在齐闻《韶》①，三月不知肉味，曰："不图②为乐之至于斯也。"

【注释】

①《韶》：舜时乐曲名。参见3·25注。

②图：料想。

【译文】

孔子在齐国听到了《韶》乐，很长时间陶醉其中而尝不出肉的滋味，他说："想不到音乐的美能达到了这样的境界。"

【读记】

本章说明音乐特别是《韶》乐的重要和好处，它能作用于人的心灵，达到让人忘掉口腹之欲、忘掉物质享受的境界。同时，这也表明孔子音乐鉴赏力很强，艺术修养很高。如果换作一般人，可能会觉得肉味比音乐好，舌尖上的欲望、感觉肯定强于耳朵的欲望、感觉。

钱穆在《论语新解》中谈到对本章可能有三种曲解：一是说偶尔听到音乐，怎么可能三月不知肉味；二是说不知肉味，说明心不在焉；三是说圣人之心不应该凝滞在某一固定事物上，哪有三个月凝滞在音乐上的道理。

7·15

冉有曰："夫子为[1]卫君[2]乎？"子贡曰："诺[3]，吾将问之[4]。"

入，曰："伯夷、叔齐何人也？"曰："古之贤人也。"曰："怨乎？"曰："求仁而得仁，又何怨。"

出，曰："夫子不为也。"

【注释】

① 为：帮助，这里指赞成。

② 卫君：指卫出公辄，是卫灵公的孙子。

③ 诺：答应。

④ 之：他，指孔子。

【译文】

冉有问子贡说："老师会赞成卫国的国君吗？"子贡说："好吧，我去问问他。"

子贡进去问孔子："伯夷、叔齐是什么样的人呢？"孔子说："古代的贤人。"子贡又问："他们有怨恨吗？"孔子说："他们求仁而得到了仁，又怨恨什么呢？"

子贡出来，对冉有说："老师不会赞成卫君。"

【读记】

读懂本章要了解两个历史背景。一是伯夷、叔齐两兄弟互相让位的历史背景。伯夷不争王位是因为父亲遗命叔齐继位，体现"孝"的精神，叔齐不继任王位，是因为伯夷是其兄长，体现"弟"的精神，最后，两兄弟都逃离了王位。孔子认为"孝弟"正是"仁"之本（见1·2）。二是卫出公辄与父亲争夺王位的情况。卫出公辄是卫灵公之孙，太子蒯聩之子。太子蒯聩得罪了卫灵公的夫人南子，逃在晋国。灵公死，立辄为君。晋国的赵简子，又把蒯聩送回，借以侵略卫国。卫国抵御晋兵，自然也拒绝了蒯聩的回国。蒯聩和辄两父子争夺卫君的位置，和伯夷、叔齐两兄弟的互相推让最终都抛弃君位相比，恰恰形成了鲜明的对照。

孔子当时正在卫国，所以学生们想知道孔子的态度，于是就有了这段对话。冉有想知道孔子的态度，又不好直接去问，就请子贡去问，子贡也不直接问，而是借说伯夷叔齐的故事试探孔子的态度，既然孔子赞美互相让位、符合“仁”道的伯夷、叔齐，自然就是不赞成与父亲争位、于礼不合的卫出公辄了。果然不久，孔子就带着学生离开了卫国。

7・16

子曰：“饭疏食[①]饮水，曲肱[②]而枕之，乐亦在其中矣。不义[③]而富且贵，于我如浮云。”

【注释】

① 饭疏食：饭，吃，动词。疏食，即粗粮。

② 曲肱（gōng）：肱，胳膊。曲肱，弯着胳膊。

③ 不义：不符合道义原则。

【译文】

孔子说：“吃粗粮，喝冷水，弯着胳膊当枕头，乐趣也就在这中了。不符合道义得来的富贵，对于我就像是天上的浮云。”

【读记】

孔子不是不追求富贵，只是不追求通过不正当手段而得到的富贵，认为那种富贵正如天上的浮云一般，不实在，不长久。在用不正当手段追求富贵与处于贫穷之间，他选择后者，所以才能安贫乐道，才能在穷困的环境中安然处之，自得其乐。孔子的“乐”早就在《论语》开篇《论语・学而》就说了：“学而时习之，不亦说乎？有朋自远方来，不亦乐乎？人不知，而不愠，不亦君子乎？”孔子在《论语・雍也》第 11 章中称赞颜回“一箪食，一瓢饮，在陋巷，人不堪其忧，回也不改其乐”。他自己也和颜回一样，安贫乐道，所以他最欣赏颜回。

当然，不是说吃粗粮，喝冷水，弯着胳膊当枕头，本身就是快乐。而是内心自有快乐的来源，正因为有精神追求的快乐，所以，物质条件的欠缺就不以为意了。如果物质追求就是目的，在这种条件下肯定是没有快乐的。

“义”是孔子最高的一种道德判断，《论语》中多处地方提到“义”。“不义而富且贵，于我如浮云”是一句名言，成为后世不少清正廉洁之士的座右铭。但往往也成为一个书法作品摆设在客厅、书房里，真正实践的并不多。反之，追求名利者如过江之鲫，真所谓“天下熙熙，皆为利来；天下攘攘，皆为利往”。孔子的这句名言成为一些人的遮羞布、障眼法。

7·17

子曰：“加①我数年，五十以学《易》②，可以无大过矣。”

【注释】

①加：同“假”，给予。

②《易》：古代占卜用的一部书。

【译文】

孔子说：“让我再多活几年，到五十岁学习《易》，便可以没有大的过错了。”

【读记】

《易》本是远古卜卦算命的书，内容涉及人生、世道、命运和哲理，充满神秘色彩，是中国古代最重要的典籍之一。朱熹在《论语集注》中认为：“学易，则明乎吉凶消长之理，进退存亡之道，故可以无大过。”

本章很有名，对它的解释歧义也较多，有几个重点值得思考。比如，为什么是“五十”呢？《易》讲天道，幽深难明，没有相当的人生阅历、经验积累、道德修养，不敢轻易涉猎，因此孔子认为，到了五十才可以学《易》。又如，为什么学了《易》就可以无大过呢？因为《易》讲的就是哲理、人性、天道，如果读懂了，就会明白自然、人生的大道理，知命、顺命，当然就不会犯大错了，孔子说“五十而知天命”，五十之后学《易》，就能知天命，顺天命。

孔子对《易》非常看重，尤其是晚年，基本上书不离身，据帛书《易传·要》记载：“居则在席，行则在囊。”《史记·孔子世家》中说，孔子“读

《易》，韦编三绝”，意思是，孔子非常喜欢读《易》，曾把穿竹简的皮条翻断了很多次。

孔子学《易》是为了修身养德“无大过”，而现在大多数人读《易》主要目的不是去明白人道、天道的哲理从而修身养德、顺应规律，而是想趋吉避凶、祈福免灾。自己不修德守正，而企图通过学习一种方法或者通过所谓大师的指点来实现，天下有这么简单、便宜的事吗？

7·18

子所雅言[①]，《诗》、《书》、执礼，皆雅言也。

【注释】

① 雅言：指当时全国通行的语言，相当于现在的普通话，与俗语相对。

【译文】

孔子有时讲普通话，读《诗》，念《书》，行礼，都用普通话。

【读记】

语言是文化的表现。孔子平时讲鲁国方言，但在教学的时候特别是在读《诗》念《书》的时候，用周代通行的标准语，表明他尊重周代文化传统和典章规制。

7·19

叶公[①]问孔子于子路，子路不对。子曰：“女奚[②]不曰，其为人也，发愤忘食，乐以忘忧，不知老之将至云尔[③]。”

【注释】

① 叶（shè）公：叶，楚国地名，今河南叶县南。叶公，楚国大夫沈诸梁，字子高，封地在叶，故称叶公。

② 奚：何，为什么。

③ 云尔：云，如此。尔，而已。

【译文】

叶公向子路问孔子是个什么样的人，子路不答。孔子说："你为什么不这样说，他这个人，发愤用功便忘记吃饭，快乐起来便忘记忧愁，不知道衰老将要到来，如此而已。"

【读记】

面对叶公问"孔子是一个什么样的人"这个问题，子路不回答，不回答不是不愿意回答，而是不好描述，因为孔子的形象、特点太丰富了，一时之间，不知从何说起。

孔子的自述很简洁地突出了他自己的特点：忘忧、忘食、忘老。孔子一生最大的努力就是学习，就是求道、求仁，以至于达到废寝忘食的地步，最大的乐趣也在学习，一旦学有所得，就可以忘记一切忧愁了。知识无止境，学习无止境，其中的快乐也无止境。沉迷在学习、求道、求仁之中，对其他的事包括生老病死就没有那么多操心了，所以不知老之将至。过去我们只知道孔子"好学"，现在又知道了他"好学"达到的境界。

钱穆在《论语新解》中称："此种心境，实即孔子之所谓仁，此乃一种不厌不倦不息不已之生命精神。"钱先生所言确为中的之论。

7·20

子曰："我非生而知之者，好古，敏以求之者也。"

【译文】

孔子说："我不是生来就有知识的人，而是爱好古代文化，勤奋敏捷地去求得知识的人。"

【读记】

孔子在《论语·季氏》中认为，生而知之者是智力最上等的人，学而知之者是智力次一等的人，困而学之者是中等之下的人，困而不学者是智力最下等的人。外人因为孔子知识广博，又没有见过他拜师，以为他是生而知之者。孔子从不炫耀自己的聪明才智，认为自己只是中等之材，他从不宣讲奇迹神启，总是强调要孜孜不倦地学习。

在本章中孔子再一次声明自己的成就是后天努力学习的结果，这正是《论语》要点之一，也可以打掉一些人后天不努力、总爱强调先天因素的借口。后来有些儒者把孔子抬到“天纵之圣”，根本不是孔子本人的意思。

同时，孔子也再次重申本篇第1章所说的“好古”，努力学习古人，用心祖述先王之道，强调自己的文化担当和使命。

7·21

子不语怪、力、乱、神。

【译文】

孔子不谈论怪异、暴力、变乱、鬼神。

【读记】

朱熹《论语集注》引谢氏曰：“圣人语常而不语怪，语德而不语力，语治而不语乱，语人而不语神。”

怪异、鬼神，难以明白，说不清楚，无可谈也，故不谈；暴力、战乱，非正常好事，不足谈也，也不谈；神异之事，容易让人产生妄想，谈之无益。特别是不谈“怪”“神”几乎确定了儒学的基本面目，不谈论、不信任各种神秘奇迹、超越魔力等非理性东西。在《论语·雍也》中，孔子也说“敬鬼神而远之”。

这一点对于孔子来说特别不容易，也特别显示出孔子的睿智。2500年前的孔子时代，是鬼神巫势力特别旺盛的时期，孔子偏偏不肯随从流俗去谈论它们。鲁迅先生对孔子这点也十分肯定，他还肯定了孔子在艰难环境下的韧劲。

李泽厚在《论语今读》中认为，中国远古神话的阙如，至少一部分确是孔子、儒学有意删、改、不谈、不录和予以理性化解释的结果。笔者以为，中国神话确实不如西方发达可观，但是否要孔子及儒家负这么大的责任，有待商榷。但孔子不主张谈“怪、力、乱、神”，侧重探讨人事，导致后世儒者及国人有些忽视自然界，向大自然求知者少，不能不说是孔子及儒学的一大缺陷。

7·22

子曰："三人行，必有我师焉，择其善者而从之，其不善者而改之。"

【译文】

孔子说："几个人一起走路，其中必定有人可以做我的老师，选择他们的优点学习，对照他们的缺点作为借鉴改正。"

【读记】

本章中的"三人行，必有我师焉"也是一句名言，说明可学之人无处不在，可学之师无处不在。更可贵的是，不仅要以善者为师，而且不善者也可为师，因为他们的缺点可以作为我们借鉴，对照改正。

唐代韩愈在著名的《师说》中也引用了孔子这句话，用以说明老师的重要性、学习的重要性。

7·23

子曰："天生德于予，桓魋①其如予何？"

【注释】

①桓魋（tuí）：宋国司马，主管军事行政。

【译文】

孔子说："上天把德降给了我，桓魋又能把我怎么样？"

【读记】

读懂本章，要先了解当时的背景。公元前492年，孔子从卫国去陈国时经过宋国。宋国司马桓魋听说以后，带兵前往，想要加害孔子。当时孔子正与弟子们在大树下演习周礼的仪式，桓魋砍倒大树，要杀孔子，孔子在学生保护下连忙离开了宋国，在逃跑途中，他说了这句打气的话。他认为，自己是有仁德的人，而且是上天把仁德赋予了他，所以桓魋对他是无可奈何的。

桓魋为什么要去为难孔子？《孔子家语》中有一则记载可以帮助说明这个问题。孔子在宋国的时候，听说桓魋生前就在为自己打造石头棺椁，做了三年都没有完工，做到工匠都累病了的地步。孔子就批评说：这样做太奢华了。人死了尸体很快就会腐烂，何必浪费在做棺椁这件事上。桓魋可能因此对孔子怀恨在心，想要报复。

孔子说这个话也不一定真是感觉自己负有了某种神秘使命，有上天保护，也许只是一种壮胆的话。但要说出这样壮胆的话，也是要有底气的，要么有实实在在的资本，要么要有坚强的自信力，有一种大无畏气概，孔子应该属于后者。

孔子安慰自己及弟子的这句话后来成为经典名句。以儒家正统自称的新朝王莽面对包围他的汉兵时也曾用这句话壮胆，他说："天生德于予，汉兵其如予何。"但他说的显然无效，上天并没有赋德于他，当然也就不会保佑他，汉兵把他杀了。

孔子与王莽有本质的区别，所以结局完全不同。60岁的孔子已是天下闻名、弟子遍布各国的道德君子，谁也不敢真正加害于他。而此时的王莽背负篡位者的恶名，其朝政也弄得天怒人怨，杀他已没有任何道义负担，相反还是顺应民心。所以，孔子是真的有底气，王莽只能是虚张声势壮胆而已。

7・24

子曰："二三子①以我为隐乎？吾无隐乎尔②。吾无行而不与二三子者，是丘也。"

【注释】

① 二三子：指孔子的学生们。

② 隐乎尔：隐瞒于你们。

【译文】

孔子说："学生们，你们以为我有什么隐瞒吗？我对你们没有隐瞒。我没有任何事不向你们公开的，这就是我孔丘的为人。"

【读记】

孔子的道义太高深，有时会让人感到神秘莫测，加上他的教学方法着重启发式点拨，不是全盘托出。有的学生以为孔子有所隐瞒，没有把所有的内容教授出来。所以，孔子有此解释。

在《论语·季氏》中陈亢也有这个疑问，他怀疑孔子对他自己的儿子伯鱼教了一些其他弟子不知道的内容，所以就向伯鱼打听。结果证明，孔子并没有给伯鱼单独教授什么，再次显示孔子的公心、公平。

7·25

子以四教：文①、行②、忠③、信④。

【注释】

① 文：文献、古籍、技艺等。

② 行：指德行，也指社会实践。

③ 忠：忠诚。

④ 信：诚信。

【译文】

孔子用四项内容教授学生：文献、德行、忠诚、诚信。

【读记】

本章主要讲孔子教学的内容。“文、行、忠、信”是有层次的，由浅入深。学习古籍、文献资料固然重要，但仅有书本知识还不够，还要重视社会实践活动，孔子带领他的学生周游列国，一方面是为了向各国统治者进行游说，另一方面也是为了让学生在实践中增长知识和才干。此外，有了书本知识和实践活动仍不够，还要养成忠、信的德行，即对待别人的忠心和与人交际的诚信。

我们还可以把“文、行、忠、信”概括成两个方面，即知识培养和道德修养，四教中“行、忠、信”属于德，占据四分之三，“文”属于知识，只占四分之一。说明孔子的教学把德育放在首位，把智育放在次要位置。

7・26

子曰："圣人，吾不得而见之矣；得见君子者，斯①可矣。"

子曰："善人，吾不得而见之矣；得见有恒②者，斯可矣。亡而为有，虚而为盈，约③而为泰④，难乎有恒矣。"

【注释】

①斯：就。

②恒：恒心向善。

③约：穷困。

④泰：奢侈、富足。

【译文】

孔子说："圣人，我不可能看到了；能看到君子，就可以了。"

孔子又说："善人，我不可能看到了，能见到始终如一保持良好品德的人，这也就可以了。没有却装作有，空虚却装作充实，穷困却装作富足，这样的人是难于有恒心保持良好品德的。"

【读记】

孔子在本章讲到四种人，"圣人"最高，就是《论语・雍也》中讲的"博施于民而能济众"的人，有德有能，有权有位，是各方面都达到至高境界的人，是可以兼济天下的人，这样的人本身就很少，只有尧、舜、禹、汤这些君王可能算是，甚至孔子有时认为连尧、舜都不一定符合标准。所以，孔子难以看到。

君子是次一等的人，是有仁德的人，这样人相对要多些，比较容易看到。善人再次一等，就是我们经常说的好人。最后一等是有恒者，能够坚持做好事的人。有恒者不一定能成为圣人、君子、善人，但圣人、君子、善人一定有恒。

现实中以上四种人都不多，孔子看到的多是没有装作有、空虚装作充实、穷困装作富有的人。这是孔子对目睹的现实的感慨，是对当时社会礼崩乐坏的绝望之声。

7·27

子钓而不纲[①]，弋[②]不射宿[③]。

【注释】

① 纲：大绳，这里指有众多钓钩的网。

② 弋（yì）：用带绳子的箭来射鸟。

③ 宿：住宿，这里指归巢过夜的鸟儿。

【译文】

孔子钓鱼，不用绳网捕鱼，孔子射鸟，不射巢中过夜的鸟。

【读记】

本章是表现有仁德的人取物有节制，不妄杀滥捕。有的人嘲笑孔子这样做是五十步笑百步，是虚伪的表现。其实不然，这是讲节制，不要一次伤害太多，心中有所不忍。心里忍与不忍之间，就体现了仁与不仁。

有的注本解释为孔子注意生态伦理，有的注本解释为孔子认为射杀睡在窝里的鸟不算本事，要射中飞鸟才能显示能力，笔者觉得均太牵强，不足为训。

7·28

子曰："盖有不知而作之者，我无是也。多闻，择其善者而从之；多见而识之；知之次也。"

【译文】

孔子说："大概有一种自己什么都不懂却凭空制作的人，我没有这个毛病。多听，选择其中好的来学习；多看，然后记在心里。我的'知'是次于'生而知之'的'学而知之'。"

【读记】

孔子主张学而知之，重视知识，重视见闻，反对不知而作，凭空创造。

本章再次表现孔子提倡学而知之，见闻而知之，不是生而知之。聪颖博学如孔子都不敢说自己不知而作，而后世竟有人强调天生、天才，不是狂悖无知，就是欺世盗名。

7·29

互乡[①]难与言，童子见，门人惑。子曰："与[②]其进[③]也，不与其退也，唯何甚？人洁己[④]以进，与其洁也，不保其往[⑤]也。"

【注释】

① 互乡：地名，具体地点不详。

② 与：赞许，肯定。

③ 进：进步。后一句"退"指倒退。

④ 洁己：洁身自好，努力进步。

⑤ 不保其往：保，拘泥，抓住。往，过去。

【译文】

互乡那个地方的人很难交谈，但互乡的一个童子却得到了孔子的接见，学生们感到迷惑不解。孔子说："赞成他的进步，不赞成他的倒退。何必做得太过分呢？人家改正了错误以求进步，我们应该肯定他改正错误的做法，不要死抓住他的过去不放。"

【读记】

本章体现了孔子的教育思想和宽容精神，说明人都可以教，错都可以改，对别人的过去和错误要抱宽容态度，只要改了就要大力肯定，不要死抓住不放。

7·30

子曰："仁远乎哉？我欲仁，斯仁至矣。"

【译文】

孔子说："仁难道离我们很远吗？我想要行仁，仁就来了。"

【读记】

仁是人天生的本性，并不是外在之物，所以，“我欲仁，斯仁至矣”。这里，孔子强调的是一个人进行道德修养的主观能动性和躬身实践性，只要努力追求、付诸行动，仁就来了，如果不努力追求，没有任何行动，仁就离我们很远。重要的是，不要借口仁离我们很远无法达到而不努力去实践。

7·31

陈司败①问：“昭公②知礼乎？”孔子曰：“知礼。”

孔子退，揖③巫马期④而进之，曰：“吾闻君子不党⑤，君子亦党乎？君取⑥于吴，为同姓⑦，谓之吴孟子⑧。君而知礼，孰不知礼？”巫马期以告。子曰：“丘也幸，苟有过，人必知之。”

【注释】

① 陈司败：一说是人名，一说是陈国主管司法的官。

② 昭公：鲁国君主，名裯（chóu），昭是谥号。

③ 揖：作揖，行拱手礼。

④ 巫马期：孔子学生，姓巫马名施，字子期，小孔子 30 岁。

⑤ 党：偏袒、包庇。

⑥ 取：同“娶”。

⑦ 为同姓：鲁国和吴国的国君同姓姬。周礼规定，同姓不婚，昭公娶同姓女，是违礼行为。

⑧吴孟子：鲁昭公夫人。春秋时代，国君夫人的称号，一般是她出生的国名加上她的姓，但因她姓姬，故称为吴孟子，而不称吴姬。

【译文】

陈司败问：“鲁昭公懂得礼吗？”孔子说：“懂得礼。”

孔子出来后，陈司败向巫马期作了个揖请他走近自己，说：“我听说君子不偏袒，难道君子也偏袒人吗？鲁君在吴国娶亲，是同姓，称她为吴孟子。

如果鲁君算是知礼，还有谁不知礼呢？”

巫马期把这句话告诉了孔子。孔子说：“我真是幸运。如果有错误，别人一定会知道。”

【读记】

鲁国是孔子的父母之邦，孔子很注意维护鲁君的形象，这对于作为臣子的孔子来说，也是一种知礼并维护礼制的表现。《春秋》有“为尊者讳，为亲者讳，为贤者讳”的说法。但当有人指出鲁君的违礼行为时，精通礼制的孔子知道鲁君违礼了，他既不好为鲁君辩护，也不好直接抨击鲁君，只好承认自己有过，判断失误，并自嘲很幸运，有人指出自己的失误。这也体现了孔子的智慧和幽默。

这几个人看来都是很懂礼节但都不明说而喜欢拐弯的人，陈司败明知鲁君违礼，但不明说，只笼统地问孔子“昭公知礼乎”。这实际上是向孔子出了一个难题，也可以说是设了一个陷阱，孔子回答“是”或“否”都会有错。孔子明知鲁君违礼，但陈司败没有具体说鲁君哪件事违礼，他就装傻，说“知礼”。陈司败明知孔子错了，也不当面驳斥孔子，只是间接地给孔子学生巫马期说了鲁君具体违礼的事情。孔子知道后，也不说鲁君知礼了，而说自己错了，间接承认了鲁君违礼，而且认为，有人指出自己的错误是好事情。

7·32

子与人歌而善，必使反①之，而后和之。

【注释】

①反：重复。

【译文】

孔子与别人一起唱歌，如果唱得好，一定要请他再唱一遍，然后跟着他唱。

【读记】

这里讲的是孔子的日常生活。音乐最能塑造情感并抒发人的感情，爱好并擅长音乐的人一般都感情丰富。本章又一次体现孔子对音乐的爱好和重视，

《论语·述而》有“子在齐闻《韶》，三月不知肉味”的描述。这也是孔子与后世儒家特别是宋明理学家的区别，后者过于拘谨、刻板、正经，失去很多人情和人生趣味。

7·33

子曰：“文，莫①吾犹人也。躬行君子，则吾未之有得②。”

【注释】

①莫：大约、大概。

②未之有得：即“未有得之”的倒装，还没有做到。

【译文】

孔子说：“就书本知识来说，大约我和别人差不多。做一个身体力行的君子，那我还没有做到。”

【读记】

这里还是强调实践的重要性，实践活动要高于书本知识。

本章文字虽短，但学者对它的解释分歧很大。“文莫吾犹人也”在很多《论语》注本中的断句是“文莫，吾犹人也”，“文莫”是“忞慔”的假借，勤勉的意思，意思是说“勤勉努力，我和大多数人差不多”。笔者遵从的是杨伯峻《论语译注》中的断句。

7·34

子曰：“若圣与仁，则吾岂敢？抑①为之②不厌，诲人不倦，则可谓云尔③已矣。”公西华曰：“正唯弟子不能学也。”

【注释】

① 抑：只不过。

② 为之：指圣与仁。

③ 云尔：如此而已。

【译文】

孔子说："如果说到圣与仁，我怎么敢当！我只不过是努力而从不感到厌烦，教诲别人从不感觉疲倦，只可以说是如此而已。"公西华说："这正是我们弟子所学不到的。"

【读记】

当时，孔子"学而不厌，诲人不倦"的德行已得到学生和社会公认，称之是"圣"与"仁"，但孔子自己很谦虚，觉得担当不起"圣"与"仁"这么高的名声，他只承认自己把"圣"与"仁"当作追求目标，在实践中"学而不厌，诲人不倦"，注重实践，不重虚名。而且，在"不厌""不倦"中自有一种努力行动、百折不回的精神。不像后世有的人，当有人恭维他是"大师""泰斗"时，他往往微笑不答，或者最多假意推辞，内心显然同意这种吹捧。

正因为孔子立志之高、努力之深，为他人所不能企及，所以，公西华说"正唯弟子不能学也"。

其实，孔子说他不敢当"圣"与"仁"也不完全是谦虚。孔子心目中的"圣"与"仁"标准很高，他在《论语·宪问》中认为，君子是"修己以敬"，仁人是"修己安人"，圣人是"修己安民"。也就是说，君子是把自己培养成道德合格者，仁人要推其仁爱于他人，安定他人，圣人要推其仁爱于民众，安定民众。这是三个层次，圣人最高，仁人次之，君子再次。孔子心目中的圣人与仁人是见不着的。他在《论语·述而》中说："圣人，吾不得而见之矣；得见君子者，斯可矣。""善人吾不得而见之矣；得见有恒者，斯可矣。"在《论语·雍也》中，孔子认为"圣人"连他的偶像尧舜都做不到，他自己当然也就不是圣人。

孔子拒绝承认自己是圣人，但后来却被他的学生、儒家继承者及历代统治者圣化了，大树特树，成为"大圣""至圣"。子贡就说孔子是"天纵之将圣"，孟子说"仁且智，夫子圣矣"。当然，孔子也没法再反对了。

7·35

子疾病[①]，子路请祷[②]。子曰："有诸[③]？"子路对曰："有之。《诔》[④]曰：'祷尔于上下神祇[⑤]。'"子曰："丘之祷久矣。"

【注释】

①疾病：重病。

②请祷：请求祷告，即祈祷。

③有诸：诸，"之乎"的合音。有诸，有这样的事吗？

④《诔（lěi）》：祈祷文。

⑤神祇（qí）：祇，天神为神，地神为祇，这里泛指神灵。

【译文】

孔子病重，子路请求向鬼神祈祷。孔子说："有这回事吗？"子路说："有的。《诔》文上说：'为你向天地神灵祈祷。'"孔子说："这样的祈祷我早就做过了。"

【读记】

孔子说自己早就祈祷过了，就是不希望子路替自己去向鬼神祈祷，也就是反对祈祷。孔子一生言"天"言"命"，但不去刻意请求上帝鬼神的特殊保护和帮助，只是尽自己最大的努力，也就是儒家主张的"尽人事而听天命"，并不把希望寄托在偶然、神意、奇迹等上面，也不求分外之恩宠神赐，真正保持了作为个体人的尊严。

孔子在《论语·八佾》中说"获罪于天，无所祷也"，也是讲的这个意思，人要靠平时积善行德，求得善果。如果尽做恶事，得罪上天，到时想去求神祇保护，是不可能的，世上没有这么好的事情。如果一个人一生行善，言行符合天命，那就相当于天天在向上天祈祷，上天自会保佑，无须病重时再做临时抱佛脚式的祈祷。

7·36

子曰："奢则不孙[1]，俭则固[2]。与其不孙也，宁固。"

【注释】

① 孙：同"逊"，恭顺、谦逊。

② 固：简陋、寒酸。

【译文】

孔子说："奢侈的人不谦逊，节俭的人显得寒酸。与其不谦逊，宁可寒酸。"

【读记】

春秋时代各诸侯、大夫都极为奢侈豪华，他们的生活享乐标准和礼仪规模都与周天子没有区别，这在孔子看来，都是越礼、违礼的行为。尽管节俭就会让人感到寒酸，也与中庸之道不合。但如果二者选其一，孔子认为，与其越礼，则宁可寒酸，以维护礼的尊严。

7·37

子曰："君子坦荡荡[1]，小人长戚戚[2]。"

【注释】

① 坦荡荡：心胸宽广、开阔、容忍。

② 长戚戚：经常忧愁、烦恼。

【译文】

孔子说："君子心胸平坦宽广，小人经常忧愁烦恼。"

【读记】

"君子坦荡荡，小人长戚戚"是人们熟知的一句名言。许多人常常将此句写成条幅，悬于室中，以激励自己。君子淡泊名利，胸怀宽广，以安人济天下为己任，可以容忍别人，容纳各种事件，不计个人利害得失，所以心中常常充满自信与喜悦。而小人心胸狭窄，成天追名逐利，算计别人，与人为难、与己为难，患得患失，时常忧愁，局促不安。

《论语》中多处讲到“君子”与“小人”的区别，这句讲得透彻，也有名。

7·38

子温而厉，威而不猛，恭而安。

【译文】

孔子温和而严厉，有威仪而不凶猛，谦恭而又安详。

【读记】

这是孔子学生对孔子的赞扬，体现了孔子的中和、中庸思想。孔子认为人有各种欲与情，这是自然天生的，但人又是社会中人，所有的情感与欲求，都必须合乎“中和”的原则。

孔子本人就是一个标杆。他看上去严肃，但对人很和气；他有威严但不是凶神恶煞；他对人恭敬，态度安详。一般的人很难做到这些，要么太温和，严肃不起来；要么太威严，让人生畏；要么对人恭敬却又手足无措，坐立不安。

外在的仪态容貌，是内心情感的表现，是长期修养的结果。一个人让人敬畏是靠德行，靠举止符合礼仪，靠自信尊严的态度。

《论语·泰伯》第八

【题解】

本篇共21章，主要内容是孔子及其学生对尧舜禹等古代圣贤的评价以及曾参的言行等。本篇名言有“鸟之将死，其鸣也哀；人之将死，其言也善”“任重而道远”“死而后已”“民可使由之，不可使知之”“不在其位，不谋其政”等。

8·1

子曰：“泰伯①，其可谓至德②也已矣。三③以天下让，民无得而称焉④。”

【注释】

① 泰伯：也称太伯，周代始祖古公亶父的长子。

② 至德：德之极，最高道德。

③ 三：多次。

④ 民无得而称焉：百姓找不到合适的词句来赞扬他。

【译文】

孔子说：“泰伯，可以说是品德最高尚的人了，几次把王位让给季历，老百姓都找不到合适的词句来称赞他。”

【读记】

传说周朝的始祖古公亶父知道三子季历的儿子姬昌有圣德，想传位给季历，再传给姬昌。清朝康熙帝传位也与之类似，他看到雍正有一个好儿子弘历（后来的乾隆皇帝），就决定传位给雍正，也是考虑到了王位的持续传承。

古公亶父的长子泰伯知道后便与二弟仲雍一起避居到当时的蛮荒之地（现在的江苏无锡一带），自号勾吴，称为吴太伯，成为吴国的始祖。古公亶父死后，泰伯不回来奔丧，后来又断发文身，表示终身不返，把君位让给了季历，季历传给姬昌，即周文王。到周武王时，灭了殷商，统一了天下。

三让到底让给谁、让什么，对此学者争论很大，一般读者不用深究。关键要理解其中的“让”字，“让”本是“礼”的一个重要特征，一个人能多次出让最高权力，当然极不容易，所以老百姓都不知道如何来称赞这个人。孔子对这一历史事件津津乐道，对“让”特别推崇。他认为，只有天下“让”与贤者、圣者，才有可能得到很好的治理，而让位者则显示出高尚的品格，老百姓对他们是无比称赞的。

其实，“让”在现代文明中更显重要，天下诸多争斗和烦恼均缘于不“让”。如果人人都学会“让”，这个社会、这个世界就会减少许多纷争和战争，安宁与和平就会真正来到。

李泽厚在《论语今读》中认为，这是远古氏族制度民主遗风的表现。笔者觉得这种说法有些臆测，或者说法不准确，因为民主的本质不是由权力者让位，而是由全体成员选举。

8·2

子曰：“恭而无礼则劳①，慎而无礼则葸②，勇而无礼则乱，直而无礼则绞③。君子笃④于亲，则民兴于仁；故旧⑤不遗，则民不偷⑥。”

【注释】

①劳：疲劳。

②葸（xǐ）：畏缩、拘谨。

③绞：说话尖刻，出口伤人。

④笃：厚待、真诚。

⑤故旧：故交，老朋友。

⑥偷：情意淡薄。

【译文】

孔子说：“只是恭敬而不知礼就会疲劳，只是谨慎而不知礼就会畏缩，只是勇猛而不知礼就会作乱，只是直率而不知礼就会出口伤人。君子厚待自己的亲属，老百姓就会走向仁德；不遗弃老朋友，老百姓人情就不会淡薄。”

【读记】

恭、慎、勇、直都是美德，但必须用礼来规范指导，也就是《论语·雍也》说的“约之以礼”。孔子在这里又大讲礼的重要性，礼是各种执政行事的规矩准则，同时也是个人为人做事的尺度，如果不用礼来约束，就会疲劳、畏缩、动乱、伤人。

“君子”以后，钱穆在《论语新解》中认为应该是另外一则，主要是讲君子应该做厚待亲属、朋友，引导民风的表率。

8·3

曾子有疾，召门弟子曰：“启[①]予足！启予手！《诗》云[②]：‘战战兢兢，如临深渊，如履薄冰。’而今而后，吾知免[③]夫，小子[④]！”

【注释】

①启：开启，曾子让学生掀开被子看自己的手脚。

②《诗》云：以下三句引自《诗经·小雅·小旻》。

③免：指可以不再“战战兢兢，如临深渊，如履薄冰”了。

④小子：对弟子的称呼。

【译文】

曾子生了重病，把他的学生召集到身边来，说道：“看看我的脚！看看我的手！《诗经》上说：‘小心谨慎呀，好像站在深渊旁边，好像踩在薄冰上面。’从今以后，我知道可以不再如此了，弟子们！”

【读记】

据《孝经》记载，孔子曾对曾参说过：“身体发肤，受之父母，不敢毁伤，孝之始也。”就是说，一个孝子，应当极其爱护父母给予自己的身体，包括头发和皮肤都不能有所损伤，这就是孝的开始。

曾子临死前要他的学生们看看自己的手脚，以表明自己的身体完整无损，是一生遵守孝道的。曾子借用《诗经》里的三句，来说明自己一生谨慎小心，避免损伤身体，能够对父母尽孝，现在将死了，再没有这个担心了。

保护好自己，爱惜自己的身体，以免父母担心，固然可以算是孝的一种表现，但连头发都不能有所损伤，却又有些过分。同时，也可能成为一些贪生怕死之辈打着孝的旗号、爱惜自己的借口。

8·4

曾子有疾，孟敬子①问②之。曾子言曰："鸟之将死，其鸣也哀；人之将死，其言也善。君子所贵乎道者三：动容貌③，斯远暴慢④矣；正颜色⑤，斯近信矣；出辞气⑥，斯远鄙倍⑦矣。笾豆之事⑧，则有司⑨存。"

【注释】

① 孟敬子：鲁国大夫孟孙捷。

② 问：看望、探问。

③ 动容貌：整肃容貌。

④ 暴慢：粗暴、怠慢。

⑤ 正颜色：端正脸色态度。

⑥ 出辞气：考虑言辞语气。

⑦ 鄙倍：鄙，粗野。倍同“背”，背理。

⑧笾（biān）豆之事：笾和豆都是古代礼器，这里指具体礼仪之事。

⑨有司：主管官吏。

【译文】

曾子生了重病，孟敬子去看望他。曾子对他说：“鸟快死了，它的叫声是悲哀的；人快死了，他说的话是善意的。君子所应当重视的重要礼仪有三个方面：整肃容貌，可以避免粗暴、怠慢；端正态度，就接近诚信；说话文雅，就可以避免粗野和错误。至于那些礼仪细节，自有专人负责。”

【读记】

本章重点讲人与人相处的礼仪。人们相处，先是看到容貌，然后观察态度，再通过语言交谈。所以，曾子特别看重这三点：要做到有修养、讲礼仪，就要容貌庄重、态度端正、注意谈吐。

曾子病重时讲“鸟之将死，其鸣也哀；人之将死，其言也善”，说明过去曾子也规劝过孟敬子，可能孟敬子听不进去。所以，他趁孟敬子来探病时再次加以规劝。这句也成为后世的一句格言。

8 · 5

曾子曰：“以能问于不能，以多问于寡；有若无，实若虚；犯而不校①。昔者吾友②尝从事于斯矣。”

【注释】

① 犯而不校（jiào）：犯，冒犯。校：同“较”，计较。

② 吾友：我的朋友，旧注上一般认为指颜渊。

【译文】

曾子说：“有才能却向没有才能的人请教，知识多却向知识少的人请教；有学问像没学问一样，充实像空虚一样；被人侵犯却也不计较。从前我的朋友就这样做过了。”

【读记】

曾子在这里称赞的是一种具有谦虚美德的人，他所说的话，完全秉承了孔子的思想学说。“问于不能”“问于寡”等都表明在学习上的谦逊态度。没有知识、没有才能的人并不是一无是处的，在他们身上总有值得学习的地方。曾子还提出“有若无”“实若虚”，希望人们始终保持谦虚不自满的态度。另外，曾子说“犯而不校”，表现出一种宽阔的胸怀和忍让精神。

多数学者认为“吾友”指的是颜回，“昔者”表明此时颜回已死，是追述。曾子是孔子门下比较年轻的弟子。

8·6

曾子曰：“可以托六尺之孤①，可以寄百里之命②，临大节而不可夺也，君子人与？君子人也。”

【注释】

① 托六尺之孤：六尺，指 15 岁以下，古人以七尺指成年。孤，死去父亲的小孩叫孤。托孤，受君主临终前嘱托，辅佐幼君。

② 寄百里之命：寄，寄托、委托。百里，国家。百里之命，国家的命运。

【译文】

曾子说：“可以把年幼的君主托付给他，可以把国家的命运交给他，面临国家生死存亡的紧急关头而不动摇改变，这样的人是君子吗？是君子啊！”

【读记】

康有为在《论语注》中认为，曾子语言一贯平和谨慎，唯本章最有力，最能体现孔子之学。

孔子所培养的就是有道德、有知识、有才干的人，他既要有忠君之德，临大节而不改志，还有要辅佐之才，可以托付幼主，可以托付国家，这样的人才是具有君子品格的人。

钱穆在《论语新解》中认为：“君子必才德兼全，有德无才，不能为君子。”他又说：“君子所重，亦更在其德。盖才有穷时，惟德可以完整无缺。”

本章对君子的要求更高了，不仅是要修身、完善自己，还要为社会、国家承担重任，关键时刻能“托孤”，能“寄命”。儒家的教导从来都不只是为了独善其身，还要能兼济天下。

8·7

曾子曰："士不可以不弘毅①，任重而道远。仁以为己任，不亦重乎？死而后已，不亦远乎？"

【注释】

① 弘毅：弘，广大。毅，强而有决断。

【译文】

曾子说："知识分子不可以不宏大而刚毅，因为他责任重大，道路遥远。把实现仁作为自己的责任，难道还不重大吗？奋斗到死才终止，难道还不遥远吗？"

【读记】

这几章连续记录曾子的言论，从第3章的唯唯诺诺、战战兢兢，到第4章的"鸟之将死，其鸣也哀。人之将死，其言也善"，我们看到的曾子似乎有些刻板、迟钝和笨拙。但到了第6章和第7章，他的语言却又充满情感、充满力量，比如"临大节而不可夺也""士不可以不弘毅，任重而道远。仁以为己任，不亦重乎？死而后已，不亦远乎"。

这说明孔子之学学习礼仪制度并不是目的，而是要求在从小节做起的各种礼仪制度中，循序渐进地树立起刚强不屈的伟大人格。这种伟大人格是"临大节而不可夺也"，是"任重而道远"，是"死而后已"。这种伟大人格并不是凭一时的勇敢、冲动，而是从小处做起、长期锤炼的成果，也是孔子讲的"岁寒知松柏之后凋"、孟子讲的"我善养吾浩然之气"，是那种不屈不挠、坚持到底的韧性精神，是康有为赞叹的"真孔子之学也"。

8·8

子曰："兴①于《诗》，立于礼，成于乐。"

【注释】

① 兴：开始。

【译文】

孔子说："一个人要靠学习《诗》启发上进之心，要靠学习礼仪立足社会，要靠学习音乐完善人格。"

【读记】

本章中孔子提出了他从事教育的三方面内容：诗、礼、乐，也是一个人人格形成的过程。诗、礼、乐三者的作用是不同的。诗启迪性情，启发心智，使人开始走上人性之道；礼使人获得行为规范，立足社会；乐则使人格最终得到完成。

《诗》不仅仅是一部诗集，它还包括政治、哲学、人伦、人格修道等丰富内容。皇侃在《论语义疏》中解释："《诗》有夫妇之法、人伦之本，近之事父，远之事君故也。"《论语》对《诗》非常重视，多次论述它的重要作用，《论语·为政》中说"诗无邪"，《论语·季氏》说"不学诗，无以言"，《论语·阳货》说诗可以"兴、观、群、怨"。

礼在孔子及儒家思想中就更重要了，这里不多说。孔子酷爱音乐，他认为，最能打动人心、最能改变人性的，莫过于音乐，所以，他以音乐教育为最高层次。

8·9

子曰："民可使由之，不可使知之。"

【译文】

孔子说："对于老百姓可以让他们按照我们提供的道去做，不能让他们懂得为什么要这样做。"

【读记】

孔子认为，人的智力天生有别，中等以上的人可以给他讲高深的道理，中等以下的人不可以跟他讲高深的道理。他认为，民众属于中等以下的人，只可以使他们懂得应当遵循之道，不可以使他们知晓为什么要那么做的高深道理。

这两句话为后世许多人诟病，认为孔子赞成实行愚民政策。有的人为了维护孔子形象，又做了另外的解释。比如，康有为改句读为“民可，使由之；不可，使知之”，翻译成“老百姓认可，就让他们干，他们不认可，就让他们知道为什么”。还有一种断句是“民可使，由之；不可使，知之”，翻译成“老百姓可以使唤，就让他们干；他们不可使唤，就要知道他们想怎么做”。这些解读，虽然把孔子拔高了，符合现代民主精神了，但并不符合实际。

其实，这不仅是孔子的观点，也是古代社会的主流观点。孟子也持有这样的观点，他在《孟子·尽心下》中说：“终身由之而不知其道者，众也。”商鞅也是这种观点，他在《商君书·更法》中说：“民不可以虑始，而可与乐成。”

我们大可不必为孔子避讳，几千年前的孔子不可能有现代社会的民主思想，孔子的思想本身就是为维护当时的社会秩序、为当时的统治者服务的，如果要说他“民主”，也是“为民做主”，与现代社会的民主概念是两回事。

同时，孔子的这个观点也和当时文化发展程度、民众受教育程度有关，当时绝大多数民众没有机会受教育或者受到的教育很少，要让他们明白“是什么”都比较困难，如果要让他们明白“为什么”就更难了。就是到了两千多年后的民国时期，孙中山提倡的宪政也还要分“军政、训政、宪政”三个阶段，强调要训练人民，让人民养成自治能力。

所以，笔者还是按照大多学者认同的意思进行译解。

8·10

子曰：“好勇疾[①]贫，乱也。人而不仁[②]，疾之已甚[③]，乱也。”

【注释】

①疾：恨、憎恨。

②不仁：不符合仁德的人或事。

③已甚：已，太。已甚，太过分。

【译文】

孔子说："好勇逞强而又憎恨贫困，会出乱子。对于不仁德的人痛恨过分，也会出乱子。"

【读记】

本章分析容易导致出乱子的两种情况：一种是喜欢逞强又憎恶贫困，憎恶贫困就有欲望，就有所求，加之自恃有勇，就容易生乱子；另一种是对不仁的人痛恨过分，让他们无所容身，那他们也要作乱，报复社会，自己要是过不好，大家都过不好。孔子的意思是还是要宽容、中庸，不要过分，让大家都好过一点，自己也才好过。

8·11

子曰："如有周公之才之美，使骄且吝，其余不足观也已。"

【译文】

孔子说："一个人即使有周公那样的才能和美质，如果骄傲自大而又吝啬小气，其他方面的长处也就不值得一看了。"

【读记】

周公是孔子最推崇的古代人物之一，周公才德很多，但孔子最看重的是谦逊不骄傲、不吝啬。孔子认为一个人只要骄傲、吝啬，其他的优点都不值得一看了，都一票否决了。

8·12

子曰："三年学，不至于谷①，不易得也。"

【注释】

① 谷：古代以谷米为官吏的俸禄，这里用"谷"字代表做官。

【译文】

孔子说："学了三年，还没有做官的念头，是很难得的。"

【读记】

“学而优则仕”是远古制度，“学”本来就是为了“仕”（做官），如果学习了三年还没有做官的想法，孔子觉得这是很难得的。大概自孔子始，“学”具有了或开创了自身的独立性，即不是为“仕”而学，颜回、曾子均以“学”本身为乐。

孔子并不反对当官，但不主张急于求官，希望学生先把人格修养好，把各种知识技艺学习好，为做官打下良好的道德修养基础之后再求取仕途。

8・13

子曰：“笃①信好学，守死善道。危邦不入，乱邦不居。天下有道则见②，无道则隐。邦有道，贫且贱焉，耻也；邦无道，富且贵焉，耻也。”

【注释】

① 笃：执着坚定。

② 见（xiàn）同“现”。

【译文】

孔子说：“坚定信念，努力学习，誓死维护大道。不进入危险的国家，不居住在动乱的国家。天下有道就出来做官，天下无道就隐居不出。国家有道而自己贫贱，是耻辱；国家无道而自己富贵，也是耻辱。”

【读记】

本章反映了孔子坚守理想的处世态度和富贵观。儒家重视生命，主张不入危邦、不居乱邦。同时，讲究行藏，讲究进退之道，“用之则行，舍之则藏”，“天下有道则见，无道则隐”。

为什么说“国家有道而自己贫贱，是耻辱；国家无道而自己富贵，也是耻辱”？国家政治清明，人们只要努力奋斗，生活就会过得比较好，那些贫贱之人除了个别特殊情况外，大多是游手好闲、好吃懒做之辈，因为自己不努力导致贫困就可耻。国家政治黑暗、社会动荡之际，往往经济崩溃，大多数人生计艰难，而此时富有之人的钱财多为来路不正、不择手段所取，所以可耻。

8·14

子曰："不在其位①，不谋②其政。"

【注释】

① 位：职位。

② 谋：考虑，谋划。

【译文】

孔子说："没有在那个职位上，就不考虑那职位上的事务。"

【读记】

"不在其位，不谋其政"涉及儒家所谓的"名分"问题。不在其位而谋其政，则有僭越之嫌，就可能被人认为是"违礼"之举。"不在其位，不谋其政"也就是要"安分守己"。

一个人如果不在其位，就没有其权，也就难谋其政。因为没有权利就没有人听，就指挥不动。再理想的设计，也进入不了操作层面。所以，孔子不承认自己是圣人，因为圣人是有位有权的。从另外一个角度理解这句话，就是既在其位，就要好好谋其政，恪尽职守。

这句名言在后世可做多种理解，既可成为一些人失去权力的怨愤之言，也可成为一些人不想管事的借口，还可以成为一些人想要谋取权势的非分之想。

8·15

子曰："师挚之始①，《关雎》之乱②，洋洋③乎盈耳哉！"

【注释】

① 师挚之始：师挚，鲁国太师。始，乐曲的开端，即序曲。古代奏乐，开端一般由太师演奏。

② 《关雎》之乱：乱，是乐曲的终了，此时奏的是《关雎》乐章，所以叫“《关雎》之乱”。

③ 洋洋：盛大完美。

【译文】

孔子说：“从太师挚演奏的序曲开始，到最后演奏《关雎》结尾，丰富而优美的音乐充满我耳朵，久久不绝。”

【读记】

鲁国乐章的完美盛大，得益于孔子周游列国返鲁后对音乐的整理提升，表现了孔子对音乐的极端喜爱和极高的鉴赏力。

8·16

子曰：“狂①而不直，侗②而不愿③，悾悾④而不信，吾不知之矣。”

【注释】

① 狂：狂妄、急躁。

② 侗（tóng）：幼稚无知。

③ 愿：谨慎、朴实。

④ 悾悾（kōngkōng）：同“空”，诚恳的样子。

【译文】

孔子说：“狂妄而不正直，无知而不老实，貌似诚恳而不守信用，我不知道为什么会这样。”

【读记】

本来每个人的品德有好有坏都是正常的，这样才能有长有短。而且，有些优点缺点是相互依存的，犹如硬币的两面，有的优点可以弥补短板。比如，狂妄的人比较直爽，愚昧的人比较忠厚，无能的人比较守信。但孔子在这里指出的几种全是不好的道德品质并存在一起：“狂而不直，侗而不愿，悾悾而不信。”所以，孔子感叹不已。

8·17

子曰："学如不及，犹恐失之。"

【译文】

孔子说："学习知识就好像总追赶不上，赶上了又担心失去。"

【读记】

本章是讲学习永无止境，不可有丝毫的满足和懈怠。一方面，担心自己赶不上新知识；另一方面，学到了新知识，又担心忘记了旧知识，反映了孔子学习的迫切性。

8·18

子曰："巍巍①乎，舜禹②之有天下也而不与③焉！"

【注释】

① 巍巍：崇高、高大。

② 舜禹：舜，传说中的圣君明主。禹，夏朝的第一个国君。传说在古时代尧禅位给舜，舜后来又禅位给禹。

③ 与：与求，追求。

【译文】

孔子说："多么崇高啊！舜和禹得到天下，自己并没有去追求。"

【读记】

理解本章的关键在"与"字。

毛奇龄在《论语稽求篇》中将之解释为："言任人致治，不必身预，所谓无为而治是也。"他解释"与"是"参与"，那么全句就要翻译为："舜和禹治理天下，委任贤能，自己并不事必躬亲。"

朱熹在《论语集注》中将"与"解释为："不与，犹言不相关，言其不以位为乐。"把"与"解释为"相关"，那么全句就要翻译为："舜和禹不把天下当作自己的私产，也不以拥有天下为乐。”

何晏在《论语集解》中将“与”解释为：“美舜禹也，言己不与求天下而得之。”把“与”解释为“与求”，那么全句就要翻译为：“舜和禹得到天下，自己并没有去追求。”

笔者取第三种解释，因为本章是孔子对时事的感慨。当时社会混乱，政局动荡，弑君、篡位者屡见不鲜。孔子赞颂传说时代的舜、禹，表明对古时禅让制的认同，他借称颂舜、禹，抨击现实中的违礼越轨现象。

8・19

子曰：“大哉尧①之为君也！巍巍乎！唯天为大，唯尧则②之。荡荡③乎！民无能名④焉。巍巍乎！其有成功也。焕⑤乎！其有文章！”

【注释】

① 尧：中国古代传说中的圣君。

② 则：效法、为准。

③ 荡荡：广阔浩大。

④ 名：形容、称说、称赞。

⑤ 焕：光明，美好。

【译文】

孔子说：“真伟大啊！尧这样的君主。多么崇高啊！只有天最高大，只有尧能够效法天。尧的恩德多么广大啊！老百姓真不知道该用什么语言来称赞它。尧的功绩多么崇高！他制定的礼仪制度多么美好啊！”

【读记】

上章讲舜、禹，本章讲尧。尧是中国传说时代的圣君，本章称赞尧的伟大，具体表现在以下四个方面：一是崇高伟大，法天而行；二是民众无法用语言形容；三是建立卓越的丰功伟绩；四是创立美好的礼乐制度。

8·20

舜有臣五人[①]而天下治。武王曰："予有乱臣十人[②]。"孔子曰："才难，不其然乎？唐虞之际[③]，于斯[④]为盛。有妇人焉[⑤]，九人而已。三分天下有其二[⑥]，以服事殷。周之德，其可谓至德也已矣。"

【注释】

① 五人：据何晏《论语集解》，指禹、稷、契（xiè）、皋陶（yáo）、伯益五人。

② 乱臣：治天下的人才，治国之臣。

③ 唐虞之际：唐，尧在位时的国号。虞，舜在位时的国号。

④ 斯：指周武王时期。

⑤ 有妇人焉：指武王的乱臣十人中有武王之妻邑姜。

⑥ 三分天下有其二：传说当时天下分九州，文王得六州。

【译文】

舜有五位贤臣，就能治理好天下。周武王也说过："我有十个能治理天下的臣子。"孔子说："人才难得，难道不是这样吗？唐尧和虞舜之间到周武王时期，人才最兴盛。但十个大臣当中有一个是妇女，实际上只有九个人而已。周文王得了天下的三分之二，仍然侍奉殷朝。周朝的德，可以说是最高的了。"

【读记】

这几章描述的都是孔子最推崇的几个时期：尧、舜、禹及周初。此时，圣人在位，民心淳朴，礼乐体制确立，秩序稳定，争斗较少，是儒家的理想世界。其中的关键是，上有德配天地的圣人，下有治世的贤臣，所以孔子称赞他们。但这些理想世界是否真的有孔子认为的那样美好，值得怀疑，孔子为了推广自己的理想肯定对他们有些美化。

本章重点强调的是，人才在治理天下中的重要性。

8・21

子曰："禹，吾无间[①]然矣。菲[②]饮食而致[③]孝乎鬼神，恶衣服而致美乎黻冕[④]；卑[⑤]宫室而尽力乎沟洫[⑥]。禹，吾无间然矣。"

【注释】

① 间：空隙，此处指非议。

② 菲：菲薄，不丰厚。

③ 致：致力、努力。

④ 黻（fú）冕（miǎn）：祭祀时穿的礼服叫黻，戴的帽子叫冕。

⑤ 卑：低矮简陋。

⑥ 沟洫（xù）：洫，沟渠，指农田水利。

【译文】

孔子说："对禹，我没有什么可非议的了。他的饮食很简单，却尽力去孝敬鬼神；他平时衣服穿得很简朴，祭祀时却尽量穿得华美；他住的宫室很低矮，却致力于修治水利。对禹，我确实没有什么可挑剔的了。"

【读记】

本章深赞禹不顾自己而服务人民，服务国家，树立了一个薄己尽孝、薄己崇礼、薄己重民的圣王形象。这里特别提到祭祀时的庄重，因为"祭"一直是古代大事，它与维系本氏族、国家、人民的生存延续密切相关，看上去是个形式，实则是通过这种对祖先的祭祀仪典以团结、巩固本氏族群体。

《论语·子罕》第九

【题解】

本篇共31章，主要内容是论学，兼及道德思想。本篇名言有："出则事公卿，入则事父兄"，"后生可畏，焉知来者之不如今也"，"三军可夺帅也，匹夫不可夺志也"，"岁寒然后知松柏之后彫也"，"知者不惑，仁者不忧，勇者不惧"等。

9·1

子罕①言利，与②命，与仁。

【注释】

①罕：少。

②与：赞成、肯定。

【译文】

孔子很少谈到利益，赞成天命，赞成仁德。

【读记】

本章虽然文字简短，只有八个字，但却有多种断句法，解释的意思当然也有不同。其中何晏的《论语集解》、刘宝楠的《论语正义》、杨伯峻的《论语译注》、杨逢彬的《论语新注新译》的断句都是"子罕言利与命与仁。"而钱穆的《论语新解》、李泽厚的《论语今读》和孙钦善的《论语新注》的断句是"子罕言利，与命，与仁"笔者遵从钱、李、孙三位先生的断句，把"与"理解为动词，意思是"赞成"。

“子罕言利”，说明孔子对“利”的轻视，因为“利”易起争端。孔子也不是不言利，在《论语》中，我们也多处见到孔子谈“利”的问题，但基本上主张“先义后利”“重义轻利”，可以说孔子很少谈“利”。孔子讲“命”，常将“命”与“天”相连，即“天命”，这是孔子思想中的一个组成部分，他自述“五十而知天命”。“知天命”是君子与小人的重要区别之一，孔子在《论语》的最后一篇《尧曰》的最后一章说：“不知命，无以为君子也。”“仁”是孔子思想的核心，自然谈到的次数多。

9·2

达巷党人①曰：“大哉孔子！博学而无所成名②。”子闻之，谓门弟子曰：“吾何执？执御乎？执射乎？吾执御矣。”

【注释】

① 达巷党人：古代五百家为一党，达巷是党名。

② 博学而无所成名：学问渊博，但没有成名的专长。

【译文】

达巷党这个地方有人说：“孔子真伟大啊！他学问渊博，但没有成名的专长。”孔子听说了，对他的学生说：“我要专长于哪个方面呢？驾车呢？还是射箭呢？我还是驾车吧。”

【读记】

孔子是一个思想家、教育家，学问广博，并不只专注于某一个方面，也不想以某一特长成名。面对达巷人的求全责备，孔子有些感叹地说：“那我就专门驾车吧，当个最低级的专家吧。

9·3

子曰：“麻冕①，礼也；今也纯②，俭③，吾从众。拜下④，礼也；今拜乎上，泰⑤也。虽违众，吾从下。”

【注释】

① 麻冕：麻布做的礼帽。

② 纯：丝绸。

③ 俭：节俭，麻冕费工，用丝俭省。

④ 拜下：大臣面见君主前，先在堂下跪拜，再到堂上跪拜。

⑤ 泰：骄纵、傲慢。

【译文】

孔子说："用麻布制作礼帽，这是礼的规定；现在大家都用黑丝绸制作，这样比过去节省了，我赞成大家的做法。臣见国君先要在堂下跪拜，这也是礼的规定；现在大家都到堂上跪拜，这是骄纵的表现。虽然与大家的做法不一样，我还是主张先在堂下跪拜。"

【读记】

从本章看出，孔子对传统礼制有坚持的也有不坚持的。一般性的礼制可以变通，涉及原则性的、与内心情感直接相连的礼制必须坚持。比如，用比较节省的黑绸帽代替用麻织的帽子，这种形式之礼可以改变。但向君主跪拜涉及"君臣之礼"，是原则问题，不能改变。

9·4

子绝四：毋意①，毋必②，毋固③，毋我④。

【注释】

① 毋意：毋，不。意，同"臆"，猜想、猜疑。

② 必：必定，一定要怎么。

③ 固：固执己见。

④ 我：唯我，自以为是。

【译文】

孔子杜绝了四种弊病：不主观猜疑，不必定如此，不固执己见，不自以为是。

【读记】

本章提出的四大缺点，是多数人往往具有的，特别是到了一定地位、一定年龄、取得了一定成就之后，更容易犯这几种毛病，习惯于自我肯定，习惯于自以为是，习惯于坚持己见。要杜绝这些毛病很难，但孔子做到了，确实不容易。如果一个人做到了，那他的道德、修养就比较高了。

9 · 5

子畏于匡①，曰："文王②既没，文不在兹③乎？天之将丧斯文也，后死者④不得与⑤于斯文也；天之未丧斯文也，匡人其如予何⑥？"

【注释】

① 畏于匡：畏，同"围"，围困。匡，地名，在今河南省长垣县西南。

② 文王：周文王，姓姬名昌，西周开国之君周武王的父亲，是孔子认为的古代圣贤之一。

③ 文不在兹：文，周代的礼乐制度及文化。兹，这里，指孔子自身。

④ 后死者：孔子自称。

⑤ 与：同"举"，掌握。

⑥ 如予何：奈我何，把我怎么样。

【译文】

孔子被匡地的人所围困，他说："周文王死了以后，周代的礼乐文化不都保存在我身上吗？上天如果想要消灭这种文化，那我就不可能掌握这种文化了；上天如果不消灭这种文化，那么匡人又能把我怎么样呢？"

【读记】

公元前 496 年，孔子从卫国到陈国去经过匡地。匡人曾受到鲁国阳虎的掠夺和残杀，孔子的相貌与阳虎相像，匡人误以孔子就是阳虎，所以将他围困。孔子外出游说多次遭遇危险，有时候是有人有意要杀他，有时候是误伤。但每临危险，孔子总是很镇静，这种镇静并不是装出来的假镇静，而是内心有坚定的信念。他认为自己是周文化的继承者和传播者，肩负上天赋予的使命，一般人杀他不得，命不该绝，往往化险为夷。

“知命”是孔子一生虽然困顿但仍然积极进取的精神支柱。周礼的不能恢复，他自己的不得志，他都归之于天命，知其不可为。但他知命不认命，不是消极地听天由命，而是知其不可而为之，从不放弃主观努力，并将弘道行仁看作是上天赋予他的终生使命。正因肩负上天赋予的使命，孔子才有自信，才对想加害他的宋国司马桓魋发出“天生德于予，桓魋其如予何”的质疑，对围困他的匡人发出“天之未丧斯文也，匡人其如予何”的质疑。意思是，我的生死由上天决定，尔等其奈我何！

9·6

太宰①问于子贡曰：“夫子圣②者与？何其多能也？”子贡曰：“固天纵之将圣③，又多能也。”

子闻之，曰：“太宰知我乎？吾少也贱，故多能鄙事④。君子多乎哉？不多也。”

【注释】

①太宰：官名，掌握国君宫廷事务。

②圣：儒家认为的最高道德标准，在“仁”之上。

③天纵之将圣：纵，推动，赋予。将，大。

④鄙事：卑贱的事情。

【译文】

太宰问子贡说：“孔夫子是圣人一类的吧？为什么那样多才多艺呢？”子贡说：“这本是上天推动他成为大圣人，而且使他多才多艺。”

孔子听到后说：“太宰知道我吗？我小时穷困，所以学会了许多卑贱的技艺。君子会有这么多的技艺吗？不会多的。”

【读记】

作为孔子的学生，子贡经常力捧老师，认为自己的老师是天才，是上天赋予他多才多艺的，但孔子在这里否认了这一点。他说自己多才多艺是因为少年低贱，要谋生，就要多掌握一些技艺。后一句，孔子由谈论“圣”转到谈论“君子”，说明孔子并不承认自己是圣人，甚至君子也还够不上。

从本章看，孔子并不讳言自己的出身穷苦，坦陈自己“少也贱”，不像有些人，一旦成名，对自己的过去讳莫如深，或者编造拉扯有名的祖先和显赫的出身。同时，孔子也认为，多能与圣者没有必然关联，多能不一定是君子，更不一定是圣人。

9・7

牢①曰：“子云，‘吾不试②，故艺。’”

【注释】

① 牢：有人说是孔子学生，但《史记・仲尼弟子列传》中未见记载。

② 试：用，被任用做官。

【译文】

牢说：“孔子说过，‘我因为没有去做官，所以才学会许多技艺。’”

【读记】

这一章与上一章的内容相关联，有些《论语》注本甚至将这两处内容放在一章里。本章同样是在说明孔子“我非生而知之”的思想。他不认为自己是圣人，也不承认自己是天才，他说他的多才多艺是由于年轻时没有去做官，生活比较清贫，所以掌握了许多谋生技艺。如此看来，生活窘迫也不都是坏事，可以逼迫一个人为了生计不得不多学技艺。反之，有些人从小锦衣玉食，只会吃喝玩乐，身无所长，一旦家道中落，就只有流落社会，几乎无法生存。还有的人一心当官，专一琢磨人心，经营人与人之间的关系，其他什么本事也没有，一旦解职，什么都不会，只有失去权力、无人理睬后的牢骚和不满。

9・8

子曰："吾有知乎哉？无知也。有鄙夫①问于我，空空如也②。我叩③其两端④而竭⑤焉。"

【注释】

①鄙夫：无知浅陋的乡下人。

②空空如也：指孔子自己心中空空无知。

③叩：叩问、询问。

④两端：事物的两头，指正反、始终、上下方面。

⑤竭：尽，穷尽各方面。

【译文】

孔子说："我有知识吗？没有知识。有一个乡下人问我问题，我一点也不知道。我从问题的各个方面去分析研究，最终找到答案。"

【读记】

朱熹在《论语集注》中认为"吾有知乎哉？无知也"是"孔子谦言己无知识"，是孔子的谦虚。

笔者认为，这是孔子的内心话，也是孔子的一贯态度，他在《论语・述而》第20章中说"我非生而知之者"，他在《论语・为政》第17章中说："知之为知之，不知为不知，是知也。"孔子本人并不是高傲自大的人，并不认为自己什么都懂。

在本章里孔子还提出了一个分析问题、解决问题的基本方法，这就是"叩其两端而竭"，只要抓住问题的两端、正反、始终、本末，就能求得问题的解决办法。

9 · 9

子曰："凤鸟[①]不至，河不出图[②]，吾已[③]矣夫！"

【注释】

① 凤鸟：凤凰，古代传说中的一种神鸟。它的出现意味着圣王现世，传说在舜和周文王时代出现过。

② 河不出图：河，黄河。图，一种神秘的花纹，此处指八卦图。它的出现也意味着圣王现世，传说在上古伏羲氏时代，黄河中有龙马背负八卦图而出。

③ 已：完结。

【译文】

孔子说："凤凰不来了，黄河中也不出现八卦图了。我这一生恐怕就完了吧！"

【读记】

孔子为了恢复先王礼制而辛苦奔波了一生，希望出现太平盛世。到了晚年，他看到周礼的恢复、政治的清明似乎已经成为泡影，于是在绝望中发出了以上的叹息。

9 · 10

子见齐衰[①]者、冕衣裳者[②]与瞽[③]者，见之，虽少，必作[④]；过之，必趋[⑤]。

【注释】

① 齐（zī）衰（cuī）：古代丧服，用麻布制成。此处为动词，指穿丧服者。

② 冕衣裳者：冕，官帽；衣，上衣；裳，下服，此处用作动词，指穿官服者。

③ 瞽（gǔ）：盲。

④ 作：起立，表示敬意。

⑤ 趋：小步快走，表示敬意。

【译文】

孔子遇见穿丧服的人、当官的人和盲人时，即使他们年轻，也一定要站起来，经过他们面前时，一定要快步走过。

【读记】

孔子带头遵守礼制规定，从日常生活做起，他对三种人特别尊敬：一是家有丧事的人，二是做官的人，三是残疾人。

9·11

颜渊喟①然叹曰："仰之弥②高，钻③之弥坚。瞻④之在前，忽焉在后。夫子循循然善诱人⑤，博我以文，约我以礼，欲罢不能。即竭吾才，如有所立卓尔⑥，虽欲从之，末由⑦也已。"

【注释】

① 喟（kuì）：叹息声。

② 弥：更加，越发。

③ 钻：钻研。

④ 瞻（zhān）：视、看。

⑤ 循循然善诱人：循循然，有次序地。诱，劝导，引导。

⑥ 卓尔：高远。

⑦ 末由：末，无、没有。由，途径，路径。意思是没有路径遵循。

【译文】

颜渊感叹地说："老师的学问与道德，抬头仰望，越望越觉得高大；深入钻研，越钻研越觉得艰深。看着好像在前面，忽然又到了后面。老师善于一步一步地引导，用文献丰富我的知识，又用礼节约束我的言行，使我想停止都不可能。虽然充分发掘了我的才能，但仍然好像有一个高大的东西立在我前面，想要继续跟着前进，又不知如何走了。"

【读记】

颜渊的话是孔子学生对孔子作为老师的最高评价，有高山仰止的颂扬，有神龙见首不见尾的感叹，有循循善诱、博我、约我的称赞，有欲罢不能的如痴如醉，更有不可企及的崇拜。

孔子的道德学问并非高不可攀，正如钱穆在《论语新解》中所注："推孔子之道，虽极高深，若为不可几及，亦不过在人性情之间，动容之际，饮食起居交接应酬之务，君臣父子夫妇兄弟之常，出处去就辞受取舍，以至政事之设施，礼乐文章之讲贯。"其意指，孔子的道德学问虽然高深，但都体现在日常生活礼节之中。孔子学问的独特之处在于，在平易近人中自有其高深不及之处。

9·12

子疾病，子路使门人为臣①。病间②，曰："久矣哉，由之行诈也！无臣而为有臣。吾谁欺？欺天乎？且予与其死于臣之手也，无宁③死于二三子之手乎？且予纵不得大葬④，予死于道路乎？"

【注释】

① 为臣：臣，指家臣，总管。古代只有地位较高的人临死前才可以由家臣操办丧事，孔子当时不是大夫，没有家臣，子路叫门人充当负责孔子丧事的家臣。

② 病间：病情减轻或好转。

③ 无宁：宁可。

④ 大葬：指高规格的隆重葬礼。

【译文】

孔子患了重病，子路派了孔子的学生去做孔子的家臣，准备负责料理后事。后来，孔子的病减轻了一些，他说："仲由欺骗我好久了。没有家臣，却要装作有家臣，我骗谁呢？骗上天吗？而且，与其在家臣的侍候下死去，宁可在你们这些学生的侍候下死去。即使我不能办高规格的丧事，难道我会被丢在路边没人埋吗？”

【读记】

子路对孔子一向很忠诚，但性格急躁，心直口快，而且常常好心办坏事，挨孔子的骂，本章就是一例。

儒家对于葬礼十分重视，尤其重视葬礼的等级规定。对于死去的人，要严格地按照周礼的有关规定加以埋葬，不同等级的人有不同的安葬仪式，违反了这种规定，就是大逆不道。孔子虽然担任过大夫，但此时已经不是大夫了，所以，他反对学生们按大夫之礼为他办理丧事，是为了恪守周礼的规定，不准有半点超越。

刘宝楠在《论语正义》中说：“夫子愿死于弟子者，以弟子情益亲也。”在孔子看来，弟子比家臣要亲。这说明孔子不但是严守礼制，而且更重视亲情。

9·13

子贡曰：“有美玉于斯，韫椟①而藏诸？求善贾②而沽诸？”子曰：“沽③之哉！沽之哉！我待贾者也。”

【注释】

①韫（yùn）椟（dù）：韫，收藏。椟，木匣。

②善贾：贾，商人。善贾，识货的商人。

③沽：卖。

【译文】

子贡说：“这里有一块美玉，是把它放在柜子里藏起来呢？还是找一个识货的商人卖掉呢？”孔子说：“卖掉它吧！卖掉它吧！我正在等着买主呢。”

【读记】

本章用比喻反映了孔子求仕的心理，而且孔子求仕还有些急迫，说明孔子并不清高自持，也不视官场如粪土，只是没有找到合适的买主。“待贾而沽”

亦作“待价而沽”，也是后世的一个成语。孔子一方面四处游说，以宣传礼治天下为己任，期待着各国统治者能够实行他之道；另一方面，他也随时准备把自己推上治国理政之位，依靠政权的力量去推行礼。

但孔子毕竟是真正的读书人，与一般人不同的是，别人包括子贡等学生对仕途是“求”，是努力钻营，而他只是“待”，等买主上门，如姜子牙等周文王、诸葛亮等刘备。正如朱熹在《论语集注》中引范氏曰：“君子未尝不欲入仕也，又恶不由其道。士之待礼，犹玉之待贾也。若伊尹之耕于野，伯夷、太公之居于海滨，世无成汤、文王，则终焉而已。必不枉道以从人，衒玉以求售也。”这样的机会当然是很少的了，甚至可以说基本上没有机会，姜子牙、诸葛亮的故事毕竟有传说成分。

本章也反映了子贡的聪明之处，很会说话，不直接问孔子是否愿意出仕，而巧妙地用比喻试探。

9・14

子欲居九夷①。或曰：“陋②，如之何③？”子曰：“君子居之，何陋之有？”

【注释】

① 九夷：中国古时称东方落后部族为夷，共有九种。

② 陋：鄙陋、粗野、闭塞。

③ 如之何：怎么办？

【译文】

孔子想要搬到九夷去居住。有人说：“那里非常落后简陋，怎么能住呢？”孔子说：“有君子去住，就不落后简陋了。”

【读记】

在古代，中原地区的人把居住在东面的人们称为夷人，认为那些地方闭塞、落后、简陋，当地人也愚昧不开化。孔子在回答某人的问题时说，只要有君子去这些地方住，传播文化知识，开化人们的愚蒙，那么这些地方就不会闭塞落后了。在这里孔子也可能有些牢骚愤慨情绪，意思是说中原地区礼崩乐坏，竟然不能接受他的观点，还不如到落后地区推行。

9·15

子曰：“吾自卫反鲁①，然后乐正②，《雅》《颂》③各得其所。”

【注释】

① 自卫反鲁：鲁哀公十一年（前484年）冬，68岁的孔子从卫国返回鲁国，结束了14年游历不定的生活。

② 乐正：整理音乐，使其归于正轨。

③《雅》《颂》：既是《诗经》的篇名，也是乐曲的篇名。

【译文】

孔子说：“我从卫国返回到鲁国以后，把音乐整理出来，归于正轨，雅乐和颂乐都各自归到适当位置。”

【读记】

孔子周游列国推销他的治国理政之道失败后，没有像他说过的“乘桴浮于海”，也没有“居九夷”，而是回到鲁国，一心从事教育，同时开始“删诗书、正礼乐”工作，让过去比较混乱的《雅》《颂》等诗歌、音乐各归其适当的位置，延续了周公的事业，维护了传统的礼制。

9·16

子曰：“出则事公卿，入则事父兄，丧事不敢不勉，不为酒困，何有于我哉？”

【译文】

孔子说：“在外侍奉公卿，在家孝敬父兄，有丧事不敢不尽礼，不被酒所困扰，这些事对我来说有什么困难呢？”

【读记】

“出则事公卿”，是为国尽忠；“入则事父兄”，是为长辈尽孝。忠与孝是孔子特别强调的两个道德规范。它是对所有人的要求，而孔子本人就是这方面的身体力行者。在这里，孔子说自己已经基本上做到了这几点。

“不为酒困”是指不要酗酒，注意节制。中国自古有制酒传统，中国人自古就有喝酒的习惯。但酗酒毕竟乱人心智，人喝酒过量容易失态、失德，容易误事。所以，孔子提出，喝酒要注意节制，不要被其所困，不要因酒乱性。

最后一句“何有于我哉？”有的注本译为：“这些事我做到了哪些呢？”由自述变成了自谦，也可以说得通。

9·17

子在川上曰：“逝者如斯夫！不舍①昼夜。”

【注释】

① 舍：舍弃、放弃。

【译文】

孔子在河边说：“消逝的时光就像这河水一样啊，昼夜不停地向前流去。”

【读记】

多数注本认为本章并没有多大的深意，就是对时光流逝的感叹。但李泽厚在《论语今读》中却认为此句是《论语》中最重要的一句哲学话语，且对之进行了篇幅很长的阐述，有心者可以参阅。其要点有三：一是儒家强调“动”的表现。二是认为这是一种人的内在时间、情感时间，并非外在的时间。三是感叹人生无常、人生虚无，而唯有情感是真，是“有”。

笔者认为本章寓意是，一切都如流水不可复返，但也不能任其流逝而徒生感叹，而应自强不息，把握好当下，以人之努力定格住时间。同时，本章可能还有孔子对周礼一去不复返的感叹。

9·18

子曰："吾未见好德如好色者也。"

【译文】

孔子说："我没有见过喜欢道德如同喜欢美色的人。"

【读记】

"好色"有两解，一种是喜好美色，一种是装出容貌端庄的样子。笔者以为第一种较为贴切，好色出于人的本性，是发自内心，是真心喜爱。而好德多是外在要求，未必出自真心，往往还要压抑本性。所以，孔子说好德不如好色。

司马迁在《史记·孔子世家》中把这句话的背景放在孔子在卫国的时期，孔子因卫灵公看重美丽的夫人南子而冷落自己，所以有此感叹。有学者因此认为，这句话孔子是针对统治者而言的。

9·19

子曰："譬如为山，未成一篑①，止，吾止也。譬如平地，虽覆一篑，进，吾往也。"

【注释】

①篑（kuì）：土筐。

【译文】

孔子说："比如堆土成山，还差一筐土没有完成，就停止了，那是我自己停止的。又比如用土平地，虽然只倒下一筐土，如果继续平下去就会完成，那是我自己坚持的。"

【读记】

孔子在这里用堆土成山和用土平地作比喻，说明功亏一篑和持之以恒的关键都取决于自己。有的人眼看就要成功了，却在将要成功的时候放弃了最后一步，前功尽弃；有的人走出了第一步，就继续努力走下去，最终获得成功。

孔子强调无论在学问还是道德上，都应该坚持不懈，持之以恒，而这一切的关键在自己。

9·20

子曰："语之而不惰者，其回也与！"

【译文】

孔子说："对他讲授知识，他能做到不懈怠的，大概只有颜回一个人吧！"

【读记】

本章承接上章仍然讲"坚持"。颜回能坚持听孔子谈话，越听越有劲。颜回能听进去孔子的讲课，不仅是靠意志，还与他聪明机敏能领悟孔子之道有关。如果一个人对所谈内容一窍不通，是不可能坚持不怠的。这也反映出颜回不愧是孔子第一高徒。

当然，这也与孔子讲的内容有趣、深刻有关，如果讲的内容味同嚼蜡，学生也难以坚持听下去。

9·21

子谓颜渊曰："惜乎！吾见其进也，未见其止也。"

【译文】

孔子谈到颜渊时说："可惜他死了呀！我只见他不断前进，从来没有看见他停止过。"

【读记】

本章仍然是赞扬颜回，对这样优秀的学生天不假年感到惋惜。有的学者认为，颜回一门心思苦读，生活简单（"一箪食、一瓢饮""居陋巷"），不好好照顾自己的身体，所以才早夭了。

9·22

子曰："苗而不秀[①]者有矣夫！秀而不实者有矣夫！"

【注释】

① 秀：稻、麦等庄稼吐穗扬花叫秀。

【译文】

孔子说：“庄稼出了苗而不能吐穗扬花，这样的情况有的吧！吐穗扬花而不结果实，这样的情况也有的吧。”

【读记】

这是孔子以庄稼的生长、开花、结果来比喻一个人的人生、学问。有的人基础很好，但不爱学习；有的人爱好学习，但不能坚持下去；有的人有一点小成就就沾沾自喜。他们最终没有成就或者达不到应该取得的成就，只能像庄稼的“苗”和“秀”，没有“实”，空耗一生。

有的《论语》注本认为，本章还是承接上章，孔子仍是在叹颜回的早夭。笔者以为，一个人要取得成就，既与努不努力有关，而且这是前提，同时，也与生命长度有关，生命太短暂，就来不及“实”。流星虽然也要发光，但毕竟太短暂。

9·23

子曰：“后生可畏，焉知来者之不如今也？四十、五十而无闻焉，斯亦不足畏也已。”

【译文】

孔子说：“年轻人是值得敬畏的，怎么就知道后来的人不如今天的人呢？如果一个人到了四五十岁时还没有明白道理，那他就不值得敬畏的了。”

【读记】

本章讲的是“青出于蓝而胜于蓝”和“长江后浪推前浪，一代更比一代强”的道理。社会在发展，人类在前进，后代一定会超过前人，这是今胜于昔、未胜于今的唯物进化观，说明孔子并不一味守旧。

“后生可畏”在后世成为一个成语，但也不是凡是年轻人都值得敬畏、都胜过年长的人。“可畏”的前提是，他们有时间优势，可以努力赶超前人。正如朱熹所说：“年富力强，足以积学而有待，其势可畏。”但如果他们不努力，混到四五十岁还不明白道理，也就不值得敬畏了。

“无闻”有两解，一说不“闻道”，不明白道理；一说没有名望。笔者取第一种解释。

9·24

子曰：“法语之言①，能无从乎？改之为贵。巽与之言②，能无说③乎？绎④之为贵。说而不绎，从而不改，吾末⑤如之何也已矣。”

【注释】

① 法语之言：法，严正。语，告诉。全句指严正规劝的话。

② 巽与之言：巽，恭顺，谦逊。与，称许，赞许。全句指恭顺赞许的话。

③ 说（yuè）：同“悦”。

④ 绎：原义为“抽丝”，这里指推究，分析。

⑤ 末：没有。

【译文】

孔子说：“严正规劝的话，能不听从吗？但只有按照它来改正错误才可贵。恭顺赞许的话，听了能不高兴吗？但只有认真分析它的真正意思才可贵。盲目高兴，不加分析，表面听从，实际不改，我拿这种人实在是没有办法了。”

【读记】

本章讲两方面内容。一方面是说那些中规中矩的规劝之言，大多数人都会听从，即使心理不同意，也不好反对，但关键是要对照规则来改正自己的错误；另一方面是说那些赞美自己的好话，大多数人听到都很高兴，但关键是要分析这些话到底是什么意思。如果一个人对别人的规劝只是表面听从，而不实际遵从改正，对于好听的话，不认真分析是否真假，这样的人真是不可救药了。

9·25

子曰："主忠信，毋友不如己者，过则勿惮改。"①

【注释】

① 本章重出，见《论语·学而》1·8。

【读记】

为什么会重出，钱穆在《论语新解》中将之解释为："圣人随机立教，一事时或再言，弟子重师训，故复书而存之。"也就是说，孔子讲课随意，有些话可能讲第二次，学生们尊重老师，所以又再记下来。

9·26

子曰："三军① 可夺帅也，匹夫② 不可夺志也。"

【注释】

① 三军：古代诸侯大国有中军、上军、下军三军，此处通称军队。

② 匹夫：平民中的男子，也泛指平民百姓。

【译文】

孔子说："军队的主帅可以被夺走，一个人的意志和理想却不可能被强迫改变。"

【读记】

本章是孔子对道德人格的崇高表达，对志向、理想的高度重视。对于一个人来讲，他应有独立的人格，任何人都不能侵犯；他应维护自己的尊严，不受任何威胁利诱，始终保持自己的志向、意志。后世许多志向高远、人格崇高的志士仁人常以此句自勉，说话行事自然有一股凛然不可冒犯之气。这也是孔子对中华民族人格塑造的巨大贡献，中华民族的人格塑造似乎并没有系统的著作，就是体现在一句句只言片语中，孟子讲的"我善养吾浩然之气"也是此类。

本章再次显示出儒家刚强至坚的一面，它是一种精神抵抗，即使孤身一人，即使没有任何依赖和外援，也绝不向强权低头。

9·27

子曰："衣①敝缊袍②，与衣狐貉③者立而不耻者，其由也与？'不忮不求④，何用不臧？'"子路终身诵之。子曰："是道也，何足以臧？"

【注释】

① 衣：穿，当动词用。

② 敝缊（yùn）袍：敝，破旧。缊，旧絮。指破旧的丝绵袍。

③ 狐貉：用狐和貉的皮做的皮衣。

④ 不忮（zhì）不求，何用不臧：这两句见《诗经·邶风·雄雉》。忮，嫉妒。臧，善，好。

【译文】

孔子说："穿着破旧的丝棉袍子，与穿着狐貉皮袍的人站在一起，而不觉得可耻，大概只有仲由吧。《诗经》上说：'不嫉妒，不贪求，哪能不好呢？'"子路听后，反复背诵这句诗。孔子又说："这虽然是一种做人的道理，但只做到这样，又怎么好得起来呢？"

【读记】

这一章记述了孔子对他的弟子子路先夸奖后批评的两段话。他赞成子路不追求物质享受的品质，但当子路以孔子的赞扬沾沾自喜时，他又对子路提出批评，希望子路不要满足于目前已经达到的水平，要有更高更远的志向，成就一番大事业。子路往往经不起表扬，孔子一表扬他就沾沾自喜，所以，往往被孔子先扬后抑。但这也说明子路是一个性情中人，不能做到喜怒不形于色。

为什么子路会穿着破旧的衣服？这是子路的性格决定的。在《论语·公冶长》中，当孔子问学生各自的理想时，子路就说了："愿车马衣轻裘与朋友共敝之而无憾。"这是子路的性格，有好处与朋友一起享受，即使搞得只穿破衣服也无所谓。

9·28

子曰："岁寒，然后知松柏之后凋也。"

【译文】

孔子说："到了寒冷季节，才知道松柏是最后凋零落叶的。"

【读记】

本章也是用的比喻，只有到了寒冷季节，才知道什么树最后凋零或者不凋零，只有到了危急紧要关头才知道谁对国家忠诚，谁对事业负责，谁对人真诚。环境考验一切，事实检验一切。

"后凋"一词，李泽厚在《论语今读》中将"后"解释为"不"，翻译成"不凋谢"。李光地在《论语札记》中将之解释为："旧业未谢而新枝已继。"钱穆在《论语新解》中将之解释为："然松柏亦非不凋，但其凋在后，旧叶未谢，新叶已萌，虽凋若不凋。"即，松柏也不是不凋零不落叶，只是它能坚持抵抗到最后，直至新叶开始长出，旧叶才开始凋落，新旧交替，看上去就像不凋落。笔者认为李光地、钱穆之说更符合自然规律，也更能比喻人在危急关头的坚守，并非事物本身不凋、人本身不惧，是意志在支撑、在抵抗。

9·29

子曰："知者不惑，仁者不忧，勇者不惧。"

【译文】

孔子说："聪明的人不迷惑，有仁德的人不忧愁，勇敢的人不畏惧。"

【读记】

"智、仁、勇"是儒家道德中重要的三个范畴，《中庸》称"天下之达德也"。孔子希望自己的学生能具备这三项美德，成为真正的君子。

本章字面意思好解，但"智、仁、勇"的内涵却十分丰富。

不惑，就是不糊涂、明白事理。怎么样才能不惑呢？最要紧的是要有正确的判断力。想要养成正确的判断力关键在两点：第一，要有相当的常识；第二，还要专业的职业、专业的知识。每一门职业不是突然开始的，都是前面许多人已经做过，他们积累了无数经验，发现许多原理、原则，形成了专门的知识。一个人有了常识和专门的知识，并运用来处理人和事，就是一个智者了，自然就会不惑。

不忧，就是不担心、不忧虑。一般人忧虑什么呢？主要是两点：一忧名利，二忧生死。其实，再大的名也会被历史长河冲淡，再多的利活着时享受不了多少，死时更是一点也带不走，忧之何用？生死更非人所能控制，更不必忧。但是，一般人是想不到、看不透的，想到了看透了也做不到，只有那些大智大慧的仁人才能想到、看透、做到。当然，他们也有“忧”，只不过，他们忧的是不是名利与生死，而是天下，是“道之不行”。

不惧，就是不害怕，坚强。怎么样才能不惧呢？要勇，勇不是盲目自信的匹夫之勇，不是外强中干的虚假之勇，不是欺负弱小的逞暴之勇。真正的勇者，第一，要有力量，要有对付邪恶的力量，包括个人、集体、国家的力量。第二，心地要光明，一切行为可以公开。第三，不做亏心事，不做对不起国家、社会和他人的事。

9·30

子曰：“可与共学，未可与适道①；可与适道，未可与立②；可与立，未可与权③。”

【注释】

① 适道：适，至，达到。

② 立：坚守道，遵道而行。

③ 权：本指秤锤，引申为权衡变通。

【译文】

孔子说：“可以一起学习的人，未必能达到道；可以一起达到道的人，未必都能够坚守道；可以一起坚守道的人，未必都能够通达权变。”

【读记】

本章讲学习的四个阶段：一起学习道、掌握道、坚守道、用道。“经”与“权”即原则性与灵活性的问题，这既是人生的一个大问题，也是孔子及儒学关注的一个大问题，掌握二者的实质及关系，就掌握了做人的艺术、处世的艺术、领导的艺术。

孔子虽然强调原则，但并不是一个只讲究呆板原则的人，他也讲究“权”，讲究灵活。不像有些宋儒否认“权”，认为“权”就是“经”，空谈理性原则，死守教条，不识生活权变，迂腐无能。

当然，更不能否认“经”，以为“权”就是“经”。不能只重权变，只顾利害，只讲灵活，不顾原则，不问对错，无所不为。那就成了功利家、阴谋家、权术家了。

9·31

“唐棣之华①，偏其反而②。岂不尔思，室是远而③。”子曰：“未之思也，夫何远之有？”

【注释】

① 唐棣之华：唐棣，一种蔷薇科植物。华，同“花”。

② 偏其反而：偏，同“翩”，摇动。反，同“翻”。

③ 室是远而：只是住的地方太远了。

【译文】

古代有一首诗这样写道：“唐棣的花朵啊，翩翩地摇动。我怎么不想念你呢？只是家住的地方太远了。”孔子说：“没有真的想念，如果真的想念，有什么遥远呢？”

【读记】

本章刘宝楠的《论语集释》、李泽厚的《论语今读》都称难解，其意难明，有的注本干脆称本章“无解”“皆莫能明”。

其实，如果不过分探求唐棣之花及其动作的象征意义，从大处看还是可解的。孔子从解读这几句诗中得出结论，任何事情主要不是客观上距离远不可及，主要是主观上努力不够，学习如此，求道如此，思贤如此，爱人如此，其他事物也都如此。

“未之思也，夫何远之有？”这句话还有另一层意思，你真正想它，你就会想方设法去见它，再远也不会觉得远，再远也会抵达，也就不远了。唐代诗人王勃的诗句“海内存知己，天涯若比邻”说的也就是这个意思。用孔子另外的话就是“我欲仁，斯仁至矣”。

《论语·乡党》第十

【题解】

何晏《论语集解》认为本篇是一章，不同的注本分的章数不同，本书依杨伯峻《论语译注》分为27章。通篇没有对话，全是叙述，集中记载了孔子的容色言动、衣食住行，实际上就是在讲一个君子吃饭穿衣、坐卧行走、言谈举止怎么才符合礼仪。本篇中记载了许多孔子的日常生活，有助于我们全面了解孔子、研究孔子。只是本篇记载的内容离我们现在太远，比较枯燥，难点较多，阅读需要耐心。

10·1

孔子于乡党，恂恂如也①，似不能言者。

其在宗庙朝廷，便便②言，唯谨尔。

【注释】

①恂恂（xùxù）如也：恂恂，温顺恭谨。如也，像这样，的样子。

②便便：辩，善于辞令。

【译文】

孔子在老乡中间，温顺恭谨，像是不会说话的样子。

他在宗庙里、朝廷上，却善于言辞，只是说得比较谨慎而已。

【读记】

孔子在老乡中间不爱说话，不是不会说话，也不是口才不好，是因为他一向讨厌花言巧语，主张“讷于言敏于行”。他在宗庙、朝廷等该说话的时候就显出他的口才，但也讲究分寸，态度谨慎，他不是那种放言无忌之人，不是那种为展示口才而说话的人。

10·2

朝，与下大夫言，侃侃[①]如也；与上大夫言，訚訚[②]如也。君在，踧踖[③]如也，与与[④]如也。

【注释】

① 侃侃：说话直率畅快。

② 訚訚（yínyín）：正直，温和正直。

③ 踧（cù）踖（jí）：恭敬而不安。

④ 与与：小心谨慎、庄重。

【译文】

孔子上朝，国君还没有到来之前，同下大夫说话，直率畅快；同上大夫说话，温和正直；国君已经来了，恭敬而又有些拘谨不安，但又仪态庄重，不失风度。

【读记】

本章再次说明孔子说话很注意场合，注意态度，注意分寸。特别是在国君面前很恭敬，同时，又因为担心做不好而有些局促拘谨，体现了孔子对国君的敬畏。

10·3

君召使摈[①]，色勃如也[②]；足躩[③]如也。揖所与立，左右手，衣前后，襜[④]如也。趋进，翼如也[⑤]。宾退，必复命曰："宾不顾矣。"

【注释】

① 摈（bìn）：动词，负责招待宾客的官员。

② 色勃如也：脸色立即庄重起来。

③ 足躩（jué）：躩，脚步快、振作，不作闲散状。

④ 襜（chān）：整齐。

⑤ 翼如也：如鸟儿展翅一样端正。

【译文】

国君召孔子去接待外国的宾客，孔子脸色立即庄重起来，脚步也正起来、快起来。他向站在一起的人拱手作揖，手向左右作揖，衣服前后摆动，整齐不乱。快步走的时候，像鸟儿展开双翅一样端正。宾客走后，必定向君主回报说："客人已经不回头张望了。"

【读记】

本章叙述的是孔子接见外宾时的礼节，庄重大方，礼貌周到，不能怠慢。"宾不顾矣。"送客人时，主客双方频频打招呼，双方依依不舍，主人要等客人走远，不再回头时才回来，这是礼节，直到现在也还适用。

10·4

入公门，鞠躬①如也，如不容。立不中门，行不履阈②。过位，色勃如也，足躩如也，其言似不足者。摄齐③升堂，鞠躬如也，屏气似不息者。出，降一等④，逞⑤颜色，怡怡如也。没阶⑥，趋进，翼如也。复其位，踧踖如也。

【注释】

① 鞠躬：谨慎恭敬。

② 履阈（yù）：阈，门槛，脚踩门槛。

③ 摄齐（zī）：摄，提起。齐，长衣服的下摆。

④ 降一等：等，台阶的级。从台阶上走下一级。

⑤ 逞：舒展开，松口气。

⑥ 没阶：没，尽。走完台阶。

【译文】

孔子走进朝廷的大门，缩着身体，谨慎而恭敬的样子，好像没有他的容身之地。站，不站在门的中间；走，不踩门槛。经过国君的座位，脸色庄重，脚步加快，说话小声，好像中气不足一样。提起衣服下摆向堂上走的时候，恭敬谨慎，憋住气好像不呼吸一样。退出来，走下台阶，脸色便舒展开了，怡然自得。走完了台阶，快快地向前走几步，像鸟儿展翅。回到自己原来站的位置，显出恭敬而不安的样子。

【读记】

本章描述孔子上朝时的仪容，说话、走路、神色都恭敬有礼。

10 · 5

执圭①，鞠躬如也，如不胜②。上如揖，下如授。勃如战色③，足蹜蹜④如有循⑤。享礼⑤，有容色。私觌⑥，愉愉如也。

【注释】

① 圭：玉器，古代举行隆重仪式所用的礼器，也是使者出使他国时使用的代表君主的信物。

② 如不胜：好像拿不起，不是重得拿不起，是表示敬慎。

③ 战色：战战兢兢的样子。

④ 蹜蹜：小步快走。

⑤ 如有循：循，沿着。好像沿着一条直线前进。

⑤ 享礼：享，献上。向对方献上礼物的仪式。

⑥ 觌（dí）：会见。

【译文】

孔子出使别国时，拿着信物，恭敬谨慎，像是举不起来的样子。向上举时好像在作揖，放在下面时好像是给人递东西。脸色庄重，战战兢兢，小步前进，好像沿着一条直线往前走。赠送礼物时，和颜悦色。私下会见外宾时，轻松愉快。

【读记】

本章描述孔子作为国君使者出使外国的仪容。有的注本认为，孔子没有担任过外国使节，所以本章讲的不是真实状况的描述，可能是讲孔子认为应当如此，而不是实际如此。

以上五章，集中记载了孔子在不同的场合，面对不同的人表现出来的不同的言谈举止。在家乡时给人的印象是谦逊、和善的老实人；在朝廷上，态度恭敬而有威仪，不卑不亢，敢于讲话；在国君面前温和恭顺，局促不安，庄重严肃又诚惶诚恐；接待外宾慎重有礼；出使他国严守礼仪规定，恭敬欢乐有度。

但总体上让人感觉这些礼仪过于烦琐，执行起来不容易。且孔子面对国君过于谨小慎微，过于庄重恭顺，甚至有些卑躬屈膝。难怪有些年轻人看了孔子这些言行有些讨厌他。

当然，孔子的有些态度是值得肯定的。比如，他在老乡之间态度谦虚恭顺，很少说话，甚至让人觉得他不会说话。这与很多人相反，很多人媚上欺下，在老乡亲友面前滔滔不绝，炫耀自己，在领导面前战战兢兢，大气都不敢出。

10·6

君子不以绀緅饰①，红紫不以为亵服②。

当暑，袗絺绤③，必表而出之④。

缁衣，羔裘；素衣，麑裘；黄衣，狐裘⑤。

亵裘长，短右袂⑥。必有寝衣⑦，长一身有半。

狐貉之厚以居⑧。

去丧，无所不佩。

非帷裳，必杀之⑨。

羔裘玄冠不以吊⑩。

吉月⑪，必朝服而朝。

【注释】

① 不以绀（gàn）緅（zōu）饰：绀，带红的黑色，深青带红，斋戒时服装的颜色。緅，也是带红的黑色，黑中透红，比绀更暗，丧服的颜色。绀緅都是礼服的颜色，不用来给平常穿的衣服镶边。

② 红紫不以为亵服：亵服，平时在家里穿的衣服。古人认为，红、紫是比较贵重的颜色，用于比较正式场合穿的衣服。

③ 袗（zhěn）絺（chī）绤（xì）：袗，单衣。絺，细葛布。绤，粗葛布。穿粗的或细的葛布单衣。

④ 必表而出之：表，外衣。一定加件外衣才出门。

⑤ 缁衣，羔裘；素衣，麑（ní）裘；黄衣，狐裘：缁，黑色。衣，反毛裘外的罩衣。羔裘，黑色羊毛裘。麑，小鹿，毛白色。

⑥ 短右袂（mèi）：袂，衣袖。右袖短一点，便于做事。

⑦ 寝衣：被子。

⑧ 狐貉之厚以居：狐貉之厚，厚毛的狐貉皮。居，坐褥。

⑨ 非帷裳，必杀（shài）之：帷裳，上朝和祭祀时穿的礼服，用整幅布制作，不加以裁剪，多余的布作褶叠缝上。杀，裁。必杀之：一定要裁去多余的布。

⑩ 羔裘玄冠不以吊：羔裘玄冠，黑色皮礼帽。不以吊，不用于丧事。

⑪ 吉月：每月初一。

【译文】

君子不用深青带红或黑中透红的布给平常穿的衣服镶边，不用红色或紫色的布做平常在家穿的衣服。

夏天穿粗的或细的葛布单衣，一定加件外衣才出门。

黑衣配羊皮袍，白衣配鹿皮袍，黄衣配狐皮袍。

平常在家穿的皮袍长一些，右袖短一些。睡觉一定要有被子，要有人身长的一又二分之一。

用厚毛的狐貉皮做坐褥。

丧礼完成以后，什么饰品都可以佩带。

如果不是上朝和祭祀穿的礼服，一定要加以剪裁。

不穿羔羊皮袍、不戴黑色帽子去吊丧。

每月初一，一定穿着朝服上朝。

【读记】

上几章记孔子容貌举止，本章主要讲古代穿衣服的礼制，不同场合所穿衣服的颜色、样式、长短是不同的。比如，白色表示吊丧，红、紫表示贵重，不能随便乱用。这也是礼制的特点，讲究等级，讲究上下左右，讲究尊卑贵贱，规定很细，连色彩都有严格规定。这些规定涉及各种公私领域。

10·7

齐①，必有明衣②，布。

齐必变食③，居必迁坐④。

【注释】

①齐：同“斋”。

②明衣：斋前沐浴后穿的干净内衣。

③变食：改变平常的饮食，指不饮酒，不吃葱、蒜等有刺激味的东西。

④居必迁坐：迁坐，改变卧室，指从内室迁到外室居住，不和妻妾同房。

【译文】

斋戒沐浴的时候，一定要有浴衣，用布做的。

斋戒的时候，一定要改变平常的饮食，居住也一定搬移地方，不和妻妾同房。

【读记】

本章讲斋戒的礼节，一定要洗澡，一定要有浴衣，浴衣一定要布做的，一定要吃素，一定不能与妻同房。总之，要节制平时的享受与快乐，表示崇敬、畏惧。

10·8

食不厌精，脍不厌细[①]。

食饐而餲[②]，鱼馁而肉败[③]，不食。色恶，不食。臭恶，不食。失饪[④]，不食。不时[⑤]，不食。割不正[⑥]，不食。不得其酱，不食。

肉虽多，不使胜食气[⑦]。

唯酒无量，不及乱[⑧]。

沽酒市脯[⑨]，不食。

不撤姜食，不多食。

【注释】

① 食不厌精，脍（kuài）不厌细：厌，满足。精，精米。脍，切细的鱼、肉。

② 食饐（yì）而餲（ài）：饐，陈旧，食物放置时间长。餲，变味。

③ 鱼馁（něi）而肉败：馁，鱼腐烂。败，肉腐烂。

④ 失饪：饪，烹调制作饭菜。烹调时火候掌握不好。

⑤ 时：吃饭时间。

⑥ 割不正：肉切得不方正。

⑦ 不使胜食气：气，同“饩（xì）”，即粮食。胜，超过。古人认为吃肉不能超过粮食。

⑧不及乱：乱，指酒醉。不到酒醉时。

⑨脯（fǔ）：熟肉干。

【译文】

饭食不因舂得精就多吃，鱼和肉不因切得细就多吃。

饭食放久变味了，鱼肉腐烂了，不吃。食物变颜色了，不吃。气味难闻，不吃。烹调火候不当，不吃。不到吃饭时间，不吃。肉切得不方正，不吃。

没有一定的佐料，不吃。

·席上的肉虽多，但吃的量不超过饭食。

只有酒没有固定用量，但不喝醉。

隔夜酒和从市上买来的肉干，不吃。

餐后不撤姜，但不多吃。

10·9

祭于公，不宿肉①，祭肉②不出三日。出三日，不食之矣。

【注释】

①不宿肉：不使肉过夜。古代大夫有助君祭祀之礼，参加国君祭祀以后，可以得到国君赏赐的祭肉。但祭祀活动一般要持续二三天，所以这些肉就已经不新鲜，不能再过夜了。

②祭肉：自家祭祀用的肉。

【译文】

参加国君祭祀分得的祭肉，不能留到第二天。自家祭祀用过的肉留存不超过三天。超过三天，就不吃了。

10·10

食不语，寝不言。

【译文】

吃饭时不交谈，睡觉时不说话。

10·11

虽疏食、菜羹、瓜祭①，必齐②如也。

【注释】

①疏食、菜羹、瓜祭：指吃粗粮、喝菜汤、吃瓜时的祭祀。古人在吃饭前，

把席上各种食品分出少许祭祖。

②齐：同“斋”。

【译文】

即使是吃粗粮、喝菜汤、吃瓜时的祭祀，也要像斋戒时那样严肃恭敬。

【读记】

前几章讲穿衣，记述了孔子的衣着习惯。这几章讲吃，记述孔子的饮食习惯，也是比较烦琐，总体上是讲究规范、节俭、养生。从中可以看出，孔子讲究礼制规矩，讲究卫生，讲究健康，反对暴饮暴食。这些都很有道理，有的习惯甚至放到今天也是有道理的。但有的规定恐怕很难做到，比如“食不语、寝不言”，就让人有些压抑、难受，睡觉不说话可以，一家人吃饭不说话可以，但如果是请别人吃饭，不说话怎么做得到呢？再如，肉菜腐烂了是不能吃，但切割的方法不对也不吃就难以理解了。古时候这些礼制之所以难以流传，恐怕也与有些规定太刻板烦琐、难以执行有关。

“食不厌精，脍不厌细”一句，杨伯峻在《论语译注》中译为：“粮食不嫌舂得精，鱼和肉不嫌切得细。”虽也说得通，但与孔子一贯主张的粗茶淡饭相违背，《论语》其他地方也讲到“饭疏食饮水”“一箪食，一瓢饮”等，说明孔子崇尚简朴。所以，笔者不从杨注。

李泽厚在《论语今读》中认为“唯酒无量不及乱”一句最重要，反映中国人的传统特征，能够自我控制，不放纵，以微醺为最高境界，喝酒的人不少，喝醉的人也不少，但街头醉汉不多，酗酒闹事不多。可备一说。

“虽疏食、菜羹、瓜祭，必齐如也。”说明孔子的祭拜是出于内心的虔诚，任何情况下都坚持。

10·12

席不正，不坐。

【译文】

席子放得不端正，不坐。

【读记】

古代没有椅子和桌子，都坐在铺于地面的席子上。“席不正”指的是席子摆放不符合礼制规定。本章再次说明，孔子讲的礼制并不空洞，个中细节都体现在日常生活之中，包括前面讲的容貌、衣着、饮食等。

钱穆在《论语新解》中认为此句是孤句，意思与前后不接，怀疑放错了。其实，这可能就是《论语》的特点，孔子随意讲，学生随意记，形散而神不散，有时需要读者自己去梳理、归纳。如果说是孤句，这样的孤句《论语》中随处可见。

10·13

乡人饮酒①，杖者②出，斯出矣。

【注释】

①乡人饮酒：指当时的乡饮酒礼。

②杖者：拿拐杖的人，指年长者。

【译文】

举行乡饮酒的礼仪结束后，要等年长者出去了，自己才出去。

【读记】

本章记述的是孔子在乡里参加饮酒会的礼节：尊重老人。

10·14

乡人傩①，朝服而立于阼阶②。

【注释】

①傩（nuó）：古人迎神驱鬼的一种仪式。

②阼（zuò）阶：阼，东面的台阶，主人站在此处迎客。

【译文】

乡里人举行迎神驱鬼的仪式时，孔子穿着礼服站在东边的台阶上。

【读记】

孔子虽然不相信鬼神，但仍然尊重敬鬼神的仪式。

10 · 15

问人[1]于他邦，再拜而送之[2]。

【注释】

① 问人：派使者到别国问候人，古人在问候时往往要送礼物。

② 再拜而送之：在送别客人时，两次拜别。

【译文】

托人向在其他诸侯国的朋友问候送礼，向受托者拜两次送行。

【读记】

本章讲孔子请托事情时对被托人的尊重。

10 · 16

康子[1]馈药，拜而受之。曰："丘未达[2]，不敢尝。"

【注释】

① 康子：即季康子，见 2 · 20 注。

② 达：知晓、了解。

【译文】

季康子给孔子赠送药品，孔子拜谢之后接受了，说："我对药性不了解，不敢试服。"

【读记】

"拜而受之"，说明孔子真心感谢别人的关心馈赠。"不敢尝"，孔子不了解药性是否适合自己，说明孔子不盲目相信别人，必须要自己亲身实践才相信。这既显示了礼貌，也表明孔子很谨慎。这也是孔子一贯的精神，对不了解的事物既不轻易否定，也不轻易相信。

10·17

厩焚。子退朝，曰："伤人乎？"不问马。

【译文】

马棚失火烧掉了。孔子退朝回来，说："伤人了吗？"不问马的情况怎么样。

【读记】

孔子只问人，不问马，表明他重人不重财，十分关心下面的人。这体现了孔子重人的思想，表现出他深厚的人道情怀，这也是中国自古以来人道主义思想的发端。

有人觉得人和马都是生命，认为孔子不问马是不关心动物，这样做也不对。所以，把此句断为：子退朝，曰："伤人乎？"不。问马。那本章的意思也就变了，应翻译为：孔子退朝回来，问，"伤人了吗？"回答说，没有。然后，孔子问马的情况。

笔者以为第一种解释比较好，更符合孔子的仁者之心。

10·18

君赐食，必正席先尝之。君赐腥①，必熟而荐②之。君赐生，必畜之。侍食于君，君祭，先饭。

【注释】

①腥：生肉。

②荐：供奉。

【译文】

国君赐给熟食，孔子一定摆正座席先尝一尝。国君赐给生肉，一定煮熟了，先给祖宗上供。国君赐给活物，一定要饲养起来。

同国君一道吃饭，在国君举行饭前祭礼的时候，一定要先尝一尝。

【读记】

本章是讲国君赐予食物、活物及侍奉国君吃饭时的礼节。

10·19

疾，君视之，东首①，加朝服，拖绅②。

【注释】

① 东首：头朝东躺着。

② 绅：束在腰间的大带子。

【译文】

孔子病了，国君来探视，他便头朝东躺着，身上盖上朝服，拖着大带子。

【读记】

本章是讲孔子重病在家，接待国君探视时的礼节。孔子患了病，躺在床上，国君来探视他。古礼规定，室内以西方为尊，如果病人头朝西仰卧，相当于身居尊位，对前来探视的国君不敬，所以，孔子要头朝东。同时，他无法起身穿朝服，又不能穿着内衣见君，这似乎对国君不尊重，有违于礼，于是他就把朝服盖在身上。这反映出孔子即使在病榻上，也不会失礼于国君。

关于“东首”，《论语》古注本中还有其他解释，比如，有的认为病人向东是因为东边阳气盛，有利于健康，可参考。

10·20

君命召，不俟驾行矣。

【译文】

国君有令召见（孔子），他不等车马驾好就先步行去了。

【读记】

10·18、10·19、10·20 这三章讲孔子事君的各种臣礼，体现孔子对国君的尊重和敬畏。这种敬畏是出自内心的，比如“君命召，不俟驾行矣”。

对一般人来讲，国君召请，不拖延，迅速赶去就可以了。但孔子快得连车子都等不及了，他并不是怕国君责怪他迟到，而是自己对自己严格要求，要最快的时间赶到，这比现代所谓“第一时间”要具体得多、明确得多。这也是孔子“畏天命”“畏大人”的具体表现，这种“畏”不只是“怕”，更多的是担心自己做不到、做不好的“畏”，不是屈于外力，而是内心的要求。

10·21

入太庙，每事问①。

【注释】

① 本章重出，参见 3·15。

10·22

朋友①死，无所归②，曰：“于我殡③。”

【注释】

① 朋友：指与孔子志同道合的人。

② 无所归：无人收殓。

③ 于我殡：于我，让我。殡，死者入殓，停放待葬，这里是泛指丧葬事务。

【译文】

朋友死了，没有人负责敛埋，孔子说：“丧事让我来办吧。”

【读记】

说明孔子重情重义。

10·23

朋友之馈，虽车马，非祭肉，不拜。

【译文】

朋友的馈赠，即使是贵重的车马，而不是祭肉，（孔子在接受时）是不行拜礼答谢的。

【读记】

孔子把祭肉看得比车马还重要，这是为什么呢？说明孔子重视的不是物品的轻重，而是意义的大小。因为祭肉关系到孝、关系到礼的问题。用肉祭祀祖先之后，这块肉就不仅仅是一块可以食用的东西了，而是对祖先尽孝的一个载体。

10・24

寝不尸，居不客。

【译文】

孔子睡觉不像死尸一样仰面挺着，平日家居也不总像做客或接待客人时那样庄重严肃。

【读记】

孔子睡觉也有讲究，闲居的时候也较为随便，也不是成天都讲礼，坐站都那么标准，毕竟那样是很累的。

10・25

见齐衰①者，虽狎②，必变③。见冕者与瞽者④，虽亵⑤，必以貌。

凶服⑥者式⑦之。式负版者⑧。

有盛馔⑨，必变色而作⑩。

迅雷风烈必变。

【注释】

①齐（zī）衰（cuī）：指丧服，此处指穿丧服。

②狎（xiá）：亲密。

③ 变：改容变色，变得严肃。

④ 冕者与瞽者：冕者，穿礼服人的人，指当官的人。瞽者，盲人，指乐师。

⑤ 亵（xiè）：常见、熟悉。

⑥ 凶服：丧服。

⑦ 式：同“轼”，古代车前横木。此处指以手抚轼表示尊敬或同情。

⑧ 负版者：背负国家图籍的人。当时无纸，用木版来书写，故称“版”。

⑨ 馔（zhuàn）：饮食。盛馔，盛大的宴席。

⑩ 作：起身。

【译文】

孔子看见穿丧服的人，即使是关系很亲密的，也一定态度变得严肃。看见当官的和盲人，即使经常遇到，也一定表示礼貌。

乘车时遇见穿丧服的人，便手抚车前横木以示同情。遇见背负国家图籍的人，也手伏车前横木。

作客时如果有丰盛的筵席，一定神色变动，起身致谢。遇见迅雷大风，一定要改变神色以示对上天的敬畏。

【读记】

本章还是讲各种礼节。对有丧事的人表示同情，对盛情相待的主人表示感谢，对上天、大自然表示敬畏。总之，对上述种种，不能无动于衷，如是，则可能是毫无心肝、狂妄之辈。

为什么碰到丰盛的筵席，一定站起来致谢，因为准备这样的筵席是很费主人心血的。

10·26

升车，必正立，执绥①。

车中，不内顾②，不疾言③，不亲指④。

【注释】

① 绥：上车时扶手用的索带。

② 内顾：回头看。

③ 疾言：急促大声说话。

④ 不亲指：不用手指指点点。

【译文】

上车时，一定先直立站好，然后拉着扶手带上车。

在车上，不回头，不高声说话，不用手指指点点。

【读记】

这里谈到了孔子坐车的礼节。车是公共场合，众人的活动空间，孔子很注意自己的仪态、动作、语言，不东倒西歪，不左顾右盼，不高声喧哗，不指指点点，尽量不影响他人。

10 · 27

色斯举矣①，翔而后集②。曰："山梁雌雉③，时哉时哉④！"子路共⑤之，三嗅而作⑥。

【注释】

① 色斯举矣：色，脸色惊疑。斯，则。举，鸟飞起来。

② 翔而后集：飞翔一阵，然后落到树上，鸟群停在树上叫"集"。

③ 山梁雌雉：聚集在山坡上的野鸡。

④ 时哉时哉：得其时呀！得其时呀！。

⑤ 共：同"拱"。

⑥ 三嗅而作："嗅"应为"狊"（jù）字之误，鸟张开两翅。

【译文】

（看到孔子等人）野鸡神色惊疑就飞起了，飞了一阵，又停落在一处。

孔子说：“这山坡上的野鸡，得其时呀！得其时呀！”子路向他们拱拱手，野鸡又受惊张开翅膀飞走了。

【读记】

本章到底是什么意思，不好解释。杨伯峻在《论语译注》中认为：“很费解，自古以来就没有满意解释。”李泽厚在《论语今读》中认为：“素来难解或无解。”

钱穆《论语新解》认为：“本章实千古妙文，而《论语》编者置此于《乡党》篇末，更见深义。”这里姑且参考钱说解之：孔子周游列国，颠沛一生，却没有人接受他的治国理政理念。他借赞叹野鸡得其时，感叹自己生不逢时。

《论语·乡党》多记载孔子的各种遵礼、守礼的言行容貌，严谨甚至于刻板，忽然在此篇终章描述野鸡不受约束、自由飞翔的样子，也许真的藏着“深义”，难道孔子心中也有向往自由之意？

《论语·先进》第十一

【题解】

本篇共26章，与第5篇《公冶长》一样，主要内容是品评人物，但本篇主要是孔子对弟子们的评价，从中可以看到孔子一些弟子的性格、志向。同时，也可以读到学习各种知识与日后做官的关系，孔子对待鬼神、生死问题的态度。本篇名言有“未能事人，焉能事鬼？”“未知生，焉知死”“过犹不及”“鸣鼓而攻之”等。

11·1

子曰：“先进①于礼乐，野人②也；后进③于礼乐，君子④也。如用之，则吾从先进。”

【注释】

①先进：指先学习礼乐而后再做官的人。

②野人：无贵族身份、地位低贱的人。

③后进：先做官后学习礼乐的人。

④君子：有地位的贵族。

【译文】

孔子说：“先学习好礼乐而后再做官的人，是原来没有爵禄、地位低下的平民；先当了官然后再学习礼乐的人，是士大夫的子弟。如果要用人才，那我主张选用先学习好礼乐的人。”

【读记】

对本章中的“先进”与“后进”，前人解释很多，很多学者称为难解。笔者的翻译参照杨伯峻《论语译注》。

孔子一向注重礼乐，他认为，那些有爵禄先当官的人，在为官以前，没有接受礼乐知识的系统教育，不懂礼乐，还不知道怎样为官。那些本来没有爵禄的平民，在当官以前全面系统地学习礼乐知识，懂得礼乐，知道怎样为官。对这两种人，孔子选用“先进”者，因为那些有爵禄先当官的人很难静下心来学习了。所以，孔子的学生中多有寒门子弟。这里也说明孔子的用人观突破了地位、身份的限制，任人唯贤，以德取人。

子安宣邦在《孔子的学问》对此做出了另外的解释，他认为“先进”与“后进”和“前辈”与“后辈”的意思相同。此处的“先进”是指周初的先人，“后进”是指与孔子同时代的人。按这个解释，他把这段翻译为：孔子说，“周初先人之礼乐，就好比乡下人的礼乐。当今时代的礼乐，是堂堂君子的礼乐。若要我来从两者之间选择其中之一的话，我会选择遵循周初先人的礼乐吧”。

现在的“先进”的意思已发生大的变化，不是指先学习礼乐，而是指位于前列、可为表率者。

11·2

子曰：“从我于陈、蔡[①]者，皆不及门[②]也。”

【注释】

① 陈、蔡：春秋时两个国名。

② 不及门：门，受教场所，此处指孔子之门。

【译文】

孔子说：“曾跟随我从陈国到蔡国去、一起共患难的学生，现在都不在我身边了。”

【读记】

本章是孔子晚年讲的话，虽然简短，但很感伤。公元前489年，孔子和他的学生从陈国到蔡地去。途中，他们被陈国人包围，绝粮7天，许多学生饿得不能行走。当时跟随他的学生有子路、子贡、颜渊等人。公元前484年，孔子回鲁国以后，子路、子贡等先后离开了他，颜回也死了。患难之情，终生难忘，孔子追忆往昔，情不自禁，怀念之情，溢于言表。

孔子在陈国被围的事件，很多书都有记载，但具体内容各有不同。以《史记·孔子世家》记载最为生动。孔子和他的弟子被围困几天无法行动，粮食也断绝了，跟从的弟子饿病了，站都站不起来。孔子却还在不停地给大家讲学，很从容，“弦歌不绝”，朗诵诗歌，歌唱、弹琴。孔子知道弟子们心中不高兴。他问弟子们：“我们的学说有什么不对吗？为什么会落到这种地步呢？”子路认为是德行不够、智谋不够。孔子说：“伯夷、叔齐有德行却饿死在首阳山，比干有智谋却被剖心。”子贡婉转地说：“老师的学说博大，天下无法容纳。”建议孔子稍微降低一些要求。孔子不喜欢子贡说的降格来取容社会，说他志向不远大。颜回认为天下不容，老师的学说博大到极点，不被天下接受没有关系，正好显示我们是正人君子。一个人不精研学说，才是耻辱。这样的学说不被用，那是当权者的耻辱。孔子听了非常高兴，对颜回说，假使你有很多钱财，我愿意给你做管家。子路、子贡、颜回三个弟子的回答显出三个境界。

《墨子》则记载了一个带有攻击性的故事。说孔子在陈、蔡被围期间，子路不知从哪里找了条猪烹给孔子吃，这个平时号称“席不正，不坐；割不正，不食”的孔子，什么也不管就狼吞虎咽起来。子路觉得老师这样不像知礼守礼的样子，就问为什么会这样。孔子说，以前是为了生活，现在是为了生存。

这些故事是否真实存在，笔者未见学者考证资料。

11·3

德行①：颜渊、闵子骞、冉伯牛、仲弓。言语②：宰我、子贡。政事③：冉有、季路。文学④：子游、子夏。

【注释】

① 德行：孝弟、忠恕等道德。

② 言语：口才、辞令。

③ 政事：政治事务。

④ 文学：文献、文化。

【译文】

德行好的有：颜渊、闵子骞、冉伯牛、仲弓。善于辞令的有：宰我、子贡。擅长政事的有：冉有、季路。熟悉文献知识的有：子游、子夏。

【读记】

从本章中可以看出孔门学习内容设有四科：德行、言语、政事、文学。“德行”是指个人修养，主要内容是讲究孝弟、安贫乐道、沉默寡言、埋头苦干。“言语”是指口才和外交才能。“政事”是指管理才能。“文学”不是现代意思上的诗歌、小说、散文、戏剧等，而是指文献知识、典籍。孔子以德行为首要，文学排在最后。

本章按专科特长对十位弟子做了分类，也就是许多书上讲的“四科十哲”“孔门十哲”。因为没有“子曰”二字，不知是否为孔子所说。当然，孔子弟子中出色的不止这十位。据《史记·孔子世家》记载：“孔子以诗、书、礼、乐教，弟子盖三千焉，身通六艺者七十有二人。”也就是通常所说的“七十二贤人”，他们是孔子思想和学说的坚定追随者和实践者，也是儒学的积极传播者。

本章也相当于本篇的一个总纲，下面孔子就陆续开始对弟子们评价。

11·4

子曰：“回也非助我者也，于吾言无所不说。”

【译文】

孔子说：“颜回不是一个对我有帮助的人，他对我说的话没有不喜欢的。”

【读记】

颜回是孔子得意门生之一，一般都是称赞有加，但在这里孔子为什么说他“非助我者也”？因为颜回聪明好学，闻一知十，默念在心而融会贯通，常常没有疑问。而孔子教学主张教学相长，互问互答。颜回不问，所以“非助我者也”，孔子感到遗憾。

但朱熹在《论语集注》中说：“其辞若有憾焉，其实乃深喜之。”他认为孔子这句话看似遗憾，实际上是在赞扬、高兴。

笔者倾向于是孔子在批评颜回。当过老师的人都知道，老师讲课时一般都希望学生与老师之间有问有答，互相启发，不喜欢闷声不言、只用耳朵听、只埋头记的学生。这点可以从孔子与子贡、子夏等善于互动的学生对话中可以看出来。在《论语·学而》第 15 章中，孔子赞扬向他问诗的子贡：“赐也！始可与言《诗》已矣，告诸往而知来者。”在《论语·八佾》第 8 章中，孔子赞扬向他问诗并有自己心得体会的子夏：“起予者商也，始可与言诗已矣。”

11·5

子曰：“孝哉闵子骞！人不间①于其父母昆②弟之言。”

【注释】

① 间：异，不同。不间，没有异议。

② 昆：哥哥，兄长。

【译文】

孔子说：“闵子骞真是孝顺呀！人们对于他的父母兄弟称赞他的话没有异议。”

【读记】

上章讲了“德行”第一名颜回，本章讲“德行”第二名闵子骞。说明闵子骞的孝道既有名，更有其实，人们才没有异议。《论语正义》里引《说苑》讲了一个故事可为本章解读的背景。闵子骞兄弟二人，母亲死后，父亲再娶，又有了二子。一天，闵子骞为父亲驾车，马辔从手上掉了，父亲抓住他的手，觉得衣服很单薄。回家后，父亲抓住后母生的儿子衣服，感到衣服很厚实。父亲对后母说："我所以娶你，是为了照顾我的儿子，你现在欺负我的儿子，你走吧。"闵子骞说："母在一子单，母去四子寒。"意思是，母亲在，只有一个儿子衣服单薄，母亲走了，四个儿子衣服都将单薄。闵子骞的这席话既感动了父亲，也感动了母亲和两个弟弟。后来父母对四个孩子都用心照顾，全家上慈下孝，和睦相处。

11·6

南容三复白圭①，孔子以其兄之子妻之。

【注释】

①三复白圭：白圭指《诗经·大雅·抑》的诗句："白圭之玷，尚可磨也，斯言之玷，不可为也。"意思是白玉上的污点还可以磨掉，我们言论中有毛病，就无法挽回了，这是告诫人们要谨慎自己的言语。三复，多次重复。

【译文】

南容反复诵读"白圭之玷，尚可磨也；斯言之玷，不可为也。"孔子把侄女嫁给了他。

【读记】

儒家从孔子开始，极力提倡"慎言"，不该说的话绝对不说。引用的《诗经》这句话就是绝好的比喻。说错了的话，无法收回，造成的影响，无法挽回。南容反复诵读这几句诗句，说明他是一个慎言之人、谨慎之人，孔子把自己的侄女嫁给他，表明他很欣赏南容的慎言。

11·7

季康子问："弟子孰为好学？"孔子对曰："有颜回者好学，不幸短命死矣，今也则亡。"

【译文】

季康子问孔子："你的学生中谁最好学？"孔子回答说："有一个叫颜回的学生好学，不幸短命死了，现在没有了。"

【读记】

本章可能是《论语》中最好读不需要翻译的章节之一，李泽厚在《论语今读》中感叹本章白话好读，无须翻译："中国文字竟能越两千年而可读懂，奇迹也矣。"

本章再次夸赞颜回的好学，叹息其短命早逝。同样的问题，鲁哀公也问过，见《论语·雍有》，不过在那里孔子多了对颜回的评价"不迁怒，不贰过"，夸赞颜回不拿别人出气，不犯同样的过失。最后还多一句"未闻好学者也"。通过两章对比可以看出，孔子所指的"学"不只是读书，不只是知识，主要是德行，要求知行合一。

在《论语》中，季康子多次向孔子请教，在这里是问学，在《论语》的《为政》《颜渊》等篇章中是问政。

11·8

颜渊死，颜路①请子之车以为之椁②。子曰："才不才，亦各言其子也。鲤③也死，有棺而无椁。吾不徒行以为之椁。以吾从大夫之后④，不可徒行也。"

【注释】

① 颜路：颜无繇（yóu），字路，颜渊父亲，也是孔子学生。

② 椁（guǒ）：古人所用棺材，内为棺，外为椁。

③ 鲤：孔子儿子，字伯鲁，死时 50 岁，孔子 70 岁。

④ 从大夫之后：跟随在大夫后面，此是谦辞，意思是当过大夫，孔子在鲁国曾任司寇，是大夫一级官员。

【译文】

颜渊死了，他的父亲颜路请求孔子卖掉车子给颜渊买个外椁。孔子说：

“（虽然颜渊和孔鲤）一个有才一个无才，但对你我而言都是自己的儿子。孔鲤死的时候，也是有棺无椁。我不能步行而卖掉自己的车子给他买椁。因为我曾做过大夫，是不可以没有车而步行的。”

【读记】

颜渊是孔子的得意门生。孔子多次高度称赞颜渊，认为他有很好的品德，又好学上进。但他死后，孔子不答应颜渊父亲的要求，但这并不是因为孔子爱惜财物，也不是孔子无情，而是孔子坚持原则、坚持礼制、坚持身份、坚持公共道德，不以私德废公德。

11·9

颜渊死，子曰：“噫！天丧予！天丧予！”

【译文】

颜渊死了，孔子说：“唉！老天爷要我死呀！老天爷要我死呀！”

【读记】

颜渊被称为孔子最好的学生之一，他对孔子的学说理解最透、领悟最深、践行最力、信守最忠，也是孔子最信赖并对他期望最高的学生。这样的学生英年早逝，作为老师，孔子当然十分悲痛。但上升到“天丧予”就不是一般的老师对学生的悲痛了。

孔子叹息颜渊的死，并不只是颜渊肉体的丧失，还包括孔子自身愿望的破灭。此时，孔子已老，他的政治理念到处碰壁，复兴周初的政治理想已不可能由自己去实现，只有寄希望于学生一代，而学生中最有可能继承自己衣钵的颜渊又先于自己死去。所以，他慨叹“天丧予”。

虽然现在孔子受万人敬仰，但在那个时代孔子是孤独的，被人遗弃和嘲笑的，被人称之为丧家狗，李零读《论语》的书名就叫《丧家狗》。孤独的孔子不被世人理解，只好托之于上天，他在《论语·宪问》中说“知我者其天乎”，希望上天能理解他、庇护他。然而，颜渊死了，他失去了最好的继承者，他认为自己遭受到上天的遗弃，所以为颜渊之死放声恸哭，感叹“天丧予”。这里面浸透出一个千古哲人巨大的挫折感和孤愤之情。

当然，从历史发展来看，孔子并不孤独，孔子之道并未因颜回早逝而断绝，相反，世代才人辈出，儒家之道逐渐发展成为中国最大的思想流派、主流思想，他之后有曾子、子思、子张、子夏等学生继之，百余年后出了孟子、荀子等大师级儒学人物。

11 · 10

颜渊死，子哭之恸①。从者曰：“子恸矣！”曰：“有恸乎？非夫②人之为恸而谁为？”

【注释】

①恸：哀伤过度，过于悲痛。

②夫（fú）：指示代词，指颜渊。

【译文】

颜渊死了，孔子哭得很伤心。跟随孔子的人说：“您太伤心了！”孔子说：“太伤心了吗？我不为这个人伤心，又为谁呢？”

【读记】

本章是承接上一章，表达孔子对颜渊之死的无比痛惜，不惜伤身。孔子之伤痛，不只是为颜回，为天下少一个英才，更是为自己的理想不能实现而伤痛。联系到本篇后面颜渊死里逃生后对孔子说的“子在，回何敢死”，言犹在耳，物是人非，孔子肯定会更加悲伤。

11 · 11

颜渊死，门人欲厚葬①之。子曰：“不可。”门人厚葬之。子曰：“回也视予犹父也，予不得视犹子也②。非我也，夫二三子也。”

【注释】

①厚葬：隆重安葬。

②予不得视犹子也：我不能把他当亲生儿子一样看待。

【译文】

颜渊死了，孔子的学生们想要隆重安葬他。孔子说："不能这样做。"学生们仍然隆重安葬了他。孔子说："颜回把我当父亲一样看待，我却不能把他当亲生儿子一样看待。这不是我的过错，是那些学生们干的呀。"

【读记】

不能厚葬颜回有两个原因，一是僭越礼仪，二是超越家境财力。关系再亲、感情再深也不能超越礼的规定，再次表明孔子对礼制的遵从。孔子的儿子死时没有厚葬，最得意的学生颜渊死了，孔子也不同意厚葬。"予不得视犹子也"，这句话不是说颜回把我当父亲，我不把他当儿子。而是说我不能像对待自己亲生的儿子那样，按照礼的规定予以安葬。

《论语·子罕》中讲孔子自己得重病，子路让门人为臣，准备为孔子办丧事，孔子病好后认为只有大夫才有这个礼节，他当时已不是大夫了，这样办就违背礼仪，痛骂了子路一顿。

11·12

季路问事鬼神。子曰："未能事人，焉能事鬼？"

曰："敢问死。"曰："未知生，焉知死？"

【译文】

子路问怎样去侍奉鬼神。孔子说："活人都没有奉好，怎么能侍奉鬼呢？"

子路说："冒昧请问死是怎么回事？"孔子说："活着的道理都还不知道，怎么能知道死呢？"

【读记】

孔子对超乎此生此世的问题、特别是鬼神，没有完全否定，也没有完全相信，一贯"敬而远之"，存而不论。他始终把关注点放在此生此世上，不去做无益无用的讨论，对子路提出的两个问题都以反问语气拒绝回答。聪圣如孔子对未知世界尚且不敢随意臆测。

对孔子多有非议的鲁迅对孔子这一点很赞赏。他在《再论雷峰塔的倒掉》中说："孔丘先生确是伟大，生在巫鬼势力如此旺盛的时代，偏不肯随俗谈鬼神。"

11·13

闵子侍侧，訚訚[①]如也；子路，行行[②]如也；冉有、子贡，侃侃[③]如也。子乐。"若由也，不得其死然。"

【注释】

① 訚訚（yínyín）：和颜悦色。

② 行行（hànghàng）：刚强。

③ 侃侃：温和正直。

【译文】

闵子骞侍立在孔子身旁，和悦恭顺的样子；子路，刚强亢直的样子；冉有、子贡，温和正直的样子。孔子高兴了。但孔子又说："像仲由这样，只怕不能善终吧！"

【读记】

孔子学生各有所长，得天下英才能教之，孔子当然很高兴。但对子路，孔子有些担心，因为子路这个人非常刚强，刚强易折。孔子担心有勇无谋的子路不会有好的结果。子路后来果然在卫国的一次内乱中被杀，被砍成肉泥。

11·14

鲁人[①]为长府[②]。闵子骞曰："仍旧贯[③]，如之何？何必改作？"子曰："夫人[④]不言，言必有中。"

【注释】

① 鲁人：鲁国当权者。

② 为长府：为，翻修。府，藏财货等的仓库。长府，藏库名。

③ 仍旧贯：贯，事，例。沿袭老样子。

④ 夫人：这个人。

【译文】

鲁国翻修一座叫长府的金库。闵子骞道：“照老样子下去，怎么样？何必改建呢？”孔子道：“这个人平日不大讲话，一讲话就说到要害上。”

【读记】

改建仓库劳民伤财，所以闵子骞反对。孔子认为闵子骞说的有道理。钱穆在《论语新解》中考证了本章的多种含义，比较复杂，有意者可参阅。

11 · 15

子曰：“由之瑟[①]奚为于丘之门[②]？”门人不敬子路。子曰：“由也升堂矣，未入于室[③]也。”

【注释】

① 瑟（sè）：一种古乐器，与古琴相似。

② 奚为于丘之门：奚，为什么。为，弹。为什么在我这里弹呢？

③ 升堂入室：堂是正厅，室是内室，用以形容学习程度的深浅，几个阶段，先入门，次升堂，再入室。

【译文】

孔子说：“仲由弹瑟，为什么在我这里弹呢？”孔子的学生们因此瞧不起子路。孔子说：“仲由嘛，已经登堂了，只是还没有入室罢了。”

【读记】

子路性格刚强，孔子担心他不得寿终，经常批评他，也是为了锤炼他的心性，希望他有所改变。这一段先是责备其短，气质刚勇，中和不足，鼓瑟有杀伐之声，然后又适当肯定其长。

本章还说明，孔子对学生是很爱护的。他知道子路勇猛有余，时常敲打他，而这次孔子听出子路琴声中有杀伐之声，所以又批评他，话说得很重——“奚为于丘之门”，意思是你现在这个鼓瑟技艺还不配在我这里演奏。正因为孔子批评得很重，所以，其他学生就对子路不敬。当子路因为孔子的批评受到其他学生轻视时，孔子又适当褒扬他加以呵护，以免他受到其他学生的误解伤害。

“登堂入室”后来成为一个成语，意思是指学问从入门开始，由浅入深，逐渐达到一定的境界。

11·16

子贡问：“师与商①也孰贤？”子曰：“师也过，商也不及。”曰：“然则师愈②与？”子曰：“过犹不及。”

【注释】

① 师与商：师，颛孙师，即子张。商，卜商，即子夏。

② 愈：胜过，强些。

【译文】

子贡问孔子：“子张和子夏二人谁更好一些呢？”孔子回答说：“子张过分，子夏不足。”子贡说：“那么是子张更好一些吗？”孔子说：“过分和不足一样不好。”

【读记】

“过犹不及”后来成为一个成语，也是一个重要的哲学命题。本章是子贡向孔子询问他对子张和子夏的评价，孔子的评价是很有针对性的。朱熹在《论语集注》中说：“子张才高意广，而好为苛难，故常过中。子夏笃信谨守，而规模狭隘，故常不及。”意思是说，子张由于天分较高，又比较张扬，所以做事常常有些过火。而子夏忠厚笃实，格局不大，又有些消极。朱熹认为，本章反映了孔子的中庸思想。《中庸》说：“过犹不及为中。”

表面上孔子对子张和子夏两人都不满意，实际上“过犹不及”的重点是在说“过”，是在警告子张的“过”。孔子本身就不喜欢个性张扬的人，相对于愚笨，孔子对才气过人者要求更加严厉。在他的心目中，似乎更喜欢“笃信谨守”的子夏，他在《论语·八佾》中说“起予者商也！始可与言《诗》已矣”，就是对子夏的赞赏。他在《论语·先进》中说“师也辟”，即批评子张的缺点是浮夸、不够诚实。

因此，本章的重点是告诫过头、过分的人和事，希望他们掌握好度。人们做事的时候，往往因为唯恐做不好而常常做过了头，比赶不上还不好。比如，过分谦虚显得骄傲，过分热情显得虚伪，过分恭维显得谄媚，等等。

11·17

季氏富于周公①，而求也为之聚敛②而附益③之。子曰：“非吾徒也。小子鸣鼓而攻之可也。”

【注释】

① 季氏富于周公：季氏比周朝的公侯还要富有。

② 聚敛：积聚和搜刮民财。

③ 益：增加。

【译文】

季氏比周朝的公侯还要富有，而冉求还帮他搜刮民财，增加财富。孔子说：“冉求不是我的学生了，你们可以大张旗鼓地攻击他！”

【读记】

读懂本章先要了解背景。公元前 562 年，鲁国的三家大夫将鲁国国君直辖的土地和附属于土地上的奴隶瓜分，季氏分得三分之一。公元前 537 年，三家第二次瓜分公室，季氏分得四分之二。鲁哀公十一年（前 484 年），季氏改革田赋制度，增加赋税，让冉求征求孔子的意见。孔子反对这个对贵族有利、对百姓有害的新财政制度，但冉求仍旧帮助季氏推行，季氏财富因此急剧增加。所以，孔子非常生气，不承认冉求是自己的学生，而且让其他学生声讨冉求。

断绝师生关系是老师对学生最大的处罚，也是对学生最大的失望。冉求的所作所为肯定是触碰到孔子的底线了，可见孔子把这件事看得很严重。本章反映了孔子坚持正义、嫉恶如仇，反对助纣为虐的立场和态度。反对向人民的强征暴敛、过分剥削，一直是儒家的传统，这种政治思想对当政者维护统治、缓解缓冲矛盾起到很大作用。

11·18

柴①也愚②，参也鲁③，师也辟④，由也喭⑤。

【注释】

① 柴：高柴，字子羔，孔子学生，公元前521年出生，小孔子30岁。

② 愚：憨直。

③ 鲁：迟钝。

④ 辟（pì）：偏激。

⑤ 喭（yàn）：鲁莽，粗俗。

【译文】

高柴憨直，曾参迟钝，颛孙师偏激，仲由鲁莽。

【读记】

本章很简短，是孔子评判他的几个学生，主要是讲缺点。这些学生虽然各有所长，但又各有所偏，不合中行。这些评判表达了孔子的中庸思想。

11·19

子曰：“回也其庶①乎，屡空②。赐不受命，而货殖③焉，亿④则屡中。”

【注释】

① 庶：庶几，相近，指颜渊的学问道德接近于完善。

② 空：贫困、匮乏。

③ 货殖：做买卖。

④ 亿：同“臆”，猜测，估计。

【译文】

孔子说：“颜回的学问道德接近于完善了吧，可是他常常穷困得没有办法。端本赐不听命运的安排，去做买卖，猜测行情，往往猜中。”

【读记】

孔子对颜回学问道德接近于完善却在生活上常常陷入贫困深感遗憾不解。有人认为，孔子对子贡做生意赚钱是不赞成的，其实未必。本章说的应该是他在为颜回感到遗憾的同时，又为子贡不听命运安排感到高兴，对子贡的聪明有赞许之意。

颜回与子贡的对比可能引发另外的理解，安贫乐道者贫穷，不安分守己者富裕。哪种好，不同的人有不同的看法，在现在，恐怕赞成颜回的人不多。

11·20

子张问善人①之道，子曰：“不践迹②，亦不入于室③。”

【注释】

① 善人：次于圣人、君子的人，见 7·26 注。

② 践迹：迹，脚印。沿着前人的脚印走。

③ 入于室：比喻学问和修养达到精深地步。

【译文】

子张问做善人的方法。孔子说：“不沿着前人的脚印走，其学问和修养就不到家。”

【读记】

前面第 7 篇《论语·述而》已讨论过“善人”的问题，“善人”排在“圣人”“君子”之后。本章强调后天的学习，更强调向前人学习。一个人本质再好，如果不向前人学习，其道德学问也达不到高深的境界。

11·21

子曰：“论笃是与[①]，君子者乎？色庄[②]者乎？”

【注释】

① 论笃是与：论笃，言论诚恳。与，赞许。对说话笃实诚恳的人表示赞许。

② 色庄：故作庄重姿态。

【译文】

孔子说：“听到有人言论笃实诚恳就表示赞许，但也要辨别他是真君子呢？还是仅仅是表面庄重的人呢？”

【读记】

孔子希望他的学生们不但要说话笃实诚恳，而且要言行一致。在《论语·公冶长》第10章中曾有“听其言而观其行”的说法，表明孔子在观察别人的时候，不仅要看他说话时诚恳的态度，而且要看他的行动——是真诚恳，还是表面装得很诚恳。孔子认为，言行一致才是真君子。

11·22

子路问：“闻斯行诸[①]？”子曰：“有父兄在，如之何其闻斯行之？”

冉有问：“闻斯行诸？”子曰：“闻斯行之。”

公西华曰：“由也问闻斯行诸，子曰，‘有父兄在’；求也问闻斯行诸，子曰，‘闻斯行之’。赤也惑，敢问。”子曰：“求也退，故进之；由也兼人[②]，故退之。”

【注释】

① 闻斯行诸：斯，则，就。诸，“之乎”二字的合音。

② 兼人：争强好胜之人。

【译文】

子路问：“听到了善言就行动吗？”孔子说：“有父兄在，怎么能听到就行动呢？”

冉有问：“听到了就行动吗？”孔子说：“听到了就行动。”

公西华说：“仲由问‘听到了就行动吗？’你回答说‘有父兄在。’冉求问‘听到了就行动吗？’你回答‘听到了就行动。’我被弄糊涂了，斗胆问个明白。”孔子说：“冉求平时做事总是退缩，所以鼓励他行动；仲由是争强好胜的人，所以要抑制他。”

【读记】

本章是孔子因材施教的典型，对不同心性的学生有不同的要求，注重个体的独特性。前面章节中，不同的学生问孝、问仁、问礼、问政，孔子的回答也多有不同，也是这个原因。勇猛了，就抑制抑制，拽他一把；退缩了，就鼓励鼓励，推他一把。这也是孔子中庸思想的体现，什么事都不过头，追求中和。

11·23

子畏于匡，颜渊后。子曰：“吾以女为死矣。”曰：“子在，回何敢死？”

【译文】

孔子在匡地受到当地人围困，颜渊最后才逃出来。孔子说：“我以为你死了呢。”颜渊说：“先生您还活着，我怎么敢死呢？”

【读记】

“子在，回何敢死？”这句话在一般人嘴里说出来，可能会被看成一句玩笑话。但是由平时木讷寡言、藏心思感情于内心的颜回脱口而出，自有一种忠诚之德、深厚之情，感觉是肺腑之言、由衷之言。

不敢死，一般是指子对父母而言，这也说明孔子与颜回之间情同父子。但孔子没有想到，后来颜回竟死在了他前面，想到生死患难时的这句话，孔子更加悲痛。

11·24

季子然[①]问："仲由、冉求可谓大臣与？"子曰："吾以子为异之问，曾[②]由与求之间。所谓大臣者，以道事君，不可则止。今由与求也，可谓具臣[③]矣。"曰："然则从之[④]者与？"子曰："弑父与君，亦不从也。"

【注释】

① 季子然：鲁国季氏的同族人。

② 曾：乃。

③ 具臣：有才干的办事大臣。

④ 从之：从，绝对服从。之，指季氏，当时冉求和子路是季氏家臣。

【译文】

季子然问："仲由和冉求可以算是大臣吗？"孔子说："我以为你是问别人，原来是问由和求呀。所谓大臣，是以道义侍奉君主，如果行不通，宁肯辞职不干。现在由和求这两个人，只能算是有才干的办事大臣。"

季子然说："那么他们是绝对顺从上司的人吗？"孔子说："如果杀父亲、杀君主的事，他们是不会服从的。"

【读记】

孔子这里对所谓做臣的原则提出了他的看法，即"以道事君"才算大臣。即使像冉求与子路那样的办事之臣，也有自己的原则，决不会赞同杀父弑君这种违反大节的事，不会赞同犯上作乱。

11·25

子路使子羔为费宰。子曰："贼[①]夫人之子[②]。"

子路曰："有民人焉，有社稷[③]焉，何必读书，然后为学？"

子曰："是故恶夫佞者[④]。"

【注释】

①贼：害。

② 夫人之子：指子羔。孔子认为，没有经过很好的学习就去从政会害了他。

③社稷：社，土地神；稷，谷神。社稷是国家政权的象征。

④恶夫佞者：恶，讨厌。佞者，卖弄口才狡辩的人。

【译文】

子路让子羔去做费地的长官。孔子说："这是害人子弟。"

子路说："那个地方有老百姓，有社稷神，治理百姓和祭祀神灵都是学习，为什么一定要读书才算学习呢？"

孔子说："所以我讨厌狡辩的人。"

【读记】

本章是学生子路和老师孔子的辩论。孔子一贯强调实践，强调身体力行，书本知识是次要的。所以，子路就用这个道理来反驳孔子，用的是以子之矛攻子之盾之术。

孔子没有直接驳斥子路的错误，而是对他的这种狡辩方法进行斥责。子路明知孔子不喜欢巧言令色却还是狡辩，在孔子看来，尤为可恶！

子路确实也是在狡辩，实践虽然也是学习，但实践必得通过书本学习有了一定的知识才行，然后才是去检验、修正、发展知识。《论语》强调的就是"学"，就是书本和实践并重的"学"，这也是现代哲学实践论的基本观点，何况孔子主张"仕而优则学，学而优则仕"。

11·26

子路、曾皙①、冉有、公西华侍坐。

子曰："以吾一日长乎尔，毋吾以也②。居③则曰：'不吾知也！'如或知尔，则何以哉④？"

子路率尔[⑤]而对曰:“千乘之国,摄[⑥]乎大国之间,加之以师旅,因之以饥馑,由也为之,比及[⑦]三年,可使有勇,且知方也[⑧]。”夫子哂[⑨]之。

“求,尔何如?”对曰:“方六七十[⑩],如[⑪]五六十,求也为之,比及三年,可使足民。如其礼乐,以俟君子。”

“赤,尔何如?”对曰:“非曰能之,愿学焉。宗庙之事[⑫],如会同[⑬],端章甫[⑭],愿为小相[⑮]焉。”

“点,尔何如?”鼓瑟希[⑯],铿尔,舍瑟而作[⑰],对曰:“异乎三子者之撰[⑱]。”子曰:“何伤乎?亦各言其志也。”曰:“莫[⑲]春者,春服既成,冠者[⑳]五六人,童子六七人,浴乎沂[㉑],风乎舞雩[㉒],咏而归。”夫子喟然叹曰:“吾与点也!”

三子者出,曾皙后。曾皙曰:“夫三子者之言何如?”子曰:“亦各言其志也已矣。”曰:“夫子何哂由也?”曰:“为国以礼。其言不让,是故哂之。”

“唯求则非邦也与[㉓]?”“安见方六七十如五六十而非邦也者?”

“唯赤则非邦也与?”“宗庙会同,非诸侯而何?赤也为之小,孰能为之大?”

【注释】

① 曾皙:名点,字子皙,曾参父亲,也是孔子学生。

② 以吾一日长乎尔,毋吾以也:我年龄比你们大一些,不要因为我而不敢说话。

③ 居:平日家居。

④ 则何以哉:何以,即何以为用,怎么做。

⑤ 率尔:轻率、急切。再次说明子路鲁莽急躁的性格。

⑥ 摄:迫于、夹于。

⑦ 比(bì):等到。

⑧方:道理,规矩。

⑨哂(shěn):讥讽地微笑。

⑩方六七十:纵横各六七十里。

⑪ 如：或者。

⑫ 宗庙之事：指祭祀之事。

⑬ 会同：诸侯会见。

⑭ 端章甫：端，古代礼服名。章甫，古代礼帽名。此处皆动词，指穿上礼服、戴上礼帽。

⑮ 相：赞礼人，司仪。

⑯ 希：同“稀”，指弹瑟的速度放慢，声音渐渐稀疏。

⑰ 作：站起来。

⑱ 撰：述。

⑲ 莫：同“暮”。

⑳ 冠者：成年人。古代男子 20 岁时行冠礼，表示成年。

㉑ 浴乎沂：沂，水名，发源于山东南部，流经曲阜。

㉒ 舞雩（yú）：雩，舞雩，台名，祭天求雨的地方。

㉓ 唯求则非邦也与：唯：句首助词。非邦也与，不是国家吗？

【译文】

子路、曾皙、冉有、公西华四个人陪孔子坐着。

孔子说：“我年龄比你们大一些，不要因为我而不敢说话。你们平时总说‘没有人了解我呀！’假如有人了解你们，那你们打算怎样去做呢？”

子路急忙回答说：“一个拥有一千辆兵车的国家，夹在大国中间，外有别的国家侵犯，国内又闹饥荒，让我去治理，等到三年，就可以使人们勇敢善战，而且懂得礼仪。”孔子微微一笑。

孔子又问：“冉求，你怎么样？”冉求答道：“国土有六七十里或五六十里见方的小国，让我去治理，等到三年，可以使人人富足。至于礼乐教化，只有等贤人君子了。”

孔子又问：“公西赤，你怎么样？”公西赤答道：“不敢说一定能够做到，但是我愿意学习。宗庙祭祀或者同外国盟会，我愿意穿着礼服，戴着礼帽，做一个小司仪。”

孔子又问：“曾点，你怎么样呢？”曾点弹瑟的声音逐渐放慢，“铿”的一声停下来，把瑟推开，站起来回答说：“我的志向与他们三位有所不同。”孔子说：“有什么关系呢？不过是各人讲自己的志向而已。”曾皙说：“暮春三月，春装缝制好可以穿上了，和五六位大人，六七个少年，去沂河边洗洗手和脸，在舞雩台上吹吹风，然后唱着歌走回来。”孔子长叹一声说：“我赞成曾皙的想法啊！”

子路、冉有、公西华三个人都出去了，曾皙在后边。他问孔子：“他们三人的话怎么样？”孔子说：“不过是各自谈谈自己的志向罢了。”曾皙说：“夫子为什么要笑仲由呢？”孔子说：“治理国家要讲礼让，可是他说话一点也不谦让，所以笑他。”

曾皙又问：“冉求讲的不是国家吗？”孔子说：“怎见得六七十里或五六十里见方的地方就不算是一个国家呢？”

曾皙又问：“公西赤讲的不是国家吗？”孔子说：“有宗庙祭祀，有诸侯会盟，不是国家的事是什么？如果赤只能做一个小司仪，那又有谁能做大司仪呢？”

【读记】

本章是《论语》中最长的篇幅，有细节、有情节，生动精彩。但也是难解的篇章之一。笔者认为，多家注释中以钱穆《论语新解》、孙钦善《论语新注》为最好，这里参考两位学者解释而记之。

子路、冉有、公孙赤三人都说的是治理国家，然而当时世道已乱，礼乐已坏，他们的志向未必能够实现。而曾点是孔子学生中比较狂放不羁的一个，无意用世。孔子自身也因为屡屡受挫，用世的志向大减，时不时地向往饮水曲肱之乐，有隐退之意。所以，听到曾点的话，孔子如闻知音，不觉长叹。

“喟然”二字透露了孔子心中的秘密。孔子虽然有向往山林隐名的潇洒，但也有不遇其时的辛酸和壮志难酬的遗恨。

孔子毕竟是入世之人，救世之志并没有完全消退，虽然有对子路好勇特点的一贯抑郁，但对子路、冉有、公孙赤三人的志向并没有真正否定。曾点也深知这一点，所以，待三人走后，他单独留下来再问孔子以求印证，也是证明孔子对三人的肯定。

《论语·颜渊》第十二

【题解】

本篇共24章，主要是孔子谈什么是“仁”“君子”等问题，是研究者们经常引用的内容。本篇名言有：“克己复礼”“非礼勿视，非礼勿听，非礼勿言，非礼勿动”“己所不欲，勿施于人”“死生有命，富贵在天”“四海之内，皆兄弟也”“民无信不立”“百姓足，君孰与不足？百姓不足，君孰与足”“君君、臣臣、父父、子子”“君子成人之美，不成人之恶”“政者正也”“仁者爱人”“君子以文会友，以友辅仁”等。

12·1

颜渊问仁。子曰：“克己复礼①为仁。一日克己复礼，天下归仁②焉。为仁由己，而由人乎哉？”

颜渊曰：“请问其目③。”子曰：“非礼勿视，非礼勿听，非礼勿言，非礼勿动。”

颜渊曰：“回虽不敏，请事④斯语矣。”

【注释】

① 克己复礼：克己，克制自己的欲望。复，返，回复。复礼，回到礼的规定上来。

② 归仁：归，归附，归向。仁，即仁道。

③ 目：原指从属于纲的网眼，这里指具体的条目内容。

④ 事：从事，照着去做。

【译文】

颜渊问什么是仁。孔子说："克制自己的欲望，一切都回复到礼的要求上，按礼的规定去做，这就是仁。一旦这样做了，天下的一切就都归向于仁了。实行仁德，完全靠自己，难道还靠别人吗？"

颜渊说："请问实行仁的具体内容。"孔子说："不合于礼的事不看，不合于礼的话不听，不合于礼的话不说，不合于礼的事不做。"

颜渊说："我虽然不聪敏，但一定要照这些话去做。"

【读记】

本章很重要，按傅佩荣在《论语新解》的说法，这是孔子与他最好学生的对话，属于第二等级，第一等级当然是孔子自己说的话了。钱穆的《论语新解》和李泽厚的《论语今读》对本章解读都很长。

什么是"仁"？孔子提出"克己复礼为仁"，这是孔子关于什么是"仁"的主要解释，也是孔子思想的核心内容。这里包括两个方面的内容，一是约束克制自己的欲望，二是言行符合礼制规定。仁是内在的心性修养，礼是外在的各种规定，二者紧密结合。具体内容就是"四勿"，体现在"看、听、说、行"四个方面。

这句话到宋明理学被发展成"灭人欲，存天理"，就太绝对化了。人生而有欲，是自然本性，孔子并不是让人消灭人欲，因为这也做不到，孔子是要人克制、约束自己的欲望，使自己的言行符合规定。"灭人欲"是肯定做不到的，如果要强迫自己去做，只能造就虚假，造就假道学、伪君子。所以，宋明理学受到后世非议较多。

傅佩荣的《论语新解》对这段的解读也比较长，他把"为仁"理解为"走向人生正途"，把"克己复礼为仁。一日克己复礼，天下归仁焉"整句译为"能够自己做主去实践礼的要求，就是人生正途。不论任何时候，只要能够自己做主去实践礼的要求，天下人都会肯定你是走在人生的正途上"。笔者以为，这样翻译怪而不通。

12·2

仲弓问仁。子曰："出门如见大宾，使民如承大祭①。己所不欲，勿施于人。在邦无怨，在家无怨②。"

仲弓曰："雍虽不敏，请事斯语矣。"

【注释】

① 出门如见大宾，使民如承大祭：出门办事如同接待贵宾那样谨慎，治理百姓如同举行重大祭祀那样小心。

② 在邦无怨，在家无怨：邦，诸侯统治的国家。家，卿大夫统治的封地。

【译文】

仲弓问什么是仁。孔子说："出门办事如同接待贵宾那样谨慎，治理百姓如同举行重大祭祀那样小心。自己不愿意承受的，不要强加于别人。在邦国中任事没有怨恨，在卿大夫封地中任事没有怨恨。"

仲弓说："我虽然不聪敏，也要照您的话去做。"

【读记】

这里孔子又提出了"仁"的具体内容：一是敬，不管是对君主还是百姓都要庄重严肃，心存敬畏；二是恕，自己不喜欢不愿意的，不要强加于人；三是无怨。这三者也是互相关联的，正因为心存敬畏，能够以己之心体验他人之心，能够换位思考，所以，就没有怨恨。

"己所不欲，勿施于人"成为后世一句名言，与《圣经》中的"己所欲，施于人"意思相同，说明东西方哲人的很多思考都走到了相同点。两者有点像一枚硬币的两面，孔子说的是自己不愿意的，不要加之于人，耶稣说的是自己喜欢的也要给别人。有人说，耶稣比孔子积极。这倒不一定，在另外的地方，孔子不是说过"己欲立而立人，己欲达而达人"吗？其意思就是说自己喜欢的也要让别人喜欢。

12·3

司马牛[①]问仁。子曰："仁者，其言也讱[②]。"

曰："其言也讱，斯[③]谓之仁已乎？"子曰："为之难，言之得无讱乎？"

【注释】

①司马牛：姓司马，名耕，字子牛，孔子学生，生卒不详。

②讱（rèn）：说话迟钝。

③斯：就。

【译文】

司马牛问什么是仁。孔子说："仁人说话迟钝。"

司马牛说："说话迟钝，这就叫作仁了吗？"孔子说："做起来困难，说起来能不迟钝吗？"

【读记】

杨伯峻在《论语译注》中引《史记·仲尼弟子列传》云，"司马耕，字子牛。牛多言而躁，问仁于孔子。孔子曰：'仁者，其言也讱。'"所以杨伯峻认为孔子的回答是针对司马牛"多言而躁"的缺点而说的。

说话谨慎缓慢是孔子一贯的主张，也是仁的主要内容之一。除本章外，另有"君子欲讷于言""刚、毅、木、讷近仁"语。所以，孔子说的话应该是对所有的人而言。

笔者认为，"仁者，其言也讱"不能理解为孔子认为说话迟钝就是"仁"，而是指仁者说话谨慎，不轻易放言，不随意许诺，因为说出来的话一定要符合礼的要求，许下的诺言一定要兑现。现实生活中，说话不着边际、以言伤人、说大话不兑现的人太多了。

孔子的不同学生问"仁"，孔子给出的答案不同，各有针对性。这是典型的孔子教学方式，从来没有统一的标准答案，都是根据不同学生的不同情况给出不同的解释，对症下药。

12·4

司马牛问君子。子曰:“君子不忧不惧。”

曰:“不忧不惧,斯谓之君子已乎?”子曰:“内省不疚,夫何忧何惧?”

【译文】

司马牛问什么是君子。孔子说:“君子不忧愁,不恐惧。”

司马牛说:“不忧愁,不恐惧,这样就可以叫作君子了吗?”孔子说:“问心无愧,有什么忧愁和恐惧呢?”

【读记】

据说司马牛是宋国大夫司马桓魋的弟弟,桓魋在宋国“犯上作乱”,遭到宋国当权者的打击,全家被迫出逃。司马牛逃到鲁国,拜孔子为师,心里忧愁恐惧。孔子回答司马牛什么是君子的问题时,就是针对性地作答,即问心无愧、不忧不惧。其关键是“内省无疚”,问心无愧,才能不忧不惧,不是凭胆子大、权势大、财富多而无所忌惮。如此,“无疚”是一个人最大的财富、最大的依恃。当然,一个人要做到“内省无疚”,必须行“仁”。

如果撇开司马牛的具体情况而言,孔子讲的应该是更广范围的不忧不惧。就如《论语·子罕》中讲的“智者不惑,仁者不忧,勇者不惧”一样,得失成败不挂于心,心地光明,俯仰不愧天地,自然就不忧不惧了。

12·5

司马牛忧曰:“人皆有兄弟,我独亡①。”子夏曰:“商闻之②矣:死生有命,富贵在天。君子敬而无失,与人恭而有礼。四海③之内,皆兄弟也。君子何患乎无兄弟也?”

【注释】

① 亡:无。

② 商闻之:从孔子那里听说。

③ 四海:古人认为中国四面都是海,四海之内指天下之内。

【译文】

司马牛忧愁地说："别人都有兄弟，唯独我没有。"子夏说："我听说过，死生听从命运，富贵由上天安排。君子只要对事严肃认真，不出差错，对人恭敬有礼，那么，天下人就都是兄弟。君子为什么要担心没有兄弟呢？"

【读记】

"死生有命，富贵在天"是一句名言，意思是人的生死时间，财富多少，是由诸多客观因素和不可知的因素决定的。正因为无法强求，所以要"畏命""听命""知命"。

但儒家认为，作为人又不能完全听从命运的安排，主张"知其不可而为之""天行健，君子自强不息"。也就是"尽人事，听天命""谋事在人、成事在天"，意思是说，人先要自我努力，尽自己的本分，然后才是要顺应自然规律，不奢望，不抱怨。如果没有"尽人事"，而把结果归之于"天命"，怨天尤人，是不对的，那是自作自受，与"天命"无关。

"四海之内，皆兄弟也"本来是孔子师生对内心忧愁恐惧的司马牛的劝慰之言，这句话在后世也成为一句名言，成为讲究江湖义气的惯用语。只要遵从道义，人人都是兄弟。在这一章里，子夏劝慰司马牛，没有兄弟是上天决定的，但只要自己的言行符合于"礼"，成为一个君子，那就会赢得天下人的称赞，就不必发愁自己没有兄弟。此处的"兄弟"既包括血缘亲情的兄弟，又包括更为广大的道德情意上的兄弟。

12·6

子张问明①。子曰："浸润之谮②，肤受之愬③，不行焉，可谓明也已矣。浸润之谮，肤受之愬，不行焉，可谓远④也已矣。"

【注释】

① 明：明智，明察。

② 浸润之谮（zèn）：浸润，逐渐渗透。谮，谗言。这是说像水那样一点一滴地渗进来的谗言，不易觉察。

③ 肤受之愬（sù）：肤受，切肤之感。愬，诬告。这是说像皮肤感觉到疼痛那样的诬告，即直接的诽谤。

④ 远：远见。

【译文】

子张问怎样做才算是明察秋毫。孔子说："像水润物那样暗中挑拨的谗言，像切肤之痛那样直接的诽谤，在你那里都行不通，可以算是明智的了。暗中挑拨的谗言和直接的诽谤，在你那里都行不通，可以算是有远见的了。"

【读记】

明智就是分得清是非，不听谗言诬告。不管它用什么形式，是直接的，还是间接的。如果真能做到这样，你可能就不是肉身了，你就是铁打的，是特殊材料制成的了，你就可能百毒不侵、天下无敌了。

然而，这样的人很少，能做到这样很难。被直接诽谤，你明明是白，偏要把你说成黑，一般人是受不了的，所谓君子也难说。最难分辨的是那种像水一样点点滴滴、日积月累、无声无息、慢慢浸润、堆积起来的谗言诬告，一次可以不相信，二次可以不相信，三次四次以至无数次呢？让人不知不觉地相信，让人不能不相信。

正因为能做到不被各种各样谗言迷惑的人少之少，世上才有那么多误解、冤案，才有那么多兄弟反目、骨肉成仇、君臣失和。

12・7

子贡问政。子曰："足食，足兵，民信之矣。"子贡曰："必不得已而去，于斯三者何先？"曰："去兵。"

子贡曰："必不得已而去，于斯二者何先？"曰："去食。自古皆有死，民无信不立。"

【译文】

子贡问怎样治理国家。孔子说："粮食充足，军备充足，老百姓信任统治者。"子贡说："如果不得不去掉一项，那么在三项中先去掉哪一项呢？"

孔子说："去掉军备。"

子贡说："如果不得不再去掉一项，那么这两项中去掉哪一项呢？"孔子说："去掉粮食。没有粮食，人最多是饿死，自古以来人总是要死的，如果老百姓对统治者不信任，那么国家统治就不能维持了。"

【读记】

本章里孔子回答了子贡问政中所连续提出的三个问题。孔子认为，治理好一个国家，应当具备三个起码条件：充足的粮食、充足的军备、人民的信任。但这三者当中，信是最重要的。信也就是民心，没有民心，没有人民的拥护，只是穷兵黩武，统治是不会长久的。这也是孔子民本思想的反映。

本章讲到的治理国家的三大事项中孔子最看重"信"，但并不意味着其他两项即食粮和军备都不重要。事实上，如果没有食粮和军备，国家也是危殆的。这样列举多项是一种修辞手法，是对自己特别看重事项的强调，不是要否定另外事项。就像我们平时说某位女性"比西施还美"，不是说西施就不美，甚至这个女性不一定就比西施美，只是想强调，这位女性的美，或者说自己最注重这位女性。用西施来做比，只是找一个参照而已。

12·8

棘子成①曰："君子质而已矣，何以文为？"子贡曰："惜乎夫子之说君子也！驷不及舌②。文犹质也，质犹文也，虎豹之鞟③犹犬羊之鞟。"

【注释】

① 棘子成：卫国大夫。古代大夫都可以被尊称为夫子，所以子贡这样称呼他。

② 驷不及舌：驷，拉一辆车的四匹马。不及，赶不上。此句即"一言既出、驷马难追"之意，指话一说出口，就收不回来了。

③ 鞟（kuò）：去掉毛的皮，即皮革。

【译文】

棘子成说："君子只要具有好的品质就行了，要那些文采（表面的仪式）

干什么呢？”子贡说：“真遗憾，夫子您竟这样谈论君子。一言既出，驷马难追。本质就像文采，文采就像本质，都是同等重要的。去掉了毛的虎皮、豹皮，就如同去掉了毛的犬皮、羊皮一样。”

【读记】

孔子在《论语·雍有》也说过同样的意思：“质胜文则野，文胜质则史。文质彬彬，然后君子。”强调“文”与“质”不可偏废，内容与形式要统一。只不过在这里，子贡是形象说法，如果不讲究形式，去掉了毛的虎皮、豹皮，就如同去掉了毛的犬皮、羊皮一样。好的本质也应当有好的表现形式，否则，本质再好，也无法显现出来。君子虽然首先要讲求内在的良好修养，但也要讲求体现修养的仪态言表。

12·9

哀公问于有若曰：“年饥，用不足，如之何？”有若对曰：“盍彻乎①？”曰：“二②，吾犹不足，如之何其彻也？”对曰：“百姓足，君孰与不足？百姓不足，君孰与足？”

【注释】

① 盍彻乎：盍，何不。彻，西周的一种田税制度，十分抽一。

② 二：指十分抽二的税。

【译文】

鲁哀公问有若说：“遭了饥荒，国家用度不足，怎么办？”有若回答说：“为什么不实行彻法，只抽十分之一的田税呢？”哀公说：“现在抽十分之二，我都还不够，怎么能实行彻法呢？”有若说：“如果百姓的用度够，您怎么会不够呢？如果百姓的用度不够，您怎么又会够呢？”

【读记】

有若在《论语》开篇第2章就被称为“有子”，说明他在孔子弟子中德行和地位很高，他说话有时候有些像孔子的口吻。

这一章反映了儒家学派的经济思想、民本思想。“百姓足，君孰与不足？百姓不足，君孰与足”也是句名言，告诫统治者，不能只为自己的享受而与民争利。这句话的核心是“藏富于民”的思想，这个思想在古代没有真正实行过，统治者唯恐不足、穷奢极欲的现象屡见不鲜，但一旦太过分了，就会物极必反，引发老百姓造反，甚至导致一个王朝的倾覆。

作为反对统治者强征暴敛的思想武器，儒家这句话有一定的警醒和抑制作用。

12·10

子张问崇德[①]辨惑[②]。子曰：“主忠信，徙义[③]，崇德也。爱之欲其生，恶之欲其死。既欲其生，又欲其死，是惑也。‘诚不以富，亦只以异[④]。’”

【注释】

①崇德：提高道德修养水平。

②辩惑：辨别是非迷惑。

③徙义：徙，迁移。徙义，向义靠拢。

④诚不以富，亦只以异：出自《诗经·小雅·我行其野》。钱穆在《论语新解》中认为是错简，应该放在《论语·季氏》的“齐景公有马千驷”章中。笔者赞同钱先生意见，此处暂不译解。

【译文】

子张问怎样提高道德修养水平，辨别是非迷惑。孔子说：“以忠信为主，使自己的思想合于义，这就可以提高道德修养水平了。爱一个人，就希望他活下去，厌恶起来就恨不得他立刻死去。既要他活，又要他死，这就是迷惑。”

【读记】

本章里孔子谈的主要是个人的道德修养问题。他希望人们按照“忠信”“仁义”的原则去办事，就是提高道德修养。同时，正义感也不要太强烈，不要发展到偏激，否则就会不理智，就会迷惑。就像爱与恨的感情一样，爱憎分明，就会偏激走极端，就会陷于迷惑之中，也就不符合孔子一贯主张的中庸思想。然而，在爱与恨这两种最基本的情感上，人们往往爱到极致、恨到极致，要保持中庸太难！

12·11

齐景公①问政于孔子。孔子对曰："君君，臣臣，父父，子子。"公曰："善哉！信如②君不君，臣不臣，父不父，子不子，虽有粟，吾得而食诸？"

【注释】

① 齐景公：名杵臼（chǔ jiù），齐国国君，前547年—前490年在位。

② 信如：诚然。

【译文】

齐景公问孔子如何治理国家。孔子说："君主要像君主，臣子要像臣子，父亲要像父亲，儿子要像儿子。"齐景公说："讲得好呀！诚然，君主不守君主的规矩，臣下不守臣下的规矩，父亲不守父亲的规矩，儿子不守儿子的规矩，虽然有粮食，我能吃得上吗？"

【读记】

本章是名篇，"君君，臣臣，父父，子子"是名言，也集中简洁地体现了儒家维护纲常秩序的思想，在后世受到一些人的诟病，认为这种等级森严的制度抹杀了人的个性，导致人的不平等。

理解本章的要点有三：第一，孔子的理想一直是恢复周初的政治秩序，不是现代的民主制度，以后世观点看，它是落后的甚至反动的，也不可能适用于后世，甚至在当时都已经不适用了。第二，孔子强调秩序是针对当时上下失序、社会动乱的情况，这是一切社会都必须遵循的普遍规律，任何时候，作为人类或个体都需要一个群体秩序，否则就会乱套，只是秩序的内容不同而已。第三，孔子主要还在强调名与实相符，各得其所。每一个人在社会关系中都处于一定的地位，都要充当一定的角色，都有相应的权利和义务，都必须遵守一定的规范，这样社会才会和谐。在后面《论语·子路》第3章中孔子针对子路问政，讲“名不正则言不顺”，也是在论证名与实的关系。

在孔子思想中“君”与“臣”、“父”与“子”是各有义务的，意思是“君要像君、臣要像臣、父要像父、子要像子”，不只是强调“臣”对“君”的“忠”、“子”对“父”的“孝”。他在《论语·八佾》中说：“君使臣以礼，臣事君以忠。”这段对话的背景是齐国政局混乱，按朱熹《论语集注》的解释：“是时景公失政，而大夫陈氏厚施于国。景公又多内嬖，而不立太子。其君臣父子之间，皆失其道。”而且，从这个话是回答齐景公的咨询来看，孔子恐怕主要是提醒景公自身的言行要像一个“君”。但从对话上看，齐景公显然没有领会到孔子的提醒，没有觉得自己不像“君”，只认为是“臣”不像“臣”，也有可能是景公故意在装糊涂。

孔子在这里是对双方的要求，在后来的理解者中逐渐演变成对单方的要求，即君要求臣，父要求子了，“君与臣”“父与子”的关系越来越不平等了，重点强调的是“君”“父”，强调“臣”对“君”、“子”对“父”的服从了，那并不是孔子的原意。

12·12

子曰：“片言[①]可以折狱[②]者，其由也与[③]？”

子路无宿诺[④]。

【注释】

①片言：一两句话。

②折狱：狱，案件。折狱，断案。

③其由也与：大概只有仲由吧。

④宿诺：宿，久。久拖没有兑现的诺言。

【译文】

孔子说：“只听一两句话就可以判决案件的，大概只有仲由吧。”

子路说话没有不算数的时候。

【读记】

历代《论语》注本对这一章中的“片言折狱”解释颇多。一说子路明决，凭单方面的陈述就可以做出判断；二说子路为人忠信，人们都十分信服他，所以有了纠纷都在他面前不讲假话，所以凭一面之词就可以明辨是非；三说子路忠信，他所说的话绝无虚假，所以只听其中一面之词，就可以断定案件。

但这些解释似乎都不妥当，如果解释为“听一面之词就断狱”，那就是在批评子路。笔者认为朱熹在《论语集注》中的解释更好：“片言，半言；折，断也。子路忠信明快，故言出而人信服之，不待其辞之毕也。”所以，“片言”不宜译为“一面之辞”，而应译为“一两句话”，说明子路在刑狱方面是卓有才干的。

12·13

子曰：“听讼①，吾犹人也。必也使无讼②乎！”

【注释】

① 听讼（sòng）：诉讼。审理诉讼案件。

② 使无讼：使人们之间没有诉讼案件之事。

【译文】

孔子说：“审理诉讼案件，我同别人是一样的。我的意愿是必定要做到人们没有诉讼的事件发生！”

【读记】

孔子主张德政，但也不排斥刑罚，只不过刑罚只是辅助手段。他的理想是以礼治国，是教化在前，通过礼的引导，让天下没有争执，自然也就没有诉讼。虽然这可能只是理想境界，但是有了纠纷，如果能够强化协调、调解，促成和解、息讼，减少诉讼也是好事。

12·14

子张问政。子曰："居之无倦，行之以忠。"

【译文】

子张问如何治理政事。孔子说："居于职位不懈怠，执行政令要忠实。"

【读记】

本章谈治理政事的两个原则：一是要勤政不懈怠，二是要忠实执行不打折扣。

12·15

子曰："博学于文，约之以礼，亦可以弗畔矣夫！"①

【注释】

① 本章重出，见6·27。

12·16

子曰："君子成人之美，不成人之恶。小人反是。"

【译文】

孔子说："君子助成别人的好事，不助成别人的坏事。小人则与此相反。"

【读记】

"成人之美"也是后世的一句格言。本章讲的是儒家一贯的思想主张，与"己欲立而立人，己欲达而达人""己所不欲，勿施于人"等精神相通。如果人人都能成人之美，那么这个世界就会和谐多了。

成人之恶比自己行恶更坏，干这种事情的人绝不会是君子，肯定是小人。

12·17

季康子问政于孔子。孔子对曰："政者，正也。子帅以正，孰敢不正？"

【译文】

季康子问孔子如何治理政事。孔子回答说："政就是端正走正道的意思。您本人带头走正道，谁敢不走正道呢？"

【读记】

本章重点在"正"字，强调为政者要以身作则，率先垂范，无论是为人还是为官，个人的行为表率作用很重要。正人先正己，只要身居执政地位的人能够正己，那么手下的大臣和平民百姓，就都会归于正道。反之，自身不正，下面就会越来越歪，也就是俗话说的"上梁不正下梁歪"。

"子帅以正，孰敢不正？"说明季康子本人为政不正，失礼僭位，孔子的回答也是在暗示他、指责他。

12·18

季康子患盗，问于孔子。孔子对曰："苟子之不欲，虽赏之不窃。"

【译文】

季康子苦于盗窃，问孔子怎么办。孔子回答说："假如你自己不贪图财利，即使奖励偷窃，也没有人偷盗。"

【读记】

这一章与上一章讲的是同样的道理，同时，也是在批评向孔子咨询的季康子。如果在位者贪得无厌，百姓无法生存，就只有铤而走险，偷盗抢劫了。孔子希望当政者为政清廉不贪，以自己的德行感染百姓。

12·19

季康子问政于孔子曰："如杀无道①，以就有道②，何如？"孔子对曰："子为政，焉用杀？子欲善而民善矣。君子之德风，人小之德草，草上之风③，必偃④。"

【注释】

①无道：不行正道、为非作歹者。

② 就有道：就，亲近。有道，有德者。

③ 草上之风：上，动词，施加。草施加以风。

④ 偃：仆，倒。

【译文】

季康子问孔子如何治理政事，说："如果杀掉坏人，亲近好人，怎么样？"孔子说："您治理政事，哪里用得着杀戮的手段呢？您只要想行善，老百姓也会跟着行善。在位者的品德好比风，老百姓的品德好比草，草施加以风，必定朝同一方向伏倒。"

【读记】

这是季康子问政的最后一章，与前几章一样，孔子认为政治治理主要责任在上不在下，强调当政者的表率引领作用。孔子反对用杀人的手段治理国家，主张德政，认为那些暴虐的统治者滥行无道、滥杀无辜，不但没有什么效果，反而会引起百姓的反对。

古代治国讲究用"刑"或"德"两种手段，后来演变成"法治"和"德治"两种形式，王者以"德"为主，以"刑"为辅，霸者"刑"先于"德"。从这几章孔子对"问政"的回答及前面相关章节的内容可以看出，在为政上孔子主张"德治"：一方面坚持道德教化，就是在《论语·为政》中说的"道之以德，齐之以礼"，反对"道之以政，齐之以刑"，反对"杀无道"；另一方面要求当政者率先垂范，以身教化民，端正风气。

12·20

子张问："士何如斯可谓之达①矣？"子曰："何哉，尔所谓达者？"子张对曰："在邦必闻②，在家必闻。"子曰："是闻也，非达也。夫达也者，质直而好义，察言而观色，虑以下人③。在邦必达，在家必达。夫闻也者，色取仁而行违，居之不疑。在邦必闻，在家必闻。"

【注释】

① 达：通达，显达。

② 闻：虚假不实的名声。

③ 下人：下，动词，谦让于人。

【译文】

子张问："读书人怎样才叫通达？"孔子说："你说的通达是什么意思？"子张答道："在国君的朝廷里做官必定有名声，在大夫的封地里做官也必定有名声。"孔子说："这只是虚假不实的名声，不是通达。所谓通达，品质正直，遵从信义，善于分析别人的话语、观察别人的脸色，经常想着如何谦让于人。这样的人，在国君的朝廷里做官一定事事行得通，在大夫的封地里做官一定事事行得通。至于那些虚假不实的人，外表上装出喜欢仁的样子，而行动上却违背仁，以仁人自居不质疑自己。这种人在国君的朝廷里做官博取虚名，在大夫的封地里做官博取虚名。"

【读记】

本章中孔子提出了一对相互对立的名词，即"闻"与"达"，同样讲的是名实相符、表里如一的问题。"闻"是虚假的名声，名实不相符，这并不是显达；而"达"则要求一个人必须从内心深处具备仁、义、礼的德行，注重自身的道德修养，通过自己的品德和行为赢得人们的普遍认同，而不是追求虚名。

司马迁在《史记·吕不韦列传》末"太史公曰"中对吕不韦的评价引用了孔子的话："孔子之所谓'闻'者，其吕子乎？"在司马迁眼里，吕不韦虽然为秦朝统一做出重大贡献，还主编了影响巨大的《吕氏春秋》，但他以商人起家博弈政治，以投机手段取得政治成功，不是正直仁义之人，不是"达"者，只是"闻"者，是沽名钓誉之徒。

在这里"闻"是虚名，"达"是实至名归。而在后世，"闻达"成为一个词，主要是指名声，着重在"闻"，"达"的意思逐渐淡化了。诸葛亮在《出师表》中自言平生愿望"苟全性命于乱世，不求闻达于诸侯"。

12·21

樊迟从游于舞雩之下，曰："敢问崇德、修慝①、辨惑。"子曰："善哉问！先事后得②，非崇德与？攻其③恶，无攻人之恶，非修慝与？一朝之忿④，忘其身，以及其亲，非惑与？"

【注释】

① 修慝（tè）：修，改正、去除。慝，邪恶念头。

② 先事后得：先致力于做事，把得放在后面。

③ 攻其：攻，批判指责。其，自己。

④ 忿：愤怒，怨恨。

【译文】

樊迟陪着孔子在舞雩台下散步，说："请问怎样崇尚品德？去除恶念？辨别迷惑？"孔子说："问得好！先努力做事，然后才考虑收获，不就是崇尚品德了吗？批判指责自己的缺点，不要去批判指责别人的缺点，不就是去除恶念了吗？由于一时气愤，就忘记了自身的安危，甚至连累到自己的父母亲人，这不就是迷惑吗？"

【读记】

本章孔子借回答樊迟的问题谈个人的修养。樊迟提了三个问题，即如何提高道德修养、去除恶念、辨别迷惑。孔子认为，要提高道德修养水平，首先踏踏实实地做事，然后才考虑是否有收获，如果能这样做就达到了《论语·雍也》中所说的"仁"的境界，"先难而后获，可谓仁矣"；去除恶念就是严格要求自己，多反省自己，不要过多地去指责别人；辨别迷惑就是要做好情绪管理，要克服感情冲动、随便发脾气的毛病，如果一味愤怒冲动，就会失去理性，做危害他人和有害社会的事情，不但影响自身安危，可能父母也要受到连累。

如何"崇德辨惑"的问题，前面的子张也问过，但孔子的回答与此不同，他说的是："主忠信，徙义，崇德也。爱之欲其生，恶之欲其死，既欲其生，又欲其死，是惑也。”这再次体现了孔子因材施教、针对不同的学生给予不同解答的教学特点。

随便说一下，本章里开头的“游”字，说明孔子与学生也不是成天都在紧张地教学读书学习，有时也要闲逛、闲聊，也有不少休闲时光，或者也可以说是一种游学、一种轻松学习的方式。

12·22

樊迟问仁。子曰：“爱人。”问知。子曰：“知人。”

樊迟未达。子曰：“举直错诸枉①，能使枉者直。”

樊迟退，见子夏曰：“乡②也吾见于夫子而问知，子曰‘举直错诸枉，能使枉者直’，何谓也？”

子夏曰：“富哉言乎！舜有天下，选于众，举皋陶③，不仁者远④矣。汤有天下，选于众，举伊尹⑤，不仁者远矣。”

【注释】

① 举直错诸枉：错，同“措”，放置。诸，“之于”二字合音。枉，不正直，邪恶。意思是，选拔直者放在枉者之上。

② 乡（xiàng）：同“向”，刚才。

③ 皋（gāo）陶（yáo）：传说舜时掌握刑法的大臣。

④ 远：远离，被疏远。

⑤ 伊尹：汤的宰相，曾辅助汤灭夏兴商。

【译文】

樊迟问什么是仁。孔子说：“爱人。”樊迟问什么是智，孔子说：“善于鉴别人物。”

樊迟还不明白。孔子说：“选拔正直的人放在邪恶的人之上，这样就能使邪恶的人归于正直。”

樊迟退出来，见到子夏说：“刚才我见到老师，问他什么是智，他说‘选拔正直的人放在邪恶的人之上，这样就能使邪恶的人归于正直。’这是什么意思？”

子夏说：“这话意义多么丰富呀！舜有天下，在众人中挑选人才，把皋陶选拔出来，不仁的人就被疏远了。汤有了天下，在众人中挑选人才，把伊尹选拔出来，不仁的人就被疏远了。”

【读记】

关于“仁”与“智”，孔子多次讲到，面对不同的学生解释不尽相同。在《论语·里仁》中孔子说：“择不处仁，焉得知（智）？”在《论语·公冶长》中孔子说：“未知（智），焉得仁？”二者显然互为先决条件。

在《论语》中，樊迟三次向孔子问“仁”，孔子每次的回答都不同。在《论语·雍也》中孔子回答的是“先难而后获”，在《论语·子路》中孔子回答的是“居处恭，执事敬，与人忠”，在回答其他弟子关于“仁”的提问时，孔子的回答也是不同的。但本章对“仁”的回答最为通俗易懂、简洁明了，那就是“仁者爱人”，简单明白得不需要再做具体阐述。

本章重点讲的是“知”，也就是知人，辨别人。关键就是要选拔贤才，罢黜奸邪，办法就是“举直错诸枉”。这个办法在《论语·为政》中孔子也讲过：“举直错诸枉，则民服；举枉错诸直，则民不服。”意思就是知人善任，树立好榜样，让好人镇住坏人、引导教化坏人，让坏人无法施展，甚至改邪归正。但在实际中，要做到知人善任很难，因为人是最难被认识的，真正做到“知”并不容易。历史上，许多贤能之才不但没有被提拔反而受到压迫，而一些奸佞之人却平步青云压在贤能之士之上，就说明了这一点。

12·23

子贡问友。子曰：“忠告而善道之，不可①则止，毋自辱焉。”

【注释】

① 不可：不认可，不听从。

【译文】

子贡问怎样对待朋友。孔子说：“忠心地劝告他，方法恰当地引导他，如果不听也就罢了，不要自取其辱。”

【读记】

本章讲交友之道，重点说的是如何向朋友提意见，值得我们学习借鉴。第一，态度要好，出发点要好，也就是对朋友要“忠”；第二，要注意方法，要让人易于接受；第三，要知道节制，适可而止。因为不管出于什么目的，忠言总是逆耳的，朋友暂时不能听从，就不要反复念叨，容易惹人讨厌，好心得不到好报，处理不好，只会自取其辱，导致朋友疏远甚至反目成仇。

在《论语・里仁》中，子游也说过类似的话：“事君数，斯辱矣；朋友数，斯疏矣。”从另外的角度上讲，孔子这里所讲的，也是对别人作为主体的一种承认和尊重。

12・24

曾子曰：“君子以文会友，以友辅仁。”

【译文】

曾子说：“君子以切磋文章学问来结交朋友，依靠朋友来帮助自己培养仁德。”

【读记】

本章仍然讲交友。“以文会友”这个词直到现在还在用，因为学问文章成为朋友，又因为是朋友对学问文章互相交流切磋提高，这是人生一大乐事，《论语・学而》开篇不是说“有朋自远方来，不亦乐乎”？

当然，孔子提出，君子之交的内容不仅仅是交流学问文章，关键还要“以友辅仁”，提高道德修养。不仅要结交学问文章好的朋友，更要结交品德好的朋友，互相观照、互为榜样，互相砥砺道德文章，这才是君子所为。辅仁大学校歌有“辅仁以友，会友以文”之句，或许就源于此处。

《论语·子路》第十三

【题解】

本篇共30章，以论政为主，涉及礼治、德政、举贤、正己等内容，也涉及教育思想、个人道德修养等。本篇名言有“名不正则言不顺，言不顺则事不成”“其身正，不令而行；其身不正，虽令不从”“欲速则不达”“父为子隐，子为父隐”“居处恭、执事敬、与人忠”“言必信，行必果”“君子和而不同，小人同而不和”“君子泰而不骄，小人骄而不泰”等。

13·1

子路问政。子曰：“先之劳之①。”请益②。曰：“无倦③。”

【注释】

① 先之劳之：先，先做表率。之，指老百姓。劳，役使百姓。

② 益：增加，请求再讲点。

③ 无倦：不厌倦，不懈怠。

【译文】

子路问怎样管理政事。孔子说：“做在老百姓之前，然后让老百姓勤劳工作。”子路请求多讲一点。孔子说：“不要厌倦懈怠。”

【读记】

本章讲治理政事，关键有三点：一是在位者带头，二是让老百姓勤勉工作，三是坚持不懈怠。子路是个急性子，觉得老师回答得太简单了，要求孔子再讲点，孔子却没有多说，只是要求他坚持。

孔子一向主张为政者要起模范带头作用，要身体力行，引导大众。坚持是做好一切事情的法宝，很多事情没有成功、半途而废、功亏一篑，就是没有做到孔子讲的“无倦”，不能坚持到底。

向孔子问政的人很多，孔子还是根据不同的人不同的时候，给予不同的答案。

13·2

仲弓为季氏宰，问政。子曰：“先有司①，赦小过，举贤才。”

曰：“焉知贤才而举之？”曰：“举尔所知。尔所不知，人其舍诸？”

【注释】

①有司：古代负责具体事务的官吏。

【译文】

仲弓做了季氏的总管，问怎样管理政事。孔子说：“给下属官员做表率，赦免他们的小过错，选拔贤才来任职。”

仲弓又问：“怎样知道是贤才而把他们选拔出来呢？”孔子说：“选拔你所知道的，至于你不知道的贤才，别人难道还会舍弃他们吗？”

【读记】

孔子在这里提出为政的三个措施：一是率先垂范，给下属做表率；二是不苛求小过，因为人无完人，谁都可能犯错误，如苛求细小过失，则无可用之人；三是选拔优秀人才，事情最终要靠人来完成，庸人不能成事，只有优秀的人才能把事情办好。

这个道理肯定是对的，当问到如何选拔贤才时，孔子就没有更好的答案了，他只能说选拔你所知道的，那么不知道的呢？孔子的回答是等着别人去选拔。因为当时还没有考试选拔制度。

人才选拔必须建立一套科学完整有效的机制，如果仅靠个人、仅靠所谓“伯乐”去识别是很难的，成功选拔出人才只是个别现象。所以，韩愈才有“千里马常有而伯乐不常有”之叹。而且，这种个人推举制容易给溜须拍马者、善于伪装者、以财贿选者、以权谋私者以可乘之机，使大批真正的优秀人才难以脱颖而出。

13·3

子路曰：“卫君[①]待子为政，子将奚[②]先？”

子曰：“必也正名[③]乎！”

子路曰：“有是哉，子之迂也！奚其正？”

子曰：“野哉，由也！君子于其所不知，盖阙如[④]也。名不正则言不顺，言不顺则事不成，事不成则礼乐不兴，礼乐不兴则刑罚不中[⑤]，刑罚不中，则民无所错[⑥]手足。故君子名之必可言也，言之必可行也。君子于其言，无所苟[⑦]而已矣。”

【注释】

① 卫君：卫出公，名辄，卫灵公之孙，参见7·15。

② 奚（xī）先：以什么为先。

③ 正名：纠正名分上不当的地方。

④ 阙如：同“缺”，存疑。

⑤ 中（zhòng）：恰当。

⑥ 错：同“措”，安置。

⑦ 苟：苟且，马虎。

【译文】

子路（对孔子）说：“卫国国君等您去治理国家，您打算先做什么呢？”

孔子说：“首先必须辩正名分，使名实相符。”

子路说：“有这样做的吗？您太迂腐了。正名干什么呀？”

孔子说：“真粗野啊，仲由！君子对于他所不知道的事情，总是采取存疑的态度。如果名分不正，说话就不顺当不合理；说话不顺当不合理，事情就办不成；事情办不成，礼乐就不能兴盛；礼乐不能兴盛，刑罚就不会得当；

刑罚不得当，百姓就举止失措不知怎么办。所以，君子定下的名分，一定有能够这样说的理由，说出来也一定能够行得通。君子对于自己说的话，是从不马虎的。”

【读记】

“正名”是孔子“礼”的思想的组成部分。正名的目的是恢复秩序，具体内容就是“君君、臣臣、父父、子子”。孔子认为，只有“名正”才可以做到“言顺”，接下来的事情才能迎刃而解。本章是针对当时卫国礼崩乐坏、等级名分混乱而发的议论。

如果把“名”理解为“名分”就更好理解了。我们做任何事情如果没有名分是不好做的，一个人如果不明确职务权力是无法管理一个单位、一个部门的，上级如果需要下级努力工作做出成绩，首先要给人一个名分。同样，男女两人如果只有夫妻之实没有夫妻之名，很多事情也是不好办的，一个女人跟一个男人相处久了，通常都会要一个“名分”。

所以，“正名”确实非常重要。

13・4

樊迟请学稼[①]。子曰：“吾不如老农。”请学为圃[②]。曰：“吾不如老圃。”

樊迟出。子曰：“小人哉，樊须也！上好礼，则民莫敢不敬；上好义，则民莫敢不服；上好信，则民莫敢不用情[③]。夫如是，则四方之民襁[④]负其子而至矣，焉用稼？”

【注释】

①稼：种田。

②圃（pǔ）：菜地，引申为种菜。

③用情：情，情实。以真心实情来对待。

④襁（qiǎng）：背婴孩的背篓。

【译文】

樊迟向孔子请教如何种庄稼。孔子说：“我不如老农。”又请教如何种菜。

孔子说："我不如老菜农。"

樊迟退出。孔子说："樊迟真是小人哪！执政者只要重视礼制，老百姓就不敢不敬畏；执政者只要重视道义，老百姓就不敢不服从；执政者只要重视忠信，老百姓就不敢不讲真实情况。如果做到这样，四面八方的老百姓就会背着他的小孩来投奔，就会有人耕种了，哪里用得着自己种庄稼呢？"

【读记】

曾有人据此指责孔子看不起劳动，看不起劳动人民。这实在是不理解孔子，不懂孔子，误解孔子。注意，这里孔子说的是"不如"，不是"不会"，更不是"不屑"，孔子也不是真的反对种庄稼、种菜，他是在阐述他的使命。

孔子的人生目的是什么？他周游列国，历尽坎坷，是为了什么？是希望恢复西周的礼制，当他知道这一切不可能之后怎么办？他自己说"五十而知天命"，他认为，理想不能实现是上天注定，但上天又赋予他传承先王文化的使命。因此，他从事教育，培养学生，目的是让他们学好本领，从政为官，去改造社会、改造风气。他是要培养传承先王文化的接班人。

而樊迟不学礼仪，却向孔子请教如何种庄稼、如何种菜，难怪孔子要生气，骂他是"小人"。这里的"小人"不是指品德意义的小人，而是指没有志向、没有出息、只能在下位的人。意思是：樊迟真是小老百姓一个！

同时，本章也是在讲为政者的重点，不是自己亲自去种地，而是要讲究礼制、重视道义、追求忠信、做好管理、倡导正义、教化百姓。

有的《论语》注译本猜测樊迟学稼可能是当年年景不好，有感而发。这未免太牵强了，笔者以为，孔子在此是借种地说出他的政治主张。

13·5

子曰："诵《诗》三百，授之以政，不达①；使于四方，不能专对②。虽多，亦奚以③为？"

【注释】

① 达：通达，运用。

② 专对：独立对答。

③ 以：用。

【译文】

孔子说："把《诗》三百篇背得很熟，让他处理政务，却不会办事；让他当外交使节，不能独立应对。虽然读得很多，又有什么用呢？"

【读记】

这里的"诗"与现代意义上的"诗"内涵是不同的，它的内容十分广泛，《诗》里面言国政、记风俗、表人情、含讽喻，在当时远不只是用来欣赏的文艺作品，而是有非常实用的实际用途。《诗》常被用作外交辞令，表示自己所言有根据，有权威性。《诗》也是孔子教授学生的主要内容之一，他教学生诵《诗》，当然也不单纯是为了欣赏，而是为了把《诗》的思想运用到指导政治活动之中，把《诗》的精彩语言运用到社交外交之中。在《论语·阳货》中；孔子还讲了《诗》的更多用途。

这里也体现出孔子学以致用的思想。他认为，如果所学的东西不能运用到实际之中，用以解决问题、处理政事，学得再多，也没有用。

13·6

子曰："其身正，不令而行；其身不正，虽令不从。"

【译文】

孔子说："执政者自身行为正当，即使不发布命令，老百姓也会去做；自身行为不正当，即使发布命令，老百姓也不会听从。"

【读记】

本章还是讲当政者要身体力行，带头遵守礼制规定，以上化下。这个意思在多个篇章中表达过。

《论语》中孔子讲“正”的地方特别多，在《论语·颜渊》中说：“政者，正也。子帅以正，孰敢不正。”在《论语·子路》中说：“苟正其身矣，于从政乎何有？不能正其身，如正人何。”在《论语·卫灵公》中说：“无为而治者，其舜也与？夫何为哉，恭己正南面而已矣。”在《论语·泰伯》中谈“正颜色”，在《论语·尧曰》里谈“正其衣冠”等。

其实“正”何止在政务中重要，就是在家庭里、在培养孩子的问题上也特别重要。要想孩子努力学习、养成良好品德，家长必须带头示范，所以说“父母是孩子的第一老师”。现在不少家长自己都不会做人，不爱学习，甚至品德低下，又怎么可能让孩子好好学习、好好成长？

13·7

子曰：“鲁卫之政，兄弟也。”

【译文】

孔子说：“鲁和卫两国的政事，就像兄弟一样差别不大。”

【读记】

鲁、卫都是姬姓国家，与周天子血脉相连。鲁国是周公旦的封地，卫国是康叔的封地，周公旦和康叔是兄弟，所以，两国的政治文化都比较相近。孔子对两国都曾寄予很大希望，先后两次到卫国谋求参政。当然孔子的愿望都落了空，后来鲁、卫两国的政治都一样的衰乱糟糕。

13·8

子谓卫公子荆①：“善居室②。始有，曰：‘苟合③矣。’少有，曰：‘苟完④矣。’富有，曰：‘苟美⑤矣。’”

【注释】

① 卫公子荆：卫国大夫，字南楚，卫献公的儿子，吴国贤人季札把他列为卫国的君子。

② 善居室：善于居家度日。

③ 苟合：苟，差不多。合，足够。

④ 完：齐备。

⑤ 美：完美。

【译文】

孔子谈到卫国的公子荆时说：“他善于居家过日子。刚开始有一点财产，他说‘差不多够了。’稍为多一点，他说‘差不多齐备了。’更多一点时，他说‘差不多完美了’。”

【读记】

本章的主题是提倡俭朴，反对奢靡，赞美公子荆不贪不求，知足常乐。当时，卿大夫贪污成习，奢靡成风，孔子赞扬公子荆，意在讥讽时风。

13 · 9

子适卫，冉有仆①。子曰：“庶矣哉！”冉有曰：“既庶②矣，又何加焉？”曰：“富之。”曰：“既富矣，又何加焉？”曰：“教之。”

【注释】

① 仆：驾车。

② 庶：众多，这里指人口众多。

【译文】

孔子到卫国去，冉有为他驾车。孔子说：“人口真多呀！”冉有说：“人口已经够多了，再做什么呢？”孔子说：“使他们富起来。”冉有说：“富了以后又做些什么？”孔子说：“教化他们。”

【读记】

在本章里，孔子提出了“富民”和“教民”的重要思想，而且是“先富后教”。就是先繁荣经济使百姓富裕，进而开展文化教育、道德教化。孟子、荀子都发扬了这个主张，孟子说：“乐岁终身苦，凶年不免于死亡，此惟救死而恐不赡，奚暇治礼义哉。”管子也有类似思想，他说：“凡治国之道，必先富民。”又说：“仓廪实而知礼节，衣食足而知荣辱。”

这本来是常识，但在有些时候往往被人们所忽视，宋明理学空谈心性，大唱高调，说“大学之道在明明德、在新民，在止于至善”“饿死事小，失节事大”。宋代以后，俸禄菲薄而希望官吏廉洁，不富百姓希望风俗改善。所以，康有为说“盖未富而言教，悖乎公理，紊乎行序也”。

即使在现代，“富之，教之”仍然十分重要。

13·10

子曰：“苟有用我者，期月①而已可也，三年有成。”

【注释】

① 期月：一年的月份周而复始，即一周年。

【译文】

孔子说：“如果有人用我治理国家，一年就差不多了，三年就会很有成效。”

【读记】

《史记·孔子世家》里记载了本章内容的背景，前后文是这样的，“灵公老，怠于政，不用孔子。孔子喟然叹曰：‘苟有用我者，期月而已，三年有成。’孔子行。”从这里可以看出，这是孔子对自己空有能力而不被见用的感叹，有自信、有失望，更有一种不得志的惆怅。

按孔子的观点，看一个人治理国家怎么样，三年可作为一个时间标准。但联系后面几章看，这也只是指政绩上有成效，还远不是理想中的德政、仁政，那样的治理需要三十年、一百年。

现在一个人管理一个单位、一个行业、一个企业也可以以三年为期，检验其能力和成效。如果三年还没有什么成绩，就没有什么借口了。

13·11

子曰："'善人为邦百年，亦可以胜残去杀矣。'诚哉是言也！"

【译文】

孔子说："'善人治理国家一百年，也就可以消除残暴，废除滥杀了。'这话真对呀！"

【读记】

孔子论政，主张德治，一贯反对残暴，反对滥杀无辜，追求长治久安。但是，"胜残去杀"虽然是美好政治，但需要时间，即使"善人"也要经过几代至甚上百年时间。这说明为政不易，把国家治理好、把人民教化好更不易。这也是孔子对周平王东迁以来暴政滥杀现象的感叹。

13·12

子曰："如有王者，必世①而后仁。"

【注释】

① 世：三十年为一世，也可说一代人。

【译文】

孔子说："如果有王者兴起，也一定要一代人才能实现仁政。"

【读记】

上一章孔子讲，善人施行德治需要一百年的时间才可以到达理想境界，本章又说，王者治理国家需要一代人的时间才能实现仁政。两章都讲了两个条件：一是需要有善人、王者，二是要有一定时间。这说明实现德治、仁政、善政都不易。

13·13

子曰："苟正其身矣，于从政乎何有？不能正其身，如正人何？"

【译文】

孔子说："如果端正了自身的行为，管理政事还有什么困难呢？如果不能端正自身的行为，怎么去端正别人呢？"

【读记】

孔子在本章还是强调前面多次讲过的"正人先正己"的道理，即强调当政者以身作则的表率带头作用。但笔者以为，当政者提倡、模范引领，虽然十分重要，但仅靠这点是远远不够的，建立有效的法规制度也很重要。

13·14

冉子退朝[①]。子曰："何晏[②]也？"对曰："有政。"子曰："其事也？如有政，虽不吾以[③]，吾其与闻之。"

【注释】

① 退朝：冉求当时在季氏处为政。朝，指季氏私朝，非国君之朝。

② 晏：晚。

③ 不吾以：以，用。不吾以，不用我。

【译文】

冉求从季氏家回来，孔子说："为什么回来得这么晚呀？"冉求说："有政事。"孔子说："只是一般的事务吧？如果有政事，虽然不用我了，我也会知道的。"

【读记】

本章一是说明孔子师生关系十分融洽，好像一家人一样，冉求从季氏处回来晚了，孔子关心他；二是说明季氏讨论的肯定不是有关国家的大事，如果是这些事，曾经担任大夫的孔子肯定会知道。孔子不知道的，肯定是季氏自己的私事，也可能是对国君不利的事，因为当时季氏经常同其他两家大夫家一样，做出不符合君臣之礼的事情。

13·15

定公问："一言而可以兴邦，有诸？"

孔子对曰："言不可以若是。其几[1]也，人之言曰：'为君难，为臣不易。'如知为君之难也，不几乎一言而兴邦乎？"

曰："一言而丧邦，有诸？"

孔子对曰："言不可以若是。其几也，人之言曰：'予无乐乎为君，唯其言而莫予违[2]也。'如其善而莫之违也，不亦善乎？如不善而莫之违也，不几乎一言而丧邦乎？"

【注释】

①几：近，近似。

②莫予违：即"莫违予"的倒装，没有人违抗我。下句"莫之违"相同，是"莫违之"的倒装。

【译文】

鲁定公问："一句话就可以使国家兴盛，有这样的话吗？"

孔子答道："话可不能这样说。不过有相近的情况，有人说：'做君难，做臣不易。'如果知道了做君的难，这不近似于一句话可以使国家兴盛吗？"

鲁定公又问："一句话可以使国家灭亡，有这样的话吗？"

孔子回答说："话可不能这样说。不过有相近的情况，有人说过：'我做君主并没有什么快乐，我快乐只是我所说的话没有人敢于违抗。'如果说得对而没有人违抗，不也好吗？如果说得不对而没有人违抗，这不近似于一句话可以亡国吗？"

【读记】

孔子认为，国君应该感到做国君的不易，应该有如履薄冰、战战兢兢的忧惧心态，而不应对自己说的话无人敢违抗感到高兴。如果说得不对的话也无人敢违抗，说明是压制言论的暴政，久而久之，就没有人敢进言，只剩下一些阿谀奉承、谋取私利之辈，谁还会为国家出力？国家自然就会走向灭亡。

鲁定公想用一句话轻松解决国家的治理问题，那是不可能的。与之相反，如果不注意，一句话可以使一个国家灭亡，那是必须慎之又慎的。孔子这里是借此提醒当权者。

13·16

叶公问政。子曰：“近者悦，远者来。”

【译文】

叶公问孔子怎样管理政事。孔子说：“使境内的人高兴，使远方的人来归附。”

【读记】

把国家治理好了，百姓安居乐业了，远处的人自然闻风来归。孔子强调的是，一个为政者要修德爱民，让老百姓安居乐业，自然有吸引力。不能一味劳民伤财，武力扩张，靠力量征服周边人民。

在《论语》其他篇章，也有与本章意思相近的内容，在《论语·子路》中，孔子说：“上好礼，则民莫敢不敬；上好义，则民莫敢不服；上好信，则民莫敢不用情。夫如是，则四方之民襁负其子而至矣。”在《论语·季氏》中，孔子说：“故远人不服，则修文德以来之。既来之，则安之。”

13·17

子夏为莒[①]父宰，问政。子曰：“无欲速，无见小利。欲速，则不达，见小利则大事不成。”

【注释】

①莒（jǔ）：鲁国邑名，在今山东省莒县境内。

【译文】

子夏做莒父的长官，问孔子怎样办理政事。孔子说：“不要贪求快，不要贪求小利。贪求快反而达不到目的，贪求小利就做不成大事。”

【读记】

本章讲从政的两条重要经验：一是不追求速度，不急功近利；二是着眼大利，不贪求小利。

“欲速则不达”也是后世一个成语，里面隐含了一个自然的客观规律，违背规律就不能成功。但在现实生活中，为求速度赶进度，急功近利、拔苗助长的事太多了，这些人应该多读读并践行几千年前孔子讲的这句话。

13·18

叶公语孔子曰：“吾党①有直躬者②，其父攘③羊，而子证④之。”孔子曰：“吾党之直者异于是：父为子隐，子为父隐，直在其中矣。”

【注释】

① 党：乡党，古代以五百户为一党。

② 直躬者：直身而行，引申为正直的人。

③ 攘：盗窃。

④ 证：告发。

【译文】

叶公告诉孔子说：“我的家乡有个正直的人，他的父亲偷了人家的羊，他就检举告发了父亲。”孔子说：“我的家乡正直的人和你讲的正直人不一样，父亲为儿子隐瞒，儿子为父亲隐瞒。正直就在其中了。”

【读记】

本章讨论了一个相互矛盾的重要问题：人情与法制。孔子的“直”是有条件的“直”，“父子相隐”既是人之常情，也符合礼仪规范，因为礼的根本是“孝”与“弟”，孔子提倡的道德原则是“孝”与“慈”，所以他赞成“父为子隐，子为父隐”。

笔者认为不能简单地以本章推断出孔子是要以人情取代法律，孔子应该是讲，在讲法律的同时，要考虑人情的因素。现代法律制度似乎也考虑到了孔子这个思想。亲属回避制、规定亲属没有举证的义务，也是出自维护人伦亲情原则。这说明孔子主张中的合理性已为当今社会所认可。

“人情”与“法制”不能完全对立起来 不能简单地在“法大”还是“情大”之间做选择，最好是在二者之间求取平衡。

13·19

樊迟问仁。子曰：“居处恭，执事敬，与人忠。虽之[①]夷狄，不可弃也。”

【注释】

①之：到。

【译文】

樊迟问怎样才是仁。孔子说：“平常在家规矩恭敬，办事严肃认真，待人忠心诚意。即使到了落后的夷狄之国，也不可丢弃。”

【读记】

这里孔子对“仁”的解释，涉及“修己、处事、待人”三个方面，就是“恭”“敬”“忠”三个标准。最后一句也很重要，“恭”“敬”“忠”这几种态度不只是在家里，也不只是在自己国家，就算是在外面，在其他落后的外国，不管在什么时候、在什么地方都是一致的。不因人而异，不因地而异，不因族而异。儒家的这种精神也铸就了中华古老文化的魅力，千百年来，它教化、同化了许多外族。

13·20

子贡问曰：“何如斯可谓之士[①]矣？”子曰：“行已有耻，使于四方，不辱君命，可谓士矣。”

曰：“敢问其次。”曰：“宗族称孝焉，乡党称弟焉。”

曰：“敢问其次。”曰：“言必信，行必果，硁硁[②]然小人哉！抑亦可以为次矣。”

曰：“今之从政者何如？”子曰：“噫！斗筲之人[③]，何足算也？”

【注释】

① 士：周代最低层贵族，后来成为古代社会知识分子的通称。

② 硁硁（kēng kēng）：象声词，敲击石头之声，引申为固执。

③ 斗筲（shāo）之人：斗，十升。筲，竹器，容一斗二升。斗筲，指财物短少，比喻器量狭小的人。

【译文】

子贡问："怎样才可以叫作士？"孔子说："对自己的行为保持羞耻之心，出使外国，不辜负国君的使命，可以叫作士。"

子贡问："请问次一等的呢？"孔子说："宗族中的人称赞他孝顺父母，乡党们称他尊敬兄长。"

子贡又问："请问再次一等的呢？"孔子说："说到一定做到，做事一定坚持到底，这是不问是非、不知变通地固执己见的小人物，也可以说是再次一等的士了。"

子贡说："现在的执政者怎么样？"孔子说："唉！这些器量狭小的人算得上什么呢？"

【读记】

在本章中，孔子把"士"划分成三类：第一类也是他认为最高的一类，是有才有德的人，他们有知耻之心，不辱君命，能够担负国家使命。其次是孝敬父母、顺从兄长的人。再次才是"言必信，行必果"的人。至于当时的当政者，孔子对他们极为轻蔑，认为他们根本不入流，是器量狭小的人，根本算不得士。

孔子把"行己有耻"看得很重，因为不知羞耻的人太多了，现在也是这样。只有知道羞耻的人才会有所不为，不知羞耻的人没有底线，什么事都做得出来，这是最可怕的。

第三类"言必信，行必果"也是值得称赞的品德，但如果固执到不分是非黑白、不知变通就不好了。按孔子的说法。"言必信，行必果"必须以"义"为依据，不合于"义"的，言不必信，行不必果。所以，孔子称之为"小人”，这里的“小人”不是道德上的小人，是指普通的老百姓，很一般的“士”了，但也比“从政者”好。在孔子眼里，那些“从政者”纯属“斗筲之人”，连普通老百姓都不如。

13·21

子曰：“不得中行[①]而与之，必也狂狷[②]乎！狂者进取，狷者有所不为也。”

【注释】

① 中行：行为中正，此指坚守中庸而行的人。

② 狷（juàn）：畏缩拘谨，有所不为。

【译文】

孔子说：“我找不到奉行中庸之道的人和他交往，只能与狂放不羁和洁身自好的人交往了。狂放不羁的人敢作敢为，洁身自好的人对有些事是不肯干的。”

【读记】

“狂”是积极进取，狂放不羁，“狷”是洁身自好，消极抵抗，中道、中庸虽然可贵，但很难做到。孔子认为，实在做不到，与“狂”“狷”交往也不错。特别是狷者的“有所不为”更难得。积极进取，有所为，可能受到客观条件限制，主观上无法控制，有时候比较困难。但有所不为，不同流合污，不随波逐流，主观上控制相对容易一些。

13·22

子曰：“南人有言曰：‘人而无恒，不可以作巫医[①]。’善夫！”

“不恒其德，或承之羞[②]。”子曰：“不占[③]而已矣。”

【注释】

① 巫医：用卜筮为人治病的人。

② 不恒其德，或承之羞：此二句引自《易经·恒卦·爻辞》。

③ 占：占卜。

【译文】

孔子说："南方人有句话说'一个人如果做事没有恒心，就不能当巫医。'这句话说得真好啊！"

"《易经》说'人不能坚守自己的德行，免不了要遭受耻辱。'"孔子说："没有恒心的人用不着去占卦求吉利了。"

【读记】

"恒"是孔子反复强调的品德。本章是孔子针对南人的一句流行语和《周易》中的一句爻辞发的议论，认为它们说得太好了。这两句话中都讲了"恒"字，第一句的"恒"是恒心，意思是，人必须有恒心，才能成就事业。第二句的"恒"是恒久，意思是人必须恒久保持德行，否则就可能遭受耻辱。《易经》第三十二卦就是"恒卦"，象征恒久、亨通，没有过错，利于守持正道，利于前行。"恒卦"有六爻，其"九三"爻辞就是"不恒其德，或承之羞；贞吝"。

曾国藩也特别强调"恒"字，在他的家书中多次以"恒"字自勉、自责，并以此告诫他的儿子及弟弟们。

13・23

子曰："君子和[①]而不同[②]，小人同而不和。"

【注释】

① 和：彼此不同的东西和谐地配合叫作和。

② 同：相同的东西相加或与人相混同叫作同。

【译文】

孔子说："君子讲求和谐而不讲求事事相同、没有差别矛盾，小人只求事事相同、没有差别矛盾，而不讲求和谐。"

【读记】

本章重点是讲如何理解“和”与“同”。“和”是中华文化的一个重要理念，“和而不同”是孔子思想体系中的重要组成部分，“和”是尊重彼此差异而进行组合，“同”是要求彼此完全一致。彼此有差异恰恰才能和谐，彼此完全一样，却不一定能和谐。“和”如五味调和成美食，五声调和成音乐，声味不同，而能互相调和。“和”的前提是赞成允许个体的差异、区别甚至分歧，然后，将这些差异、区别、分歧按一定的规则进行调整、处理到适当的位置，使之各得其所、和谐相处。

所以，我们待人处事要坚持“和而不同”的原则，在承认差别的前提下求得不同的事物、不同的意见和不同的利益之间的协调、平衡和和谐。处理人与人之间的关系是这样，处理政治、经济、文化、思想之间的关系也是这样。

“同而不和”与此相反，不承认差别的存在，追求没有差别的统一、一致，容不得不同意见，不承认别人的利益，最终达不到整体的和谐。

13·24

子贡问曰：“乡人皆好之，何如？”子曰：“未可也。”

“乡人皆恶之，何如？”子曰：“未可也。不如乡人之善者好之，其不善者恶之。”

【译文】

子贡问孔子说：“全乡人都喜欢他，这个人怎么样？”孔子说：“这还不能肯定。”

子贡又问孔子说：“全乡人都厌恶他，这个人怎么样？”孔子说：“这也是不能肯定的。不如全乡的好人都喜欢他，全乡的坏人都厌恶他。”

【读记】

本章讲的是对一个人的评价不一定要以众人的好恶为标准，而应以善恶为标准。也就是说，关键要看是谁在说这个人好，谁在说这个人不好，要体察评价者的动机立场。因为生活中不分是非的好好先生太多，孔子最讨厌的就是毫无原则、同流合污、不主持正义、不抵制坏人坏事的好好先生，他说：“乡愿，德之贼也。”

评价一个人不一定要以多数人的意思为标准，而是要有一个客观的标准。真理有时候并不掌握在多数人手里。对此孔子提出了一个衡量办法，就是看评价者本人是什么人。如果一个评价者恶行累累，他说某个人是好人或者是坏人，那他的评价就值得三思了。

一个人也不要指望所有的人都赞扬你、喜欢你，除非你没有立场、没有是非观念，是一个什么都说好的好好先生。也不要怕有人讨厌你、反对你，只要你办事是出于公心、按规则行事。

13·25

子曰：“君子易事①而难说②也。说之不以道，不说也；及其使人也，器之③。小人难事而易说也。说之虽不以道，说也；及其使人也，求备焉。”

【注释】

① 易事：容易侍奉。

② 难说：说，同“悦”。难说，难于取得他的欢喜。

③ 器之：量才使用他。

【译文】

孔子说：“君子容易侍奉，但要取得他的喜欢却难。不用正当的方式去讨他的喜欢，他是不会喜欢的。当等到他使用人的时候，总是根据才德用人。小人难以侍奉，但取得他的喜欢却很容易。不用正当方式去讨他的欢喜，也会得到他的喜欢。但等到他使用人的时候，总是求全责备。”

【读记】

本章孔子又提出了“君子”与“小人”之间的另一个区别，这里的君子与小人应该是在德才方面的区别。作为君子，不轻易表明自己的喜好，要讨他喜欢不容易，但他并不对人求全责备、百般挑剔，往往能原谅人之所短，看人所长，用人所长，所以，君子容易侍奉。但小人就不同了，小人总是轻易或者说故意显露他的爱好，让人们投其所好。讨小人喜欢容易，但小人对人往往多看缺点，求全责备，挑人之短，好像天下无可用之人，所以，小人难以侍奉。

13 · 26

子曰："君子泰而不骄①，小人骄而不泰。"

【注释】

① 泰而不骄：泰，自信自负而雍容大方。骄，傲慢无礼。

【译文】

孔子说："君子自信自负但不傲慢无礼，小人傲慢无礼但不自信自负。"

【读记】

这里的"君子"与"小人"是从道德层面上说的。君子内心坦荡，自信自负，但不在乎得失，不在乎别人的评价，所以表现在言行上不会傲慢无礼。小人则相反，内心虚弱，不自信，所以斤斤计较得失，很在意自己在别人眼中的看法，在言行上常常想高人一等、压人一头，傲慢无礼。

13 · 27

子曰："刚、毅、木、讷近仁。"

【译文】

孔子说："刚强、果决、朴实、寡言，有这四种品德就接近于仁了。"

【读记】

"刚"是刚强，不为欲望所动；"毅"是坚毅，不肯在任何威胁下低头；"木"是质朴，面无表情；"讷"是迟钝，不善言辞。"木""讷"看似傻呆，但心地宽厚，孔子喜欢，他特别反对能说会道、花言巧语之人。

孔子再次把朴素、寡言与"仁"联系在一起，说明"仁"者绝不是大言浮夸、华而不实之辈。同时，孔子也提出刚强、果敢的品质，说明“仁”者虽然要彬彬有礼，但绝不是软弱，不是遇事怯懦退缩之辈，而是每遇大事，敢于出头，敢于担当。

康有为在《论语注》中说：“刚者无欲，毅者果敢，木者朴行，讷者谨言。四者皆能力行，与巧言令色相反者，故近仁。盖圣人爱质重之人，而恶浮华佻伪如此，盖华者不实也。”

值得注意的是，这里孔子说的只是“近仁”，只是接近仁德的标准，但还不是“仁”。就像他说的“巧言令色，鲜矣仁”，只是说“少仁”，不是“不仁”。再次说明，孔子对“仁”的要求很高，不轻易许“仁”于某人某行。

13 · 28

子路问曰：“何如斯可谓之士矣？”子曰：“切切偲偲①，怡怡②如也，可谓士矣。朋友切切偲偲，兄弟怡怡。”

【注释】

① 切切偲偲（sī）：互相勉励、督促。

② 怡怡：和气、和睦。

【译文】

子路问孔子道：“怎样才可以称为士呢？”孔子说：“互相督促勉励，相处和睦，可以算是士了。朋友之间互相督促勉励，兄弟之间相处和睦。”

【读记】

本章讲的是朋友之间、兄弟之间的相处之道。这两种关系是不一样的，一个是友情，一个是亲情。朋友间应该“切切偲偲”，互相取长补短，互相批评督促，在才德上共同提高，不能全是一团和气，最好是师友、诤友、知心朋友，而不是酒肉朋友。当然，批评督促也要讲究方式方法，掌握分寸，前面讲的不反复提意见就是方法之一。兄弟之间因为有血缘关系，自来就亲密，是“怡怡”，重在和睦相处，不要因小事而成仇人。

孟子有段话可做参考，《孟子·离娄下》："责善，朋友之道也。父子责善，贼恩之大者。"虽然孟子说的是父子之间不可责善，其实兄弟之间也是这样。

子贡也问过同样的问题，孔子的答案是"行已有耻，使于四方，不辱君命，可谓士矣""宗族称孝焉，乡党称弟焉""言必信，行必果"，分了三个层次。子路脾气不好，本章中孔子的回答是想让他注意处理好人与人之间的关系。

13·29

子曰："善人教民七年，亦可以即戎①矣。"

【注释】

①即戎：即，就，到。戎，兵器、军队。参军打仗。

【译文】

孔子说："善人教导训练百姓七年，也就可以叫他们去参军打仗了。"

【读记】

钱穆在《论语新解》中说："民知亲其上，死其长，故可用之使就战阵。"这里的"教"不仅仅是军事技术，而是人民的思想、民心，要让百姓知道为什么打仗、为谁打仗，敢战敢死。民心可用，方可打仗，方能打胜仗。

教导人民的思想不是短时间可能完成的，孔子提出了"七年"这个时间概念，说明凝聚民心是十分不易的。本章也可以看出，孔子虽然主张仁爱，提出"胜残去杀"，但也不是笼统反对所有战争，他支持正义战争。

13·30

子曰："以不教民战，是谓弃之。"

【译文】

孔子说："用未经训练的老百姓去进行作战，这就叫抛弃他们。"

【读记】

让思想不统一、没有信念、未经训练的老百姓去作战，必然失败，必然会白白丧失生命，所以是抛弃他们。从本章和上一章可以看出，孔子并不是书呆子，只讲教育、文化、修养之类，他还注重军事，讲究训练。

这里的“教”应该包括思想、军事技术训练等。

《论语·宪问》第十四

【题解】

本篇共44章，内容较杂，包括论德、论政、论学等，也评论了许多人物。本篇名言有“有德者必有言，有言者不必有德”“贫而无怨难，富而无骄易”“见危授命，见利思义”“君子上达，小人下达”“古之学者为己，今之学者为人”“不在其位，不谋其政”“不患人之不己知，患其不能也”“以直报怨，以德报德”“不怨天，不尤人”“知其不可而为之”“修己以敬，修己以安人，修己以安百姓”“老而不死，是为贼”等。

14·1

宪问耻。子曰：“邦有道，谷①；邦无道，谷，耻也。”

“克、伐、怨、欲②不行焉，可以为仁矣？”子曰：“可以为难矣，仁则吾不知也。”

【注释】

①谷：此处指做官领俸禄。

②克、伐、怨、欲：克，好胜；伐，自夸；怨，怨恨；欲，贪欲。

【译文】

原宪问孔子什么是耻辱。孔子说：“政治清明，做官领俸禄；政治黑暗，还做官领俸禄，这就是耻辱。”

原宪又问：“好胜、自夸、怨恨、贪欲都没有表现过的人，可以算是仁人了吧？”孔子说：“这可以说是很难得了，是不是仁人，我不知道。”

【读记】

本章主要讲两个问题，有些注本将其分为两章。

第一，什么是“耻”？孔子认为，挣钱并不是耻辱。但是，毫无原则、不讲道义，只讲拿钱做事，或者只为钱做事，就是耻辱。推及到做官也一样。

第二，什么是“仁”？原宪提出的是那些没有表现出“克、伐、怨、欲”四种缺点的人。在孔子看来，这种人虽然也难能可贵，但与“仁”还有差距，还不能轻易许之为“仁”。阮元在《论仁篇》中说：“此但能无损于人，不能有益于人，未能立人达人，所以孔子不许为仁。”也就是说原宪提出的那些人只能“独善其身”。显然，“仁”是比“克、伐、怨、欲”更高的道德标准，“克、伐、怨、欲”只是克制、化解自身的缺点，而且只是克制不发作，还是藏在内心，而“仁”，一方面是对内心之贼的无形消解，另一方面还须对他人主动作为、积极影响。

14・2

子曰：“士而怀居①，不足以为士矣。”

【注释】

① 怀居：怀，思念，留恋。居，家居。

【译文】

孔子说：“士如果留恋家居的安逸生活，就不配做士了。”

【读记】

士人必有远大理想和抱负，而要实现理想与抱负，必须艰苦奋斗，百折不挠，孜孜以求，励志修行，为国家所用。如果一味贪图生活安逸，就会不思进取，就会有所顾忌，就会放弃原则，当然与士的精神就相悖了，就不是真正的士了。孟子所谓“死于安乐”，普通人是这样，士也是这样。

14・3

子曰：“邦有道，危①言危行；邦无道，危行言孙②。”

【注释】

①危：正，正直。

②孙：同“逊”，出言谨慎。

【译文】

孔子说：“政治清明，言语正直，行为正直；政治黑暗，行为正直，但言语谦顺谨慎。”

【读记】

儒家虽然主张刚强、进取、正义，知其不可而为之，但反对不知进退，一味鲁莽。孔子要求自己的学生，在政治清明时可以正直行事、正直说话。在政治黑暗时，仍然要正直行事，但说话却要注意方式方法，不能只顾说话痛快而招惹祸端。这并不是怕惹祸，而是招了祸，又于事无补。孔子支持的是心中自有主张，行事自有规则，说话谨慎，在乱世中既保全气节、又保全身体的办法。君子不做无谓牺牲，应当留下有用之身以待时变，匡济国家。这不是软弱、怯懦，而是一种坚韧，即持久的坚强。

14·4

子曰：“有德者必有言，有言者不必有德。仁者必有勇，勇者不必有仁。”

【译文】

孔子说：“有道德的人，一定有名言，有名言的人不一定有道德。有仁德的人一定勇敢，勇敢的人不一定有仁德。”

【读记】

本章解释的是言论与道德、勇敢与仁德之间的关系。孔子认为，“德”比“言”重要，“仁”在“勇”的前面。《左传·襄公二十四年》中提出的“三不朽”也是“立德”为先，“立功”其次，“立言”居后。

孔子认为，有道德的人说的话都是出自内心的心得体会，出自多年的心性修养和德行锤炼，所以他们说的很多话对一般人都是有用的名言。而不少滔滔雄辩、好为大言者，不注意德行修养，徒逞口舌之快，这样的人尽管口才很好，也有不少金句，但不一定有德行。

仁在心中，故无所畏惧，能见义勇为。而一味勇者可能只是血气方刚、鲁莽之辈，心中并无仁德，与仁者之勇是有本质区别的。孔子对“勇”没有太多的称赞，往往对之做出了限定，在《论语·泰伯》中说“勇而无礼则乱”，“勇”必须符合礼仪规范；在《论语·阳货》中说：“君子有勇而无义为乱，小人有勇而无义为盗。”“勇”必须以“义”为标准、目的，否则，就是“乱”，是“盗”。

很多事都像本章中的“德”与“言”及“仁”与“勇”一样，正推有理，反推不一定成立。

14·5

南宫适①问于孔子曰：“羿②善射，奡荡舟③，俱不得其死然。禹稷④躬稼而有天下。”夫子不答。

南宫适出。子曰：“君子哉若人⑤！尚德哉若人！”

【注释】

① 南宫适：孔子学生，见5·2注。

② 羿（yì）：后羿，传说中夏代有穷国国君，善射箭，曾夺夏太康的王位，后被其臣寒浞所杀。

③ 奡（ào）荡舟：传说中寒浞之子，以力大著称，后为夏少康所杀。荡舟，用手推船。

④ 禹稷：禹，夏朝开国之君，善治水。稷，周朝祖先，善种植。

⑤ 若人：这个人，指南宫适。

【译文】

南宫适问孔子：“羿善于射箭，奡善于驾船，却都不得好死。禹和稷亲自种植庄稼，却都得到了天下。”孔子没有回答。

南宫适出去后，孔子说：“这个人真是个君子呀！这个人真尊崇道德啊。”

【读记】

本章讲的是德与力的关系。“恃德者昌，恃力者亡”是孔子及儒家的一贯主张，要求统治者以德治天下，而不要以武力治天下；否则，最终没有好下场。从历史上看，禹、稷以德而有天下，羿、奡以力而不得其终。孔子是崇德之人，当南宫适说出这个历史事实时，正合孔子心意，所以，孔子说他很有道德，是个君子。

14·6

子曰：“君子而不仁者有矣夫，未有小人而仁者也。”

【译文】

孔子说：“君子也有没有仁德的时候，而小人中有仁德的人是没有的。”

【读记】

这里强调即使是君子要做到完全的仁德也是有困难的，君子也有疏忽的时候，也有一念之差的时候，但君子毕竟还是君子。而小人唯利是图，不知仁为何物，从来不会有仁德。正如鲁迅先生所言：“有缺点的战士终竟是战士，完美的苍蝇也终竟不过是苍蝇。”也如明末东林党与阉党之争，东林党中多君子，但也有不仁的时候，阉党中尽是小人，从来没有讲仁德的时候。

14·7

子曰：“爱之，能勿劳乎？忠焉，能勿诲乎？”

【译文】

孔子说：“爱他，能不勉励勤劳吗？为他着想，能不教诲他吗？”

【读记】

爱一个人就要勉励他勤劳，教诲他走正道，这才是真爱。这条可作为教育子女的金玉良言，现在很多家长老是担心孩子吃苦，好像是在爱他们，不教他们做一些力所能及的家务劳作，结果孩子长大了除了学习，什么都不会，而且往往还厌恶劳作，这是害了他们，这种爱是溺爱。

对于成人更是如此，爱他就要勉励他们勤劳生活，切勿好逸恶劳。勤劳则知生活不易，就会珍惜人生，心生善念；懒逸就知巧取豪夺，就有可能心生邪念、恶念，干出伤天害理的事。

14・8

子曰："为命①，裨谌②草创之，世叔③讨论之，行人④子羽⑤修饰之，东里子产⑥润色之。"

【注释】

① 为命：为，起草。命，国家政令，此处指外交辞令。

② 裨（bì）谌（chén）：人名，郑国大夫。

③ 世叔：即子太叔，郑国大夫。

④ 行人：官名，主管外交事务。

⑤ 子羽：即公孙挥，郑国大夫。

⑥ 东里子产：东里，子产居住之地。子产，郑国大夫。

【译文】

孔子说："郑国发布外交辞令，裨谌起草初稿，世叔提出修改意见，外交官子羽修改，东里子产最后润色。"

【读记】

本章讲的是郑国发布外交辞令的程序过程：郑重其事，分工合作，有条不紊。说的虽然是发布外交辞令这件事，实际上是说明郑国名臣子产治国有方，管理有序，各负其责，特别是能得人，善用人。

14・9

或问子产。子曰："惠人也。"

问子西①。曰："彼哉②！彼哉！"

问管仲。曰："人也③。夺伯氏骈邑④三百，饭疏食，没齿⑤无怨言。"

【注释】

① 子西：郑国公孙夏，为子产同宗兄弟。

② 彼哉：他呀，蔑称，不值一提的意思。

③ 人也：是个人才。

④ 伯氏骈邑：伯氏，齐国大夫。骈邑，地名，伯氏采邑。

⑤ 没齿：齿，年。没齿，终其天年，死。

【译文】

有人问子产是个怎样的人。孔子说："是个施恩惠的人。"

又问子西。孔子说："他呀！他呀！"

又问管仲。孔子说："他是个有才干的人，他夺走伯氏骈邑的三百户土地，使伯氏吃粗茶淡饭，到死没有怨言。"

【读记】

本章评价了子产、子西、管仲三人。

子产治政本来比较严苛，但孔子却认为他"惠人"，施惠于民。这说明孔子见识特别，也不拘泥。因为他看出，子产的治理对富民强国有好处。据《左传·襄公三十一年》记载，孔子听说子产在郑国的事迹后说："人谓子产不仁，吾不信也。"他评价子产是"仁人"，是给予子产最高评价。

子西在子产之前主持郑国国政，可能没有什么政绩，孔子看不上他，不加置评，只是轻蔑地说："他呀，他呀。"

孔子多次称赞管仲。本章讲管仲处事公正公平，虽然夺走伯氏土地，但伯氏终生没有怨言。这说明孔子除了重视理论外，还特别重视实践事功，管仲就是一个事功很伟大的人。

从孔子赞扬子产、管仲可以看出，孔子的"仁"并不是一味宽容，而是主张宽严相济，最终还要落脚到具体治国成效上、公平合理上、人民福祉上。

14·10

子曰："贫而无怨难，富而无骄易。"

【译文】

孔子说："贫穷却没有怨恨是很难做到的，富裕却不骄傲是容易做到的。"

【读记】

在《论语·学而》中，孔子与子贡曾经讨论过"贫""富"问题，子贡提出"贫而无谄，富而无骄"的说法，孔子认为，最好是"贫而乐，富而好礼"。其实，"贫而无谄""贫而乐"也是很难的。大多数人没有钱很难快乐，为了钱只有讨好别人。从境界上说，"贫而无怨"要高于"贫而无谄""贫而乐"，所以"难"。

为什么难？过去有句老话，"金钱不是万能的，没有金钱是万万不能的"。没有钱生活就很困难，如果大家都一样穷还好，但却又有那么多人很富有，"朱门酒肉臭，路有冻死骨"就是写照。同样是人，为什么别人有，自己没有。多数人不会从自己身上找原因，他要怪社会，怪他人，所以就有"怨"，就要怨天尤人。

当然，贫而无怨固然困难，富而无骄也不容易。或许富者更要注意，如果你富而骄，使贫者更怨，争斗就多，社会就不稳定，大家都不好过。所以，孔子提出"富而好礼"，后人也讲"乐善好施"，且不说这对于锤炼人性有极大好处，也实在是建设和谐社会所必需。

14·11

子曰："孟公绰①为赵、魏老②则优③，不可以为滕、薛④大夫。"

【注释】

① 孟公绰：鲁国大夫，比较有见识。

② 老：古代大夫的家臣。

③ 优：有余。

④ 滕、薛：当时两个小国，均在今山东滕州一带。

【译文】

孔子说："孟公绰做晋国大夫赵氏、魏氏的家臣，绰绰有余，但不能胜任滕、薛这样小国的大夫。"

【读记】

人的才能有多种，有的人善于做烦琐的具体事务，有的人德高望重，但只能居高位，不能胜任繁杂的具体事务，孟公绰可能属于后者。所以，孔子说孟公绰可以做地位尊崇、烦琐事少的大国国卿的家臣，但不能做政务繁杂的小国管家。

14·12

子路问成人①。子曰："若臧武仲②之知，公绰之不欲，卞庄子③之勇，冉求之艺，文之以礼乐，亦可以为成人矣。"曰："今之成人者何必然？见利思义，见危授命，久要④不忘平生之言，亦可以为成人矣。"

【注释】

① 成人：完人，德才兼备之人。

② 臧武仲：鲁国大夫臧孙纥。

③ 卞庄子：鲁国卞邑大夫。

④ 久要：要，约，穷困。久要，长久处于穷困中。

【译文】

子路问怎样才是一个完美的人。孔子说："如果具有臧武仲的智慧、孟公绰的清心寡欲、卞庄子的勇敢、冉求的多才多艺，再加以礼乐修养，也就可以算是一个完人了。"孔子又说："现在的完人何必一定要这样呢？见到利益能想到是否合理，遇到危险能献出生命，长久处于穷困还不忘平日的诺言，也可以算是完美的人。"

【读记】

本章谈人格完善的问题。孔子提出的具备完善人格的人的标准是相当高的，这样的人应当具备智慧、克制、勇敢、多才多艺等优点，并加以礼乐修养，懂得节制和调和。

如果达不到，次一点的标准也是应该具备正直、勇敢和诚信的优点。这样的人见到利益知道该取不该取，遇到危险愿意付出生命，即使长期处于贫困也不忘记人生的承诺。这也是针对社会上充满自私自利、贪生怕死、反复无常之风而言。

14·13

子问公叔文子①于公明贾②曰："信乎，夫子③不言，不笑，不取乎？"公明贾对曰："以④告者过也。夫子时然后言，人不厌其言；乐然后笑，人不厌其笑；义然后取，人不厌其取。"子曰："其然？岂其然乎？"

【注释】

① 公叔文子：卫国大夫公孙拔，卫献公之子，谥号"文"。

② 公明贾：姓公明，字贾，卫国人。

③ 夫子：指公叔文子。

④ 以：代词，这个。

【译文】

孔子向公明贾问到公叔文子，说："他老人家不说话、不笑、不取钱财，是真的吗？"公明贾回答道："这是传话人的过错所致。他老人家到该说时才说，因此别人不厌恶他说话；高兴时才笑，因此别人不厌恶他笑；合理的财利他才取，因此别人不厌恶他取。"孔子说："是这样吗？难道真是这样吗？"

【读记】

孔子可能早就听说过公孙拔是卫国的贤达，名声很好，但是他不信传言，反对道听途说，所以找当时卫国的贤者公明贾证实。通过公明贾评价公叔文子，进一步阐释“时然后言”“乐然后笑”“义然后取”的思想，说明高尚的人并非不说、不笑、不取，而是说话要讲究时机，笑要真正快乐，取要合乎义、礼。

但是，公明贾的评价是不是事实，孔子还是有些怀疑，不敢完全肯定，所以，孔子用的是反问句。

14·14

子曰：“臧武仲以防求为后于鲁，虽曰不要① 君，吾不信也。”

【注释】

① 要：要挟。

【译文】

孔子说：“臧武仲以他的采邑防城为条件，请求鲁君在鲁国立自己的后代为卿大夫，虽然有人说他不是要挟君主，我是不信的。”

【读记】

臧武仲因得罪孟孙氏逃离鲁国，后来回到自己的采邑防城，向鲁君要求，以立臧氏之后为卿大夫作为条件，自己离开防邑。当时，因为臧武仲言辞谦逊，有些人不认为他是在要挟。孔子认为，虽然臧武仲语言上没有要挟之辞，但他的心中和他的行为实际上就是在要挟君主，犯上作乱，犯下了不忠的大罪。

14·15

子曰：“晋文公谲而不正①，齐桓公②正而不谲。”

【注释】

① 晋文公谲（jué）而不正：晋文公，姓姬名重耳，春秋时晋国国君，春秋五霸之一，公元前636—前628年在位。谲，欺诈，玩弄手段。

② 齐桓公：姓姜，名小白，春秋时齐国国君，春秋五霸之一，公元前685—前643年在位。

【译文】

孔子说："晋文公诡诈而不正派，齐桓公正派而不诡诈。"

【读记】

晋文公、齐桓公是春秋时两大霸主，功业都很显赫，但孔子多次赞扬齐桓公，对晋文公却很少提及。这是因为孔子一贯坚持礼乐标准，他对时人的违礼行为一概加以指责。孔子主张"礼乐征伐自天子出"，晋文公城濮之战胜利后，成为霸主，把周天子召到河阳，举行践土之盟，大会诸侯。在孔子看来，诸侯召天子是严重的违礼行为，是不可接受的。所以，他说晋文公诡诈。齐桓公打着"尊王"的旗号称霸，事事扯着周天子的大旗，挟天子以令诸侯，孔子认为他的做法符合于礼的规定。所以，他说齐桓公正派。

其实，齐桓公、晋文公这两大霸主都不能简单用"正派""诡诈"加以标签式区别，他们都很诡诈，否则焉能在诸侯争强中称霸。知道挟天子以令诸侯，说明齐桓公比晋文公还要诡诈。后来的曹操就是学了齐桓公这个招数，取得争霸天下的先机，所以，被称为奸雄。曹操还有句名言"宁我负人，毋人负我！"。

14·16

子路曰："桓公杀公子纠①，召忽②死之，管仲不死。"曰："未仁乎？"子曰："桓公九合诸侯③，不以兵车④，管仲之力也。如其仁⑤，如其仁。"

【注释】

① 公子纠：齐桓公之兄，与齐桓公争位失败，被杀。

② 召忽：管仲和召忽都是公子纠家臣，公子纠被杀后，召忽自杀，管仲由鲍叔牙推荐给齐桓公，后任国相。

③ 九合诸侯：九，虚数，言多。九合诸侯，指齐桓公多次召集诸侯盟会。

④ 不以兵车：即不用武力。

⑤ 如其仁：如，乃。如其仁，这就是他的仁德。

【译文】

子路说："齐桓公杀了公子纠，召忽自杀以殉，管仲却没有自杀。"又说："管仲不能算是仁人吧？"孔子说："桓公多次召集各诸侯国盟会，并不凭借武力，这都是管仲的力量啊。这就是他的仁德，这就是他的仁德。"

14·17

子贡曰："管仲非仁者与？桓公杀公子纠，不能死，又相之。"子曰："管仲相桓公，霸诸侯，一匡①天下，民到于今受其赐。微②管仲，吾其被发左衽③矣。岂若匹夫匹妇之为谅④也，自经⑤于沟渎⑥而莫之知也。"

【注释】

①匡：正，匡正。

②微：无，没有。

③被发左衽：被，同"披"。衽，衣襟。左衽，向左边开衣襟。被发左衽是当时夷狄风俗，中原是束发右衽。

④谅：遵守信用，这里指小节小信。

⑤自经：经，缢。自经，上吊自杀。

⑥渎：小沟渠。

【译文】

子贡问："管仲不能算是仁人了吧？桓公杀了公子纠，他不能为公子纠殉死，反而做了齐桓公的宰相。"孔子说："管仲辅佐桓公，称霸诸侯，匡正了天下，老百姓到了今天还享受到他的恩赐。如果没有管仲，我们恐怕也要被夷狄统治，披散着头发，穿左开襟的衣服了。怎么能像普通百姓那样恪守小节，自杀在小山沟而谁也不知道呀。"

【读记】

本章和上一章都是评价管仲，对这些内容，后世争议很大。

公子纠被杀，他的臣子召忽自杀殉主，而同样作为臣子的管仲却没有死，不仅如此，他还归服了旧主的政敌齐桓公，担任了宰相。这样的行为在一般人看来就是不忠，也有悖于孔子提出的“事君以忠”的思想。子路、子贡持这种观点，认为管仲不算“仁”人，孟子及后世的不少儒者也鄙视管仲，指责孔子偏袒功利。

但孔子就是孔子，自有其不同凡响之处。他不拘泥于死标准，能够舍小取大，舍小节、论大功，这不是一般儒者所能及的。当时，公子纠势穷运屈，已无挽救的可能，作为臣子随他一死，只有徒表忠义而已。拿管仲与召忽比，是小节，用管仲与天下比，与后世比，是大节大功，因为有了管仲，才使天下几十年没有战争，生灵免遭涂炭。“仁”很大，无所不包，有大于君臣之义者，孔子赞扬管仲，就是看到了仁之大者。

强调功利也没有什么不对，“内圣”固然重要，“外王”也不可忽视，“内圣”“外王”本是一体的，如果只谈心性，固然于人修养有用，但于世何益？可惜孔子重视事功的思想为后世特别是宋明理学所忽视，南宋虽有叶适、陈亮等人强调事功，但毕竟没有成为主流。

孔子正是看到了管仲帮助齐桓公，不凭武力、依靠仁德的力量“九合诸侯”，匡正天下，客观上减少了无数场战争，减少了成千上万生命的无谓牺牲，让国家富强，让老百姓安宁。在孔子看来，这样的人、这样的行为就是“仁”，这是从大处着手说“仁”。

同时，孔子虽然重视君臣关系，但更重视夷夏之防，重视文明文化的价值。“被发左衽”意味着中国文化灭亡，沦落为少数落后民族的奴隶，这是孔子所不能容忍的。管仲避免了这一点，所以，孔子更要称赞他，许他为“仁”，认为不必像匹夫匹妇那样，斤斤计较小节小信。

孔子在《论语·八佾》第22章中批评管仲“器小”“不知礼”，可见孔子评价人很客观，缺点是缺点，优点是优点。于管仲而言，功劳远远大于缺点，所以，许之以“仁”。整部《论语》中，只有六个人被孔子称为“仁者”，管仲是其中之一，其他五个是微子、比干、箕子、伯夷、叔齐。

14·18

公叔文子之臣大夫僎①与文子同升诸公②。子闻之，曰："可以为'文'矣。"

【注释】

① 僎（zhuàn）：人名，公叔文子的家臣。

② 升诸公：公，公室。诸，"之于"合音。僎因公叔文子推荐由家臣升为大夫，与公叔文子同位。

【译文】

公叔文子的家臣僎和文子一同做了卫国大夫。孔子知道了这件事以后说："公叔文子可以谥为'文'了。"

【读记】

本章孔子赞扬公叔文子不嫉妒贤能，能把自己的下级推荐上升到与自己同等位置，这样做确实很不容易。所以，孔子认为他死后配得上"文"这个谥号。朱熹在《论语集注》中说："文者，顺理而成章之谓。"

14·19

子言卫灵公之无道也，康子曰："夫如是，奚①而不丧？"孔子曰："仲叔圉治宾客②，祝鮀治宗庙，王孙贾治军旅，夫如是，奚其丧？"

【注释】

① 奚：为什么。

② 仲叔圉（yǔ）治宾客：圉，即孔文子，与后面提到的祝鮀、王孙贾都是卫国的大夫。治，管理。

【译文】

孔子讲到卫灵公的无道，季康子说："既然如此，为什么不败亡呢？"孔子说："因为他有仲叔圉接待宾客，祝鮀管理宗庙祭祀，王孙贾统率军队，像这样，怎么会败亡呢？"

【读记】

卫灵公姓姬，名元，是春秋时期卫国第二十八代国君，按《左传》所载，卫灵公还算是一个明君，按《孔子家语》所论，卫灵公也并非昏君，他最大的特点是任人唯贤，比如这一章中提到的仲叔圉、祝鮀、王孙贾都是能干之臣，都是卫灵公起用的，孔子也称赞过他。

但孔子在本章中为什么称卫灵公“无道”呢？主要是因为孔子到卫国没有得到卫灵公的任用，可见孔子也是人，也要说一些气愤之话。当然，卫灵公也有缺点和失政的地方，他性格易猜忌且脾气暴躁，他的夫人是南子，南子与太子有矛盾，逼迫太子离开卫国，让孙子接位。卫灵公死后孙子接了位，但儿子又回来争夺王位，国家动乱。所以，孔子说卫灵公“无道”，也不是完全没有道理。

当季康子反驳孔子“既然如此，为什么国家不败亡”时，孔子只好勉强找一个理由，就是因为有三位大臣帮着治理。据程树德《论语集释》引许谦的《读四书丛说》记载，孔子平时对仲叔圉、祝鮀、王孙贾三人并不赞许，这里只是用来为自己的观点辩护而已。其实，在封建专制体制下，一个国家如果真的遇到昏君，莫说三个贤明大臣，就是三十个贤明大臣也无济于事。

14・20

子曰：“其言之不怍①，则为之也难。”

【注释】

① 怍（zuò）：惭愧。

【译文】

孔子说：“一个人如果说话大言不惭，那么实现他说的话就很困难。”

【读记】

本章讲的是言与行的关系，有些人喜欢夸夸其谈，自以为天下第一，什么都可以做到，往往说了话不去落实，无法兑现。孔子一直都不喜欢这样的人，主张“敏于事而慎于言”“君子欲讷于言而敏于行”。

同时，一个人不要轻易向别人承诺，一旦承诺了，再大的困难也坚持办到。否则就会失信于人，招致怨恨。

14·21

陈成子[①]弑简公。孔子沐浴而朝，告于哀公曰："陈恒弑其君，请讨之。"公曰："告夫三子[②]。"

孔子曰："以吾从大夫之后[③]，不敢不告也。君曰'告夫三子'者。"

之三子告，不可。孔子曰："以吾从大夫之后，不敢不告也。"

【注释】

① 陈成子：即陈恒，齐国大夫，又叫田成子，任齐相。公元前 481 年，他杀死齐简公，拥立齐平公，掌握实权。

② 三子：指当时掌握鲁国实权的季孙、孟孙、叔孙三家大夫。

③ 从大夫之后：孔子曾任大夫，此时已去官。

【译文】

陈成子杀了齐简公。孔子斋戒沐浴后上朝去见鲁哀公，报告说："陈恒把他的君主杀了，请您出兵讨伐他。"哀公说："你去报告那三位大夫吧。"

孔子退出去后说："因为我曾经做过大夫，所以不敢不来报，君主却说'你去告诉那三位大夫吧'！"

孔子去向那三位大夫报告，三位大夫不同意派兵讨伐。孔子说："因为我曾经做过大夫，所以不敢不来报告呀！"

【读记】

陈成子杀死齐简公，这在孔子看来是犯上作乱、大逆不道的事情，是"不可忍"的事情。尽管当时他已经退官家居，已是 71 岁的高龄，但他还是郑重其事地把此事告诉了鲁哀公和三家大夫。他的请求先后遭到鲁哀公和三家大夫的婉拒，孔子心里一定很抱怨，但又无能为力。

这也体现了孔子维护礼制的执着，虽然他不在位了，而且明知不可为，但见到这些明显违礼的事情，他还是要去管。

鲁哀公让孔子去向三家大夫报告，说明当时鲁国的实际权力已经操纵在季孙、仲孙、孟子孙三家之手了，鲁哀公已不能自主。鲁哀公不讨伐是因为做不了主，三家不讨伐，是因为他们本身就与弑君篡权的齐国陈成子一样属于权臣。当然，以鲁国当时之国力也不可能向齐国动武。

14・22

子路问事君。子曰："勿欺也，而犯之。"

【译文】

子路问怎样侍奉君主。孔子说："不能欺骗他，但可以犯颜直谏。"

【读记】

孔子虽然多次强调"事君以忠"，但这种"忠"不是愚忠，如果国君有过错，臣子要犯言直谏。很多人对待君主和上级的态度与孔子的要求相反，用花言巧语欺骗君主，遇到君主有过失又不敢犯颜直谏，阿谀奉承之辈遍布朝堂。

忠言逆耳。在专制制度下，能够听得进逆耳忠言的君主也很少，既然上面听喜不听忧，那么下面自然就报喜不报忧了。敢于放言必须要有制度保障，否则，自身不保，何敢谏言！

14・23

子曰："君子上达，小人下达。"

【译文】

孔子说："君子志向高远，追求大义，小人志向低下，追求财利。"

【读记】

本章注疏解说很多，有的古注以为孔子讲的是"义""利"之分，君子追求"义"，小人追求"利"。有的认为，这里的"君子"与"小人"是指品德上的区别。

笔者以为，这里的“君子”与“小人”主要是指所处位置的不同，不是品德上的高低。孔子讲的主要是指两种人：一种是身处高位，胸怀大志、胸怀理想、胸怀天下的君子；一种是身处底层，只顾现实利益、自身利益、短期利益的普通大众。

14·24

子曰：“古之学者为己，今之学者为人。”

【译文】

孔子说：“古代学者学习是为了充实自己、提高自己道德修养，而现在学者学习是为了装饰自己、给别人看。”

【读记】

本章讲学习的两种目的：一种人是为了提高充实自己而学，为了某种理想而学，学习是内心的主动要求，就像孔子，所以能够“人不知而不愠”。另一种人学习是让别人看的，是用来显摆炫耀的，是为了某种外在目的，是为了博取名利，最怕别人不知。

“为己”是孔子“为学”思想的根本精神，“为学”的一切都是为了修身、提高自己，是主动需要，不是外界强迫，也不是为了其他什么外在原因。

14·25

蘧伯玉①使人于孔子。孔子与之坐而问焉，曰：“夫子何为？”对曰：“夫子欲寡其过而未能也。”

使者出。子曰：“使乎②！使乎！”

【注释】

①蘧（qú）伯玉：蘧，人名，卫国大夫，名瑗。

②使乎：难得的一位好使者。

【译文】

蘧伯玉派使者去拜访孔子。孔子请他坐下，然后问道：“他老人家最近在做什么？”使者回答说：“他老人家想要减少自己的错误，但未能完全做到。”

使者出去。孔子说：“好一位使者啊！好一位使者啊！”

【读记】

蘧伯玉是卫国的大夫，是孔子朋友，孔子到卫国的时候住过他家，对他的人品很是称赞。本章孔子称赞使者实际上是在称赞蘧伯玉。蘧伯玉有一个特点，喜欢自己检讨自己，活到 50 岁，认为自己 49 年有错，活到 60 岁，觉得自己 59 年有错。

孔子一直认为，一个人不可能完全没有过错，关键是要能知错改错。蘧伯玉本来已是公认的贤人，庄子称“伯玉行年五十而知四十九年之非”，但他一直在努力减少自己的过错。使者叙述这些事情的时候，很有分寸而不骄傲。他没有说无过错，而是说“寡其过”，减少过错，而且说还没有做到。所以，孔子要称赞这位谦逊而会说话的使者，有什么样的主人就有什么样的使者，称赞使者就是称赞主人。

14・26

子曰：“不在其位，不谋其政①。”曾子曰：“君子思不出其位。”

【注释】

① 不在其位，不谋其政：前已注过，参见 8・14 注。

【译文】

孔子说：“不在那个职位，就不要考虑那个职位上的事情。”曾子说：“君子考虑问题，从来不超出自己的职位范围。”

【读记】

曾子与孔子的话是一个意思，要求为官者各负其责，各司其职，做好本职分内的事情，不要越俎代庖，不要干预处理不在自己职权范围的事情。如果那样去做，不但于事无补，反而会导致混乱甚至矛盾。

14·27

子曰：“君子耻其言而过其行。”

【译文】

孔子说：“君子以说得多而做得少为可耻。”

【读记】

这一章表达的也是孔子的一贯观点，他希望人们言行一致，少说多做，而不要只说不做或多说少做。在社会生活中，总有一些夸夸其谈的人，他们口若悬河，滔滔不绝，说尽了大话、套话、虚话，但就是难得做一件实事。

14·28

子曰：“君子道者三，我无能焉：仁者不忧，知者不惑，勇者不惧。”子贡曰：“夫子自道也。”

【译文】

孔子说：“君子之道有三个方面，我都没有做到：仁德的人不忧愁，聪明的人不迷惑，勇敢的人不畏惧。”子贡说：“这正是他老人家的自我表述啊！”

【读记】

见 9·29 所记。孔子再次提出君子之道的三个关键、三大品行：知、仁、勇，也是《论语·中庸》提出来的“三达德”。

从本章也可以看出，子贡很会表扬自己的老师。

14・29

子贡方人[①]。子曰："赐也贤乎哉[②]？夫我则不暇。"

【注释】

① 方人：方，比方。方人，以己之长言人之短，诽谤别人。

② 赐也贤乎哉：疑问语气，批评子贡不贤。

【译文】

子贡讥评别人。孔子说："赐啊，你就那么好吗？我可没有闲工夫去评论别人。"

【读记】

孔子一向责己严，待人宽，反对随意批评别人。子贡是孔子学生中比较聪明的一个，又有才气，又善于言辞，但聪明人就有聪明人的毛病，其中之一就是喜欢评论别人，常常揭别人的短处。所以，孔子委婉地批评他。

当然，在《论语》中我们可以看到，孔子自己也经常评价别人，不是真的没有闲工夫。

14・30

子曰："不患人之不己知，患其不能也。"

【译文】

孔子说："不担心别人不知道自己，只担心自己没有本事。"

【读记】

本章没有艰深的字词，意思很白话，很好理解。孔子在其他篇章里也反复提及这个意思，例如，在《论语・学而》中说"人不知而愠""不患人之不己知，患不知人也"，在《论语・卫灵公》中说"君子病无能焉，不病人之不己知也"。

但是，要做到"不患人之不己知，患其不能"实在是不容易，即便是孔子也不是完全做到了。在本篇的第 35 章中孔子感叹“莫我知也夫”。在《论语·卫灵公》中孔子说“君子疾没世而名不称焉”。

虽然君子、圣人追求的目的不在于获得名声，但内心有一种渴望被知、被认可的心理是正常的，也是可以理解的。孔子也是人，何况对孔子而言，这种心态不是目的，更不是一生的追求，只是偶尔的一闪念罢了。

14·31

子曰：“不逆[①]诈，不亿[②]不信，抑亦先觉者，是贤乎！”

【注释】

① 逆：迎，预先猜测。

② 亿：同“臆”，猜测。

【译文】

孔子说：“不预先怀疑别人欺诈，不猜测别人不诚实，却又能及早察觉别人的欺诈和不诚实，这应该就是贤人了吧。”

【读记】

仁者不是愚笨之人，他是充满大智慧的人，既不没有根据地随便怀疑别人，又时刻保持警醒。他不预设别人的欺诈，不猜测别人的虚伪，但碰到有人欺诈却能及时察觉。

把这句话用在生活中就是，不要想象到处都是坏人，但真的遇到坏人，却能识破他。如果你想象生活中到处都是坏人，你就会恐惧，就会拒绝社会，拒绝他人，人们就会互相不信任、变得孤独，人人变得孤独，社会就无法运转。但是，如果你认为生活中没有坏人，识不破坏人，那就太天真，就会上当受骗。

有句俗语比孔子说得还直接明白：“害人之心不可有，防人之心不可无。”

14 · 32

微生亩[1]谓孔子曰："丘何为是[2]栖栖[3]者与？无乃为佞乎？"孔子曰："非敢为佞也，疾固[4]也。"

【注释】

① 微生亩：姓微生，名亩，鲁国人。

② 是：如此。

③ 栖栖（xī xī）：忙碌不安。

④ 疾固：疾，讨厌。固，固执。

【译文】

微生亩对孔子说："孔丘你为什么这样忙碌奔波、四处游说呢？这不是炫耀口才吗？"孔子说："我不是非要炫耀口才，只是讨厌那些顽固不化的人。"

【读记】

微生亩讥评孔子四处游说，逞口舌之辩。孔子反唇相讥，称他是顽固不化的人。

14 · 33

子曰："骥[1]不称其力，称其德也。"

【注释】

① 骥：古代良马名，能日行千里，又叫千里马。

【译文】

孔子说："称赞千里马不是称赞它的气力，而是称赞它的品德。"

【读记】

千里马的力气是天生的，不值得称赞，而它的德，它的善跑却是要靠调教训练的，所以值得称赞，只有有德的马才是好马。人也一样，需要经过教诲、修养，才能成为有德之人，有德有才才是人才，而仁德并非天生的自然气质。

本章再次体现了孔子尚德不尚力的思想。

14·34

或曰："以德报怨，何如？"子曰："何以报德？以直报怨，以德报德。"

【译文】

有人说："用恩德来报答怨恨怎么样？"孔子说："那又用什么来报答恩德呢？应该是用正直公平来报答怨恨，用恩德来报答恩德。"

【读记】

人间恩怨多，如何处理是人生中的大问题，孔子提出了"以直报怨，以德报德"的原则，既反对冤冤相报，也反对以德报怨。康有为在《论语辨》中认为："孔子之道不远人，因人情之至，顺人理之公，令人人可行而已。"意思是说，孔子之道离我们并不远，它就存在于我们日常生活中，人人都可以践行。

老子提出"报怨以德"，佛经提倡"舍身饲虎"，《圣经》要求"爱敌如友""右脸被打，送上左脸"。孔子与他们都不同，认为应该"以直报怨"，用公平正直之道报之，这是儒家一个重要思想。以怨报怨不好，如此便成了冤冤相报、怨恨难消；以德报怨也不好，如果以德报怨，那又拿什么去报德呢？总不可能以怨报德吧，而且这种报属于迁就屈从，不讲原则，反而容易助长错误。如果以德报怨、以德报德，那别人的怨与德于我就没有区别了，钱穆认为："此非大伪，即是至忍。"

"以直报怨"的意思是，我虽然与他人有私怨，但我以公平之道报之，不因为有怨而更恨他，也不因为有怨反而对他更好，这就是直道。

李零在《丧家狗——我读〈论语〉》中根据《礼记·表记》的理解将"直"解释为"值"，"以直报怨"就解释为"以怨报怨"了，意思是以恶惩恶。

值得注意的是，所谓"以德报怨"很难做到，大多数人只是口头标榜、显示其大度而已，实际上大多实行的还是以怨报怨。

14·35

子曰："莫我知也夫！"子贡曰："何为其莫知子也？"

子曰："不怨天，不尤①人，下学而上达②。知我者其天乎！"

【注释】

① 尤：责怪、怨恨。

② 下学而上达：下学人事，上达天命。

【译文】

孔子说："没有人了解我啊！"子贡说："为什么没有人了解您呢？"

孔子说："不埋怨天，不责备人，下学礼乐知识而上达天命大道。了解我的，只有天吧！"

【读记】

孔子有时也要发感叹，感叹他的学说不为人知，更得不到广泛的赞同。这说明孔子虽为伟大思想家、教育家，但也有凡人的思想性情。

本章重在"下学"以后，表明孔子一生孜孜不倦地学习各种知识特别是礼乐知识，渐渐达到至高的境界，打通天人之隔，渐次进入"不惑、知天命、耳顺、随心所欲不逾矩"等境界，"怨、尤"之气已渐渐散尽。一般人已无法读懂孔子，无人能知，惟天独知。

14·36

公伯寮①愬②子路于季孙。子服景伯③以告，曰："夫子固有惑志④于公伯寮，吾力犹能肆诸市朝⑤。"

子曰："道之将行也与，命也；道之将废也与，命也。公伯寮其如命何！"

【注释】

① 公伯寮：姓公伯名寮，字子周，孔子学生，曾任季氏家臣。

② 愬（sù）：同"诉"，告发，诽谤。

③ 子服景伯：鲁国大夫，姓子服名伯，景是他的谥号。

④ 固有惑志：固，已经。惑志，疑惑之心。

⑤ 肆诸市朝：肆，杀人陈尸示众。诸，“之于”合音。市朝，市集与朝廷，此指市集。

【译文】

公伯寮向季孙诽谤子路。子服景伯把这件事告诉孔子，并说：“季孙他老人家已经被公伯寮迷惑了，我的力量还能够把公伯寮杀了并放在街头示众。”

孔子说：“道能够实现是天命决定的；道不能够实现，也是天命决定的。公伯寮能把天命怎么样呢？”

【读记】

在本章里，孔子不主张杀掉诽谤子路的公伯寮，作为仁者，不以怨报怨是他一贯的主张，杀人更是他所不赞成的。同时，孔子又一次谈到“天命”，他认为，“道”能否推行成功，在天命而不在人为，即所谓“谋事在人，成事在天”。所以，他反对子服景伯去说服季孙杀掉公伯寮。同时，他也认为，既有天命主宰，公伯寮也改变不了什么。

14·37

子曰：“贤者辟[①]世，其次辟地，其次辟色，其次辟言。”

子曰：“作者七人[②]矣。”

【注释】

① 辟：同“避”，逃避。

② 七人：即伯夷、叔齐、虞仲、夷逸、朱张、柳下惠、少连。

【译文】

孔子说：“贤人逃避社会而隐居，其次是逃避离乱之地，再次是逃避别人难看的脸色，再次是避开别人难听的话。”

孔子说：“这样做的已经有七个人了。”

【读记】

当时，社会已乱，礼崩乐坏，如何在乱世中自处？孔子提出了“辟世、辟地、辟色、辟言”等办法。

本章孔子提出的四个“避”有些像隐士所为，不大像他平时的志向，他是主张“知其不可而为之”的积极入世者，不是消极避世者。这说明现实的变化也使孔子在思想上产生了矛盾，既欣赏那些隐士，赞赏他们为人，又不能完全脱离现实，要想凭一己之力补救现实。但他的主要思想还是积极入世，从这一点看，孔子是个伟大的孤独者，没有同道，既不为当政者所用，又遭到隐士们的嘲笑。

14・38

子路宿于石门①。晨门曰：“奚自？”子路曰：“自孔氏。”曰：“是知其不可而为之者与？”

【注释】

① 石门：地名，鲁国都城的外门。

【译文】

子路夜里住在石门。早上进城时，看门人问：“从哪里来？”子路说：“从孔子那里来。”看门的人说：“就是那位明知做不到却还要坚持去做的人吗？”

【读记】

“知其不可而为之”这句名言既是儒家的一个重要思想，也是孔子一生的写照，孔子这种孜孜以求的精神看来已为世人尽知，连守门的都知道。

“知其不可”是天意，“为之”也是天意。只有达到很高境界、打通天人之际的人才知道可与不可，也只有知道天意、意志奇坚的人才坚持努力为之。

孔子与上章所讲的“贤者”不一样，“贤者”知道其不可为就不“为”，就“避”，就退隐，但孔子不是，他是要“为”，要积极入世。这也说明孔子的意志行为要高于一般的“贤者”，他是“圣者”“仁者”，尽管他不承认。孔子能意识到自己的使命，且决不放弃。这也是儒家与道家思想的区别。

14·39

子击磬[①]于卫，有荷蒉[②]而过孔氏之门者，曰：“有心哉，击磬乎！”既而曰：“鄙[③]哉！硁硁[④]乎！莫己知也，斯己而已矣。深则厉，浅则揭[⑤]。”

子曰：“果哉！末[⑥]之难[⑦]矣。”

【注释】

① 磬（qìng）：一种打击乐器。

② 荷蒉（kuì）：荷，肩扛。蒉，盛草或土的竹筐。

③ 鄙：偏狭、固执。

④ 硁硁（kēng kēng）：击磬的声音。

⑤ 深则厉，浅则揭：出自《诗经·邶风·匏有苦叶》。深则厉，穿着衣服涉水过河。浅则揭，提起衣襟涉水过河。

⑥ 末：无。

⑦ 难：辩驳、说服。

【译文】

孔子在卫国，有一天正在敲击磬，一位背扛草筐的人从门前走过说：“这个击磬的人有心思啊！”一会儿又说：“太固执了吧，声音硁硁响，没有人知道自己，自己知道就是了。好像涉水，水深就穿着衣服趟过去，水浅就撩起衣服走过去。”

孔子说：“真坚决啊，没有什么可以说服他了。”

【读记】

在礼崩乐坏的时代，孔子知其不可而为之，自觉肩负“天命”，既不像隐者那样隐居遁世、明哲保身，也不为世人理解。这位“荷蒉”者也是一位隐者、高人，不然他也不可能凭孔子击磬就听出他的心思。他认为孔子太执着，他劝孔子要因地制宜、随世应变，就像涉水一样，水深就穿着衣服过去，水浅就就撩起衣服过去。

对于“荷蒉”者的指责，孔子感到无法驳斥他，也不想去驳斥他。从这里可以再次看到孔子的孤独，知音很少，正如他所叹“知我者其天乎！”

14 · 40

子张曰：“《书》云：‘高宗谅阴，三年不言①。’何谓也？”子曰：“何必高宗？古之人皆然。君薨②，百官总己以听于冢宰③三年。”

【注释】

① 高宗谅阴，三年不言：出自《尚书·无逸》。高宗，殷高宗。谅阴，天子守丧之所。三年，古时守丧期限。

② 薨（hōng）：指王侯之死。

③ 冢宰：官名，六卿之首，相当于后世的宰相。

【译文】

子张说：“《尚书》上说，‘殷高宗守丧，三年不谈政事。’这是什么意思？”孔子说：“不仅是高宗，古人都是这样。国君死了，新君三年不问政事，朝廷百官都各负其责，听命于宰相。”

【读记】

古人认为，一个人出生后三年才脱离父母怀抱，为报答父母养育之恩，父母去世后，子女要为父母守丧三年。即使是国君，父母去世了，继位的君主也要在三年内不理政事。孔子对此持肯定态度。但在后世，皇帝已经不遵守这个礼制了，可能在他们那里，权力的重要性要大于亲情、大于礼制。同时也因为没有制度保证，皇帝一天不问政事，可能就会被臣下架空，甚至失权丧命，何况三年！

14 · 41

子曰：“上好礼，则民易使也。”

【译文】

孔子说：“居上位的当政者喜好礼，那么百姓就容易使唤了。”

【读记】

在孔子看来，如果统治者大兴礼乐教化，一切按礼制来，各守名分，各守规矩，老百姓就容易服从，整个社会就不会乱套。

14·42

子路问君子。子曰："修己以敬。"

曰："如斯而已乎？"曰："修己以安人[①]。"

曰："如斯而已[②]乎？"曰："修己以安百姓[③]。修己以安百姓，尧舜其犹病诸？"

【注释】

① 安人：使他人安乐。

② 而已：仅此，够了。

③ 安百姓：使老百姓安乐。

【译文】

子路问什么叫君子。孔子说："修养自己，严肃恭敬对待人和事。"

子路说："这样就够了吗？"孔子说："修养自己，使他人安乐。"

子路说："这样就够了吗？"孔子说："修养自己，使所有百姓安乐。修养自己使所有百姓安乐，尧舜恐怕都难以做到呢？"

【读记】

本章可以与6·30对照互参。在那一章里孔子讲了"仁人"与"圣人"的不同，"仁人"是"己欲立而立人，己欲达而达人"，而"圣人"要高一层次，是"博施于民而能济众"，"圣人"能给大众带来很多好处。

这一章孔子提出了君子的三重境界，一个比一个高。第一层境界是，把自己的修养提高，态度恭敬地对待人和事；第二层境界是，提高自己的修养，还要安定别人，也就是"仁人"；第三层境界也是最高的境界，是提高自己的修养，安定天下的百姓，也就是"圣人"。

“安”也是本章的一个关键词，就是心安、身安、我安、你安、大家安、天下安。但是，安百姓、让全天下人民安乐确实很难，既需要大智慧，又需要好品德，还需要一定的权力地位。同时，还需要天时、地利、人和。所以，孔子认为，连尧舜都难以做到。

14・43

原壤[①]夷俟[②]。子曰：“幼而不孙弟[③]，长而无述焉，老而不死，是为贼。”以杖叩其胫[④]。

【注释】

① 原壤：鲁国人，孔子旧友。

② 夷俟（sì）：夷，双腿分开而坐，一种无礼坐法。俟，等待。

③ 孙弟：孙同“逊”，弟同“悌”。

④ 以杖叩其胫：胫，小腿。以杖轻击小腿，让他坐好。

【译文】

原壤叉开双腿坐着等待孔子。孔子骂他说：“年幼的时候不谦逊，长大了又没有什么作为，老了还不死，真是个祸害。”说着，用手杖敲他的小腿。

【读记】

据说，原壤是孔子的朋友，但一直反对孔子的主张，对孔子也不礼貌。原壤的母亲去世，孔子帮他治丧，原壤却站在母亲的棺材上唱起歌来。孔子不喜欢这种大逆不道、不拘礼节、不学无术的人，对他也不客气，骂他老而不死。

14・44

阙党[①]童子将命[②]。或问之曰：“益[③]者与？”子曰：“吾见其居于位[④]也，见其与先生并行也。非求益者也，欲速成者也。”

【注释】

① 阙党：即阙里，孔子家住的地方。

②将命：在宾主之间传信。

③益：上进。

④居于位：童子与长者同坐，这在古时为无礼行为。

【译文】

阙里的一个少年，来向孔子传达信息。有人问孔子："这小孩是要求上进的人吗？"孔子说："我看见他坐在成年人的位子上，又见他和长辈并排而行，他不是要求上进的人，只是个急于求成的人。"

【读记】

本章中孔子从一个人的言行看他是属于上进的人还是冒进的人。孔子认为，一个上进的人应该懂规矩、守规矩，讲究长幼有序。而一个冒进的人则不懂规矩，不讲礼貌，急于求成。孔子反对急于求成者，在《论语·子路》中说"欲速，则不达"。这个阙里的少年就属于后者，是一个急于求成的人。

《论语·卫灵公》第十五

【题解】

本篇共42章，主要涉及道德修养和为人处世，特别是说到“君子”的很多，同时，也讲到政治、教育和学术等内容。本篇名言有“无为而治”“杀身成仁”“人无远虑，必有近忧”“君子求诸己，小人求诸人”“不以言举人，不以人废言”“己所不欲，勿施于人”“小不忍则乱大谋”“人能弘道，非道弘人”“当仁不让”“有教无类”“道不同，不相为谋”等。

15·1

卫灵公问陈①于孔子。孔子对曰：“俎豆②之事，则尝闻之矣；军旅之事，未之学也。”明日遂行。

【注释】

①陈：同“阵”，军队作战阵法。

②俎（zǔ）豆：俎，俎豆是古代盛食物的器皿，被用作祭祀时的礼器。

【译文】

卫灵公向孔子军请教军队列队打仗之事。孔子回答说：“礼仪方面的事情，我曾经听说过；用兵打仗的事，从来没有学习过。”第二天便离开了卫国。

【读记】

孔子本来对在卫国推行德政、礼治抱有希望，没有想到卫灵公无心礼治，反而对战争之事十分热心，所以，孔子只有离开卫国。孔子并不是不重视军事，也不是完全不懂军事，在《论语·子路》中孔子曾把“足兵”列为治国条件之一，还说过“以不教民战，是谓弃之”的话。但孔子认为军事要放在礼治、德政之下。总体上讲，孔子主张以礼治国、礼让为国，反对用战争的方式解决国与国之间的争端。所以，卫灵公向孔子询问有关军事方面的问题，孔子对此不感兴趣。

李零在《丧家狗——我读〈论语〉》中认为，卫灵公是故意问孔子不擅长的军事，借以表明不用孔子，孔子只好离开卫国。

卫灵公也是一个聪明人，不明说不用孔子，也不明说要赶孔子走，故意问一个孔子不擅长或不感兴趣的问题。孔子也是一个聪明人，不等待别人厌烦，不等待被人撵走，自己走人，而且走得很快。

15·2

在陈绝粮，从者病，莫能兴①。子路愠②见曰：“君子亦有穷乎？”子曰：“君子固穷③，小人穷斯④滥矣。”

【注释】

①兴：起。

②愠（yùn）：怒，怨恨。

③固穷：固守穷困，安守穷困。

④斯：则，就。

【译文】

（孔子一行）在陈国断了粮食，随从的人都饿病了，无法起床。子路很不高兴地来见孔子，说道：“君子也有穷得毫无办法的时候吗？”孔子说：“君子虽然穷困，但还是坚持着、忍受着，小人一遇穷困就无所不为了。”

【读记】

孔子周游列国时前后经历了三次危险：一次是过匡被围，见《论语·子罕》记载；一次是宋司马桓魋要杀他，见《论语·述而》记载；一次是在陈绝粮，就是本章所述。

君子与小人有很多区别，穷困最能检验一个人的品行和操守。君子有自己的原则和底线，在穷困潦倒时，君子也固守着自己的原则，而心中没有原则和底线的小人则什么都不顾，为所欲为。

15 · 3

子曰："赐也！女以予为多学而识之者与？"对曰："然，非与？"曰："非也。予一以贯之。"

【译文】

孔子说："赐啊！你以为我是博闻强识的人的吗？"子贡答道："是啊，难道不是这样吗？"孔子说："不是的。我是用一个基本思想把它们贯穿始终的。"

【读记】

毫无疑问，孔子是博学多闻的，但他的思想学问并不是杂乱无章的。"一以贯之"是说在孔子渊博的学问中有一个根本的东西、有一个基本思想贯穿始终，但这个"一"是什么却有多种理解。在《论语·里仁》中孔子也讲到了他的道"一以贯之"，这个"一"曾子解释为"夫子之道，忠恕而已"，可以作为参考，也可以做同一理解。

李零在《丧家狗——我读〈论语〉》中引用了清代学者李颙《四书反身录》中"散钱与钱绳"的关系，来说明知识与观点和思想的关系，比喻很形象，可参考。

15 · 4

子曰："由！知德者鲜矣。"

【译文】

孔子说："由啊！懂得道德的人太少了。"

【读记】

按《老子》的说法："失道而后德，失德而后仁。""德"在"仁"之前，知"仁"者固少，知"德"者更少。

傅佩荣在《论语新解》中将“德”译解为“德行修养的意义”，意思是：一般人知道“德”的重要，但不知道为什么要有“德”。有德不是做给别人看的，而是人性向善的内在需求。

15·5

子曰：“无为而治[①]者，其舜也与？夫[②]何为哉？恭己正南面[③]而已矣。”

【注释】

① 无为而治：不必有所作为而使国家大治。

② 夫：代词，他。

③ 正南面：南面临朝，居统治之位。

【译文】

孔子说：“无所作为而能治理天下的人，大概只有舜吧？他做了些什么呢？只是庄严端正地坐在王位上罢了。”

【读记】

“无为而治”是道家所称赞的治国方略，孔子虽然多次讲“有为”，但也欣赏“无为而治”。程树德《论语集释》讲：“言任官得其人，故无为而治。”说明“无为而治”不是所有的人都“不为”，而是自己不作为，让别人去作为，“圣君”无为，让“贤相”去为。而且自己也在“为”，只不过不是“为”事，而是“为”官，通过任用官员去“为”，是知人善任的“为”，是一种分层负责、各守其分、各尽其职的“为”，不是无所事事。所以，孔子的“无为”与道家的“无为”是不一样的。

但当政者真正做到这种“无为”的很少，按孔子的意思大概只有舜了。

15·6

子张问行[①]。子曰：“言忠信，行笃敬，虽蛮貊[②]之邦，行矣。言不忠信，行不笃敬，虽州里[③]，行乎哉？立则见其参[④]于前也，在舆则见其倚于衡[⑤]也，夫然后行。”子张书诸绅[⑥]。

【注释】

①行：通达，行得通。

②蛮貊（mò）：蛮在南方，貊在北方。泛指处于边远地方的少数落后民族。

③州里：五家为邻，五邻为里，五党为州。此指近处。

④参：并立，显现。

⑤衡：车辕前横木，用以套驾牛马。

⑥绅：系在腰间的大带。

【译文】

子张问如何才能到处都行得通。孔子说："说话要忠诚老实，行事要恭敬实在，即使到了野蛮落后地区，也行得通。说话不忠诚老实，行事不恭敬实在，就是在本乡本土，能行得通吗？站着的时候，仿佛看到忠信笃敬这几个字并立在面前，坐在车上，就好像看到这几个字刻在车前横木上，这样才能到处行得通。"子张把这些话写在腰带上。

【读记】

本章中孔子强调了"忠信、笃敬"的意义和作用，一个人如果时时刻刻、样样事情上都能做到"忠信、笃敬"，无论走到哪里都行得通。反之，则寸步难行。

15·7

子曰："直哉史鱼①！邦有道，如矢②；邦无道，如矢。君子哉蘧伯玉！邦有道，则仕；邦无道，则可卷而怀③之。"

【注释】

①史鱼：卫国大夫史鰌，字子鱼，公正无私。他多次向卫灵公推荐蘧伯玉。

②如矢：矢，箭，形容其直。

③卷而怀之：卷，收起。怀，藏。

【译文】

孔子说："史鱼真是正直啊！政治清明时，他的言行像箭一样直；政治黑暗时，他的言行也像箭一样直。蘧伯玉真是一位君子啊！政治清明就出来做官，政治黑暗就把自己的主张收起来，隐身于民间。"

【读记】

本章讲的是一个人在危邦乱世中如何安身自处。

从文中所述内容看，史鱼与蘧伯玉是有所不同的。史鱼不管政治是否清明，都同样耿直，而蘧伯玉则只在政治清明时出来做官，政治黑暗时，他就退隐到民间，不直接顶撞当政者。孔子说史鱼是"直"，伯玉是"君子"，好像两者都赞叹，但他更喜欢君子，因为君子知进退，进退有道。像子鱼那样的"直人"，政治清明时尚可，政治黑暗时可能就会成为忠直的死臣，一旦死去，就没有机会为国家服务了。国家有道无道，个人无法改变，但可以隐藏保护自己，等待时机。

这里也体现出儒道互补的道理。

15·8

子曰："可与言而不与之言，失人；不可与言而与言，失言。知者不失人，亦不失言。"

【译文】

孔子说："可以同他谈的话，却不同他谈，这是失掉了朋友；不可以同他谈的话，却同他谈了，这是说错了话。有智慧的人既不失去朋友，又不说错话。"

【读记】

本章在讲生活中的社交智慧，说话要讲究对象、讲究内容，知道对谁可以说，对谁可以不说，什么话可以说，什么话可以不说。许多人不明白其中道理，该说的不说，这是隐瞒；不该说的又说了，这是急躁。一语坏事，一语得罪朋友。

孔子在《论语·季氏》第6章也谈到如何讲话，他说：“言未及之而言谓之躁，言及之而不言谓之隐，未见颜色而言谓之瞽。”意思是，还没有到说话的时候说话，这是急躁；该说话的时候却不说，这叫隐瞒；不看脸色而贸然说话，这是盲人。

15·9

子曰：“志士仁人，无求生以害仁，有杀身以成仁。”

【译文】

孔子说：“志士仁人，不贪生怕死而损害仁德，只有牺牲自身来成全仁德。”

【读记】

这也是一段名言。孔子的生死观是以“仁”为最高原则的，生命对每个人来讲都是十分宝贵的，但还有比生命更可宝贵的，那就是“仁”。“杀身成仁”，就是要人们在国家、民族存亡的生死关头宁可舍弃自己的生命也要保全“仁”。“杀身成仁”确实也真正植根在很多志士仁人心中，成为他们生活的最高准则。

人之所以成为人、区别于动物者，就是因为认识到还有比生命更重要的东西，孔子提出“杀身成仁”，孟子讲“舍身取义”，“仁”和“义”就是这么重要的价值。匈牙利诗人裴多菲有诗句：“生命诚可贵，爱情价更高，若为自由故，二者皆更抛。”裴多菲认为，爱情、自由比生命更宝贵。

试想，如果每个人都只为自己的生命活着，那人与动物还有什么区别？这个世界会成为什么样呢？不可想象。所以，我们要感谢那些人类先哲，那些思想家，是他们指出了人的重要价值，提出了人的处世原则。也要感谢那些成千上万的践行者，他们用实际行动实践了这些伟大价值，成为人类历史上光辉的亮点，也成为后世人们学习的榜样、前进的方向。

15·10

子贡问为仁。子曰：“工欲善其事，必先利其器。居是邦也，事其大夫之贤者，友其士之仁者。”

【译文】

子贡问怎样实行仁德。孔子说："做工的人想把工作做好，必须首先把工具做锋利。我们住在这个国家，就要侍奉大夫中的那些贤者，结交士人中的仁人。"

【读记】

本章中的"工欲善其事，必先利其器"也是后世的一句名言。孔子以此做比喻，说明实行仁德的方式，就是要侍奉贤者，结交仁者，在与这些人的交往中磨砺熏陶自己的品德，这样才能做好自己的事情，犹如工匠要做好他的工作，必须先把他的工具磨砺好一样。

15·11

颜渊问为邦。子曰："行夏之时①，乘殷之辂②，服周之冕③，乐则《韶舞》④。放郑声⑤，远⑥佞人。郑声淫，佞人殆⑦。"

【注释】

① 夏之时：夏代的历法，便于安排农业生产。

② 殷之辂（lù）：辂，天子所乘的车。殷代的车是木制成，比较俭朴。

③ 周之冕：周代的帽子。

④《韶舞》：舜时的舞乐，孔子认为其尽善尽美。

⑤ 放郑声：放，禁止、排斥。郑声：郑国的乐曲，孔子认为是淫声。

⑥ 远：远离。

⑦ 殆：危险。

【译文】

颜渊问怎样治理国家。孔子说："用夏代的历法，乘殷代的车子，戴周代的礼帽，采用舜的舞乐，禁绝郑国的乐曲，疏远花言巧语的人，郑国的乐曲浮靡不振，花言巧语的人危险。"

【读记】

孔子理想的治国之道是集合过去历代的优点。夏代的历法以农历正月为一年的第一个月，符合四季规律，有利于农业生产；殷代的车子朴实适用，是很好的交通工具；周代的礼帽华美；舜时的舞乐优美动听。孔子喜欢雅乐，不喜欢郑国那种让人太过沉迷、流连忘返的靡靡之音。更不喜欢花言巧语、以好话媚人的佞人。

15·12

子曰："人无远虑，必有近忧。"

【译文】

孔子说："一个人没有长远的考虑，一定会有眼前的忧患。"

【读记】

"人无远虑，必有近忧"既是治国的格言，也是人生的格言。这是中华文化中难能可贵的忧患意识。但这种忧患意识主要是存续在一些优秀的知识分子身上，如范仲淹曾说"先天下之忧而忧，后天下之乐而乐"。而普通人的忧患意识却往往不够，或者根本就没有忧患意识，今天不管明天、今朝有酒今朝醉、过一天算一天的人大有人在，只管当前不管长远、不管子孙后代的事层出不穷。正因为如此，才有诸如大量砍伐森林、为小利不惜破坏环境生态之类的事情发生。

15·13

子曰："已矣乎！吾未见好德如好色者也。"

【译文】

孔子说："完了吧，我从来没有看见过像好色那样好德的人。"

【读记】

本章主要内容见《论语·子罕》第18章。本章多了一句"已矣乎！"孔子感叹的意思更重了，说明世风如此，已无可挽回，有无可奈何之感。

读《论语》对孔子多次强调的“好”字要注意，这些品德都要求出自内心，是人的本性，是始终如一，不是外力强迫，不是一时兴起。好德、好色是这样，好学、好仁、好礼也应该是这样。

15·14

子曰：“臧文仲其窃位①者与！知柳下惠②之贤而不与立③也。”

【注释】

① 窃位：用不正当的手段占据官位。此处指只做官不做事，尤其是不举荐贤人。

② 柳下惠：鲁国贤者，姓展名获，又名禽，他受封的地名是柳下，惠是他死后妻子对他的私谥，人称其为柳下惠。

③ 与立：并立做官。

【译文】

孔子说：“臧文仲大概是一个只做官不做事的人吧！他明知道柳下惠是个贤人，却不举荐他与自己同朝共事。”

【读记】

孔子强调做官的一个重要职责是举荐贤人。《论语·子路》中孔子学生仲弓在当季氏宰的时候就请教过孔子为政之事，孔子的三项建议中有一项就是“举贤才”。臧文仲明知柳下惠是贤人而不举荐，孔子严厉指责他“窃位”。

人都有嫉妒之心、自私之心，居上位者担心贤者超过自己，所以常常不举荐，甚至打压贤者。

15·15

子曰：“躬自厚① 而薄责于人，则远怨矣。”

【注释】

① 躬自厚：自我，自己。厚，重，厚责。

【译文】

孔子说："多责备自己而少责备别人，那么，怨恨自然就少了。"

【读记】

人与人相处难免会有各种矛盾与纠纷。按孔子之意，为人处事应该多替别人考虑，从别人的角度看待问题。一旦发生了矛盾，人们应该多做自我批评，而不能一味指责别人的不是。责己严，待人宽，这样，别人的怨恨就会减少。如果只知道指责别人，就会互相怨恨，一个小问题、小矛盾可能酿成深仇大恨。

15·16

子曰："不曰'如之何①，如之何'者，吾末②如之何也已矣。"

【注释】

① 如之何：怎么办。

② 末：这里指没有办法。

【译文】

孔子说："遇事从来不说'怎么办，怎么办'的人，我对他也不知怎么办啊。"

【读记】

孔子提倡一个人遇事要多思考办法，多向人请教，拿出解决问题的具体措施。

15·17

子曰："群居终日，言不及义，好行小慧，难矣哉！"

【译文】

孔子说："整天聚在一块，说话丝毫不涉及道义，专好卖弄小聪明，这种人难有所成啊。"

【读记】

孔子希望读书人相聚时，能互相切磋学问，砥砺道德修养。但在实际生活中，不少人无所事事，成天闲逛，呼朋唤友，好说笑话，对人无益，于事无补，浪费时间。所以，孔子对这种现象提出批评。

15·18

子曰：“君子义以为质，礼以行之，孙以出之，信以成之。君子哉！”

【译文】

孔子说：“君子以义作为本质，按礼的规定行事，用谦逊的态度说话，用诚信取得成功。这才是君子啊。”

【读记】

本章孔子提出君子的四个标准：义、礼、孙、信。义是根本，其他礼、孙、信是手段。

孔子在《论语》中经常提到“义”，“义”是一个相当高或者说最高的标准。孙中兴的《论语日记》对本章解释颇多，有意者可参考。

15·19

子曰：“君子病无能焉，不病人之不己知也。”

【译文】

孔子说：“君子担心自己没有才能，不担心别人不知道自己。”

【读记】

本章的意思在《论语》其他篇章中也有类似表达，《论语·学而》中讲“不患人之不己知，患不知人也”，《论语·里仁》中讲“不患位，患所以立。不患莫己知，求为可知也”，《论语·宪问》中讲“不患人之不己知，患其不能也”。孔子劝告一个人要着力修养道德，潜心学问，练就本领，不要担心不被别人知道，不要担心不被人举荐。

总担心别人不知道自己，是知识分子的通病。现在有的人印名片，满纸都是头衔，甚至有的正面印不下了，印在背面，一张印不下了，弄成折叠式，其目的就是担心别人不知道自己，而不是像孔子要求的那样，把重点放在提高自身学养修为上。

15・20

子曰："君子疾没世①而名不称焉。"

【注释】

①疾没世：疾，担心。没世，死后。

【译文】

孔子说："君子担心死后名字不为人们所称颂。"

【读记】

这一章乍一看，似乎与上一章相矛盾，细研却又不是。上章和前面相关几章是讲君子在生前不要去担心自己不为人知，应该担心自己是否有德行、本领。

这一章说的却是死后的名声，孔子认为，君子应生前努力学习、守礼、做事，以在身后留下好的名声。君子好名不是好生前那些虚名，而是要在生前立德、立言、立功，做下有益于社会、有益于他人的实事，如此方能在身后赢得人们的尊敬。司马迁《史记・孔子世家》把这句话放在孔子周游列国失败、返回家乡立志著书立说之后，后面跟了一句："吾道不行矣，吾何以自见于后世哉？"从这就可以看出，孔子担心的不是虚名，而是没有贡献，是他的道德理想不能实现。所以，他开始用他的标准撰写《春秋》、删定《诗》《书》。

有人认为，君子不管什么名声都不要去追求。康有为在《论语注》中对这种说法进行了反驳，他认为，如果这样，会导致社会风俗大坏，都去追求利益。

15·21

子曰："君子求诸己，小人求诸人。"

【译文】

孔子说："君子要求自己，小人要求别人。"

【读记】

"求"是责备、要求。本章还是讲君子要对自己严格要求，对别人则比较宽容，也就是责己严、责人宽的意思。

本章还可以做另外意思的理解。理解为在对失误的原因追究时，君子多在自身和主观上找原因，小人多在别人和客观上找原因。

15·22

子曰："君子矜[①]而不争，群而不党。"

【注释】

① 矜（jīn）：庄重。

【译文】

孔子说："君子庄重而不与人争执，合群而不结党。"

【读记】

君子庄重，保持自己的尊严，不与人争夺一己之私利。正因为君子无私，所以，他虽然合群，但并不需要拉帮结派谋取自己的利益。

15·23

子曰："君子不以言举人，不以人废言。"

【译文】

孔子说："君子不凭一个人说的话来举荐他，也不因为一个人品德不好而不采纳他的正确意见。"

【读记】

虽然在现实中确实应该如此，但孔子在本章中的思想在实际上却很难做到，毕竟不是人人都是君子，相反，会说话的人被称为情商高，常常得到别人特别是上级的好感青睐，得到提拔重用。而一个人一旦品行有亏，不光是言论包括他的一切都黯然失色了。比如秦桧、严嵩、郑孝胥、康生等人的字，阮大铖的戏剧，汪精卫的诗，从艺术本身看，水平很高，但因这些人品德有污，社会不认可，终于无法流传。本章再次说明“德”的重要性。

孔子在《论语·宪问》第4章说过类似的话：“有德者，必有言。有言者，不必有德。”

15·24

子贡问曰：“有一言而可以终身行之者乎？”子曰：“其恕乎！己所不欲，勿施于人。”

【译文】

子贡问孔子道：“有没有一个字可以终身奉行的呢？”孔子回答说：“大概是恕吧！自己不想要的，也不要强加给别人。”

【读记】

“忠恕之道”是孔子的重要思想，在《论语·里仁》第15章里孔子说：“吾道一以贯之。”曾子对学生解释说：“夫子之道，忠恕而已。”“忠恕之道”也是仁道，是“仁”的具体要求。

本章着重讲“恕”，是从否定、从禁止方面讲的，是对自己的约束，也就是将心比心，推己及人，自己不想要的，不可强加给别人。

“己所不欲，勿施于人”已为全世界所接受，成为人类可以普遍接受的共同价值，被称为“孔子金律”。如果人人都能做到“恕”，那么世界肯定很和谐，正如一首歌中唱的“只要人人都献出一点爱，世界将变成美好的人间”。现在社会和世界上许多问题、争斗、战争，都是因为不讲“恕”道，强加于别人的结果。

“己所不欲，勿施于人”在《论语·颜渊》第 2 章中也出现过。

15·25

子曰：“吾之于人也，谁毁谁誉？如有所誉者，其有所试[①] 矣。斯民也，三代之所以直道而行也。”

【注释】

① 试：检验。

【译文】

孔子说：“我对于别人，诋毁过谁？赞美过谁？如果我有所赞美，必然是有事实验证过的。这些经过事实检验的贤人，正是夏商周三代能沿着正道发展的凭借。”

【读记】

孔子不轻易赞美人，更不轻易诋毁人。赞美人、诋毁人必须经过考察检验有确切的事实根据，使评价有据、言说有理，不能只是凭自己的好恶或者是否有利于自己做出评价。孔子认为，他赞美的那些夏商周三代的贤人都是经过事实检验的，三代得以正道发展，也因为有他们直道行事。

15·26

子曰：“吾犹及史之阙文[①]也，有马者借人乘之[②]。今亡矣夫。”

【注释】

① 阙文：史官记史，遇到有疑问的地方便存疑空缺。

② 有马者借人乘之：有马的人自己不能驯服，而靠别人训练。

【译文】

孔子说：“我还能够看到史书存疑而没有写出以待知者的地方，如同有马的人自己不会驯服，交给别人训练。这种精神，今天没有了罢。”

【读记】

本章也是难解之章。朱熹《论语集注》引胡氏语："本章义疑，不可强解。"李泽厚《论语今读》解释本章："不必妄解，此处按字面译出而已，并无意义"。

笔者用何晏《论语集解》中所引包咸的话来试做解读，孔子是在说，有些人不懂装懂，以不知为知，穿凿附会地理解一些经典，不像古代史官，不懂就空缺在那里，不会乱写，以待懂的人来解读。

15·27

子曰："巧言乱德。小不忍则乱大谋。"

【译文】

孔子说："花言巧语败坏人的道德，小事情不忍耐就会败坏重大谋划。"

【读记】

"小不忍则乱大谋"也是一句名言，甚至成为一些人用以告诫自己的座右铭。一个人如果一件小事、一句平常话都不能容忍，就可能造成重大后果。有志向、有理想的人，不应斤斤计较小事小利，而应有开阔的胸襟，远大的抱负。只有如此，才能成就大事，从而达到自己的目标。

这里的"不忍"既包含不忍愤怒的匹夫之勇，也包含不忍其爱的妇人之仁，还包含不忍舍财、不忍小仁小恩、见小利而贪等行为。

15·28

子曰："众恶之，必察焉；众好之，必察焉。"

【译文】

孔子说："大家都厌恶一个人，必须具体考察；大家都喜欢一个人，也必须具体考察。"

【读记】

钱穆在《论语新解》中认为："或有特立独行，亦有为大义冒不韪而遭众恶者，亦有违道以邀誉，矫情以钓名，而获众好者。众恶众好，其人其事必属非常，故必加审察。”

孔子这一段讲了两个方面的意思。一是决不人云亦云，不随波逐流，不以众人之是非标准决定自己的是非判断，而要经过自己对事实的观察、分析，经过自己理性的判断，然后再做出结论。二是一个人的好与坏不是绝对的，在不同的地点、不同的人们心目中，往往有很大的差别。所以孔子必定用自己的标准去评判他。

本章中的“察”是关键字。《孟子·梁惠王下》有段话可以帮助理解本章，他说：“左右皆曰贤，未可也；诸大夫皆曰贤，未可也；国人皆曰贤，然后察之；见贤焉，然后用之。左右皆曰不可，勿听；诸大夫皆曰不可，勿听；国人皆曰不可，然后察之；见不可焉，然后去之。左右皆曰可杀，勿听；诸大夫皆曰可杀，勿听；国人皆曰可杀，然后察之；见可杀焉，然后杀之。”重点强调不要盲目从众，要亲自认真考查，用事实加以验证。

本章可与《论语·子路》第 24 章相互参阅。子贡问曰：“乡人皆好之，何如？”子曰：“未可也。”“乡人皆恶之，何如？”子曰：“未可也。不如乡人之善者好之，其不善者恶之。”

15·29

子曰：“人能弘道，非道弘人。”

【译文】

孔子说：“人能够使道发扬光大，不是道使人伟大光荣。”

【读记】

本章虽然简短，但历来的《论语》注本对本章却很重视。杨伯峻在《论语译注》认为本章难以体会，李泽厚在《论语今读》中对本章做了长篇解读。

朱熹在《论语集注》中认为：“人外无道，道外无人。然人心有觉，而道体无为；故人能大其道，道不能大其人也。”

钱穆在《论语新解》中认为：“道，指人道。道由人兴，亦由人行。自有人类，始则浑浑噩噩，久而智德日成，文物日备，斯即‘人能弘道’。人由始生，渐至长大，学思益积益进，才大则道随而大，才小则道随而小。《中庸》云，‘苟不至德，至道不凝焉。’此言非有大德之人，大道亦不在其身凝聚。此亦‘人能弘道，非道弘人’也。若道能弘人，则人人尽成君子，世世尽是治平，学不必讲，德不必修，坐待道弘矣。本章义极简明，而最值深思。”

综合上述，笔者以为，本章意在说明“道”可以靠人的主观努力去发扬光大，而人不能依赖任何外物即使是“道”来光大自己。但也不是所有人都能把“道”发扬光大，人必须具有一定的天资，然后修养自身、扩充自己、提高自己，道德修养达到一定程度，才可以把“道”发扬光大。反过来说，“以道弘人”，靠“道”来装点门面，哗众取宠，那不是真正的君子所为。

本章体现了孔子及儒学自力更生、自强不息的精神。从深层次上讲，中国人由于没有外在的一个神（如西方的上帝）来依傍，只有求之于自身，求之于内心。由于无所依傍，无所归宿，只能自己去建立和提升精神力量，其过程艰难，其精神悲苦。这种精神有时强大，“知其不可而为之”，但又时时处在怀疑之中，有时只好依托于所谓“天命”。

15·30

子曰：“过而不改，是谓过矣。”

【译文】

孔子说：“有了过错而不改正，这才真是过错了。”

【读记】

“人非圣贤，孰能无过”，是人都要犯过错，关键不在于犯不犯“过”，关键在于能否改“过”。孔子认为，犯了过错，能够认识过错，改了就不是过错了，今后不再重犯同样的过错就不是过错了。只有那种犯了过错，却坚持错误，不加改正的，才是真正的过错。如果再对自己的错误加以辩解、掩饰，那就是错上加错了。

对于个人而言，知错能改是“吃一堑，长一智”。对于他人相处，不算老账，不记前过，更不结宿怨，不冤冤相报，这也体现出儒学的宽容精神。

孔子在《论语·学而》第 8 章和《论语·子罕》第 25 章中说“过则勿惮改”，也是这个意思。

15·31

子曰：“吾尝终日不食，终夜不寝，以思，无益，不如学也。”

【译文】

孔子说：“我曾经整天不吃饭，彻夜不睡觉，用来思考，结果没有什么好处，还不如去学习。”

【读记】

《大戴礼记·劝学》和《荀子·劝学》里也有类似的话。

在《论语·为政》里，孔子讲了“学”与“思”的关系，提出了“学而不思则罔，思而不学则殆”的观点，强调“学”与“思”两者都很重要，不可偏废，只学不思不行，只思不学也十分危险。

这一章重点强调“学”，在孔子看来，“学”比“思”更重要。在《论语·公冶长》中，他称自己为“好学”者（子曰：“十室之邑，必有忠信如丘者焉，不如丘之好学也。”）。孔子的“学”重点强调向别人学、向古人学，强调行为、实践，不主张个人空想、长想。

钱穆在《论语新解》中强调，“学”是一种群体性学习，比个人独思要强。钱穆还认为，“舍学而思，可以小见，不可以大知”“故君子贵乎乐群而敬学，不贵离群而独思”。

但也有学者认为，如果偏重于“学”，思辨就不发达，就可能缺乏独立思考，习惯人云亦云。李泽厚在《论语今读》中解释本章时认为，这可能是导致中国无真正哲学（黑格尔有类似评价）的原因，称“亦一大损失”。可供一说。

15·32

子曰："君子谋道不谋食。耕也，馁[1]在其中矣；学也，禄[2]在其中矣。君子忧道不忧贫。"

【注释】

① 馁（něi）：饥饿。

② 禄：做官的俸禄。

【译文】

孔子说："君子谋求仁道不谋求衣食。耕田，免不了饥饿；学习，可以得到俸禄。君子只担心仁义不能推行，不担心贫穷。"

【读记】

春秋时，那些学习的士子们大多没有俸禄，只得自己去耕种求食。《论语·子路》里樊迟请学稼、学为圃就是例子。由于谋食需要耗费人的大量精力、心思，导致一些人谋道之心不专。所以，孔子在本章中提出君子要"学"，要"谋道"，要担心道不能行，不要担心贫穷。而且，只要认真读书学习，就会求得官职，就不会饿肚子。宋真宗赵恒的诗《励学篇》中"富家不用买良田，书中自有千钟粟"，讲的也是这个道理。

孔子并不是不要俸禄，他也是人，他也要穿衣吃饭，他在《论语·阳货》中说："吾岂匏瓜哉？焉能系而不食？"但他强调的是不能以俸禄为人生目的，人生的目的应当是行道。他在《论语·学而》中说："君子食无求饱，居无求安，敏于事而慎于言，就有道而正焉，可谓好学也已。"在《论语·里仁》中说："士志于道，而耻恶衣恶食者，未足与议也。"

15·33

子曰："知及之[1]，仁不能守之；虽得之，必失之；知及之，仁能守之，不庄以莅[2]之，则民不敬。知及之，仁能守之，庄以莅之，动[3]之不以礼，未善也。"

【注释】

① 知及之：知，同“智”。之，一说是指百姓，一说是指国家，笔者取前者。

② 莅（lì）：临，到。

③ 动：劳作，指役使百姓。

【译文】

孔子说：“凭借聪明才智懂得治理百姓的道理，但没有仁德来保持它；即使得到了百姓拥护，也一定会丧失。凭借聪明才智懂得治理百姓的道理，也有仁德可以保持它，但不用严肃态度来治理百姓，那么百姓就会不尊敬；凭借聪明才智懂得治理百姓的道理，有仁德可以保持它，能用严肃态度来治理百姓，但役使百姓不照礼的要求，那也不是最好的。”

【读记】

本章讲了统治者管理老百姓的四条重要原则：知、仁、庄、礼，最终落实到礼。“仁”很重要，无“仁”，得而必失。但“仁”也不能包办一切，有了“仁”还需要“庄”和“礼”，方可达到尽善尽美。

15 · 34

子曰：“君子不可小知①而可大受②也，小人不可大受而可小知也。”

【注释】

① 小知：小事被人知。

② 大受：受，责任，使命。大受，承担大任。

【译文】

孔子说：“君子不能在小事上让人赏识，但可以让他们承担重大使命。小人不能让他们承担重大使命，但可以在小事让人赏识。”

【读记】

君子与小人各有各的才能，各有各的缺点，各有各的用处。

15·35

子曰："民之于仁也，甚于水火。水火，吾见蹈而死者矣，未见蹈仁而死者也。"

【译文】

孔子说："百姓们对于实现仁德的畏难，超过对于水火的畏惧。我只见过人跳到水火中而死的，却很少有见过实行仁德而死的。"

【读记】

本章也不好解，李泽厚《论语今读》说："疑有错漏，勉强译之而已。"笔者认为，孔子感叹水火无情，民众对之畏惧，但仍有人敢于冲入其中，不惜生命。仁德对人那么重要，却没有人为实践仁德献出生命。

15·36

子曰："当仁，不让于师。"

【译文】

孔子说："面对着仁德，就是老师，也不谦让。"

【读记】

在一般情况下，孔子和儒家特别重视师生关系的和谐，强调师道尊严，学生不可违背老师。但是，在仁德面前，即使是老师，也不谦让，要争先恐后去行"仁"。这是把实现仁德摆在了第一位，"仁"是衡量一切是非善恶的最高准则。换句话说，求道当尊师，行道以仁为标准，则无须让师。

"当仁不让"在后世也成为一句成语，有点像亚里士多德的名言"吾爱吾师，吾更爱真理"。李泽厚在《论语今读》中解读本章时说，可惜如今是"当名，不让于师"，总以为天下第一，举世无双，老师更不在眼里了。

15·37

子曰："君子贞①而不谅②。"

【注释】

① 贞：正，正而固。

② 谅：不择是非的守信。

【译文】

孔子说："君子固守正道，而不拘泥于不讲是非的小信。"

【读记】

在《论语·子路》里孔子虽然也赞同"言必信，行必果"，但也指出，这不是君子的作为，而是小人的举动。孔子注重"信"的道德准则，但它必须以"道"为前提，即服从于仁、礼的规定，这是"大信"。离开了仁、礼这样的大原则，那就是"谅"，是不讲是非的小信。孟子也在《孟子·离娄下》中说："大人者，言不必信，行不必果，惟义所在。"

但是，君子固守的正道也是难以把握的，有时，大与小的标准也难以界定，也容易被人钻空子，成为一些人不讲信用的借口。

15·38

子曰："事君，敬其事而后其食[①]。"

【注释】

① 食：食禄，俸禄。

【译文】

孔子说："侍奉君主，要认真做事，把领取俸禄的事放在后面。"

【读记】

本章强调"先劳而后禄"的儒家行为准则，这个道理放在现代也适用，先做事然后才说报酬。有些人事情还没有做，或者还没有做好，就去计算、去要求能拿到多少报酬。

《论语》中与本章意思相同的还有《论语·雍也》第22章中的"仁者先难而后获"及《论语·颜渊》第21章中的"先事后得，非崇德与"，这几章意思都是一样的，都说的是先做事，后讲报酬。

15·39

子曰："有教无类。"

【译文】

孔子说："通过教育可以消除或者缩减人与人之间的差别。"

【读记】

"有教无类"短短四个字，理解上的差别却很大，笔者的翻译是参考子安宣邦的理解译出的。

李泽厚在《论语今读》中将此句译为，孔子说："教学生不要分类别。"杨伯峻在《论语译注》中将本章译为，孔子说："人人我都教育，没有（贫富地域）等区别。"钱穆在《论语新解》将本章译为，先生说："人只该有教化，不再分类别。"

按大多数《论语》注本的理解，人有差别，如贵贱、贫富、智愚、善恶之类，但孔子办学广招门徒，不分贵贱、贫富、智愚、善恶，谁都可以到他的门下受教育，这是孔子的伟大之处。孔子之前，教育资源掌握在王室和贵族手中，一般平民是没有机会受教育的。这也反映出当时文化下移的现实，学在官府的局面得到改变，除了出身贵族的子弟可以受教育外，其他各阶层都有了受教育的可能性和某种机会。

"有教无类"这个教育思想与"因材施教"是互为补充的，前者是指什么人都要教，后者是指针对不同的人教的内容和方法不一样。这也反映在《论语》中孔子对不同的学生问仁、问政等问题的不同回答上面。

上述的解释是强调孔子有比较先进的教育思想，即平等对待一切人。但子安宣邦的理解角度有些不一样，他在《孔子的学问》中引用了几位学者对此句的理解，他们强调的是教育本身的重要性，意思是人是有类别、有差异的，通过教育可以消除或者缩减人与人之间的差别；通过教育学习，人人都有获得文化的可能性，都有成为出色人才的可能性。

这两种理解看似区别不大，实际上差别很大。前一种解释重点在说教育者，是一种主观上的要求和努力，提倡和要求大家平等对待每一个受教育的人。但是，这种要求和努力事实上很难做到，从孔子两千多年前提出到后世的很长的时间都没有做到，很多人限于贫穷和偏远，很少或者根本就没有受到过什么教育。即使到了现代，都还没完全做到无差别教育，从幼儿园到大学都还有不同类别的学校，人们所受的教育差别是很大的。而后一种解释却道出了一个客观道理，每一个人通过努力都可能成功，都可能减少差别，这也为历史发展和很多人的成长所证实。

从这个意义上讲，笔者赞同后一种解释。按这个解释，孔子要告诉我们的是教育的意义和作用，不是教育要对所有人平等。或者说，孔子之所以重要，之所以是伟大的教育家，不是提出教育要平等，而是提出教育抑或学习（说“学”更符合《论语》的特征）本身的重要性。

15·40

子曰：“道不同，不相为谋。”

【译文】

孔子说：“既然见解主张不同，就没有必要共同商量。”

【读记】

政治主张不一样，所走的道路不一样，有的主张可能还针锋相对，就没有必要商量，也无法商量，以免生出更多、更大的矛盾。俗语说，“大路朝天，各走半边”“你走你的阳关道，我走我的独木桥”，与这个意思大致相同。

15·41

子曰：“辞达而已矣。”

【译文】

孔子说：“言辞只要能表达清楚意思就行了。”

【读记】

本章是在提倡简洁质朴准确的言语表达。但在实际生活中，不管是写作还是讲话，“下笔千言，离题万里”“口若悬河，不知所云”的现状比比皆是。有的人做演讲或讲座看上去眉飞色舞、幽默风趣，但往往讲了几个小时，听众也不知所云。不少所谓“著作”动辄几十万字甚至上百万字，但内容空洞，了无新意，语言佶屈聱牙，读之味同嚼蜡，词不达意。

15·42

师冕①见，及阶，子曰：“阶也。”及席，子曰：“席也。”皆坐，子告之曰：“某在斯，某在斯。”

师冕出。子张问曰：“与师言之道与？”子曰：“然，固相②师之道也。”

【注释】

① 师冕：师，乐师。冕，乐师名。

② 相：帮助。

【译文】

乐师冕来见孔子，走到台阶沿，孔子说：“这是台阶。”走到座席旁，孔子说：“这是座席。”等大家都坐下来，孔子告诉他：“某某在这里，某某在这里。”

师冕走了以后，子张就问孔子：“这就是与乐师谈话的礼道吗？”孔子说：“对的，这确实是帮助乐师的礼道。”

【读记】

古代乐官一般用盲人充当，所以有一套专门与乐师谈话的规定。从本章讲的乐师到台阶、到宴席上的礼节看，孔子对乐师非常尊重，特别是介绍在座的都是些什么人，这一切肯定会让看不见的盲人感到特别温馨。

《论语·季氏》第十六

【题解】

本篇共14章，内容涉及孔子的政治思想、教育思想及道德修养思想等。本篇名言有“不患寡而患不均，不患贫而患不安”“既来之，则安之”“萧墙之忧”“生而知之”“君子三戒”“君子三畏”“不学《诗》，无以言”等。

本篇除少数章节外，文中的“子曰”变成“孔子曰”了，有学者认为，这些内容不是孔子嫡传弟子所记。

16·1

季氏将伐颛臾①。冉有、季路见于孔子曰：“季氏将有事②于颛臾。”

孔子曰：“求！无乃尔是过③与？夫颛臾，昔者先王以为东蒙主④，且在邦域之中矣，是社稷之臣也。何以伐为？”

冉有曰：“夫子欲之，吾二臣者皆不欲也。”

孔子曰：“求！周任⑤有言曰：‘陈力就列⑥，不能者止。’危而不持，颠而不扶，则将焉用彼相⑦矣？且尔言过矣，虎兕⑧出于柙⑨，龟玉毁于椟⑩中，是谁之过与？”

冉有曰：“今夫颛臾，固而近于费⑪。今不取，后世必为子孙忧。”

孔子曰：“求！君子疾夫舍曰欲之而必为之辞。丘也闻有国有家者，不患寡而患不均，不患贫而患不安⑫。盖均无贫，和无寡，安无倾。夫如是，故远人不服，则修文德以来之。既来之，则安之。今由与求也，相夫子，远人不服，而不能来也；邦分崩离析，而不能守也；而谋动干戈于邦内。吾恐季孙之忧，不在颛臾，而在萧墙⑬之内也。”

【注释】

① 颛（zhuān）臾（yú）：鲁国的附属国，在今山东省费县西。

② 有事：指用兵。

③ 无乃尔是过：无乃，难道不，莫非。尔，你们。过，责备。

④ 东蒙主：东蒙，蒙山。主，主持祭祀的人。

⑤ 周任：人名，周代史官。

⑥ 陈力就列：陈力，发挥好能力作用。就列，就任职位。

⑦ 相：辅助。

⑧ 兕（sì）：雌性犀牛。

⑨ 柙（xiá）：关押野兽的笼子。

⑩ 椟（dú）：匣子。

⑪ 费：季氏的采邑。

⑫ 不患寡而患不均，不患贫而患不安：多数注本认为，应为“不患贫而患不均，不患寡而患不安”。

⑬ 萧墙：照壁屏风，宫廷之内，指鲁君。

【译文】

季氏将要讨伐颛臾。冉有、子路去见孔子说：“季氏快要攻打颛臾了。”

孔子说：“冉求，难道不该责备你吗？从前先王让颛臾主持东蒙的祭祀，而且就在鲁国疆域之内，是与国家共安危存亡的臣属啊！为什么要去讨伐它呢？”

冉有说：“季孙大夫想去攻打，我们两个人都不想。”

孔子说：“冉求，周任有句话说，‘发挥好能力作用就任职，做不好就辞职。’你的主人有了危险不去扶助，跌倒了不去搀扶，那还用辅助的人干什么呢？而且你说的话错了，老虎、犀牛从笼子里跑出来，龟甲、玉器在匣子里毁坏了，这是谁的过错呢？”

冉有说：“现在颛臾城墙坚固，而且离费城很近。现在不把它夺取过来，将来一定会成为子孙的忧患。”

孔子说：“冉求，君子讨厌那种想要做某事又一定要找出借口的做法。我听说过，对于诸侯和大夫，不担心贫穷，而担心财富不均；不担心人口少，而担心不安定。因为财富平均了，也就没有贫穷；人民和谐了，就不怕人口稀少；境内安定了，就没有倾覆的危险。如果做到这样，远方的人还不归服，就用仁、义、礼、乐招抚他们进来；已经来了，就要把他们安顿下来。现在，仲由和冉求你们两个人辅助季氏，远方的人不归服，而不能招抚他们；国家支离破碎，你们不能保全，反而策划在国内使用武力。我恐怕季孙的忧患不在颛臾，而在鲁君啊。”

【读记】

这是《论语》中比较长的篇幅之一，反映出孔子的反战以及均贫富、安定社会、以德怀人等思想。他不主张通过军事手段解决国际、国内的问题，而希望采用礼、义、仁、乐的方式解决问题。

有人认为，孔子提出的“不患贫而患不均，不患寡而患不安”是平均主义，会导致社会前进缓慢。实际上，孔子讲的“均”不是平均，而是要求为政者要注意财富分配的均衡、和谐、恰当、安定，正如朱熹在《论语集注》中所解释：“均，谓各得其分；安，谓上下相安。”

“既来之，则安之”也是一句名言，只是后来意思与此处意思不大一样。原意是，已经既然把他们招抚来，就要把他们安顿下来；后来的意思是，既然来了，就要在这里安下心来。这既可以用于招待来到本地的客人的客气用语，也可以是表达自己去了某地，就安心于某地。后者是一种态度从容、不急不慌、适应现状的表现。

16·2

孔子曰：“天下有道，则礼乐征伐自天子出；天下无道，则礼乐征伐自诸侯出。自诸侯出，盖十世希不失矣；自大夫出，五世希不失矣；陪臣执国命，三世希不失矣。天下有道，则政不在大夫。天下有道，则庶人不议。”

【译文】

孔子说："天下太平，制作礼乐和出兵打仗都由天子决定；天下昏乱，制作礼乐和出兵打仗由诸侯决定。由诸侯决定，大概经过十代很少不失去的；由大夫决定，经过五代很少不失去的；由大夫的家臣决定，经过三代很少不失去的。天下太平，国家政权就不会落在大夫手中。天下太平，老百姓就不会议论纷纷。"

【读记】

孔子一直推崇尧、舜、禹、汤时期及西周的社会制度，维护天子权威，主张"礼乐征伐自天子出"。如果国家权力掌握到诸侯、大夫甚至家臣手中，那就是"天下无道"。对于这种情况，孔子极感不满，认为这种政权不会长久，很快就会垮台。

孔子的这些结论是由西周以后东周历史发生的事实得出的，礼崩乐坏，诸侯大夫僭越，比比皆是。比如，齐桓公称霸，从孝公至简公共十世，简公为陈恒所杀；晋文公称霸，从襄公至顷公共九世，其间六卿专权；鲁国自季友专权，到桓子为阳虎囚禁，不过五世；季氏家臣南蒯、阳虎等专权，不过三世。

"庶人不议"不是反对百姓议政，而是政治清明，百姓安居乐业，没有什么可议论的。

16·3

孔子曰："禄之去公室①五世②矣，政逮③于大夫四世④矣，故夫三桓⑤之子孙微矣。"

【注释】

① 禄之去公室：禄，禄位，指国家政权。公室，指鲁君。

② 五世：指鲁国宣公、成公、襄公、昭公、定公五世。

③ 逮：及，到。

④ 四世：指季孙氏文子、武子、平子、桓子四世。

⑤ 三桓：鲁国仲孙、叔孙、季孙都出于鲁桓公，所以叫三桓。

【译文】

孔子说："鲁国国君失去国家政权已经有五代了，政权落在大夫之手已经四代了，所以三桓的子孙也衰微了。"

【读记】

与上章一样，孔子感叹，诸侯国君大权旁落，大夫专权，在孔子看来，这是破坏礼制，是"天下无道"。

16·4

孔子曰："益者三友，损者三友。友直，友谅①，友多闻，益矣。友便辟②，友善柔③，友便佞④，损矣。"

【注释】

① 谅：这里指诚信，在《论语》其他地方指小信，如《论语·宪问》第17章的"岂若匹夫匹妇之为谅也"。

② 便辟：谄媚逢迎。

③ 善柔：面善虚伪。

④ 便佞：花言巧语。

【译文】

孔子说："有益的交友有三种，有害的交友有三种。同正直的人交友，同诚信的人交友，同见闻广博的人交友，这是有益的。同谄媚逢迎的人交友，同面善虚伪的人交友，同花言巧语的人交友，这是有害的。"

【读记】

本章主要讲交友之道。孔子的话可从两个方面理解。从交友来说，交朋要慎重，有所选择，要同正直的人、诚信的人、见闻广博的人交朋友。从做人来说，不要谄媚逢迎，不要圆滑虚伪，不要夸夸其谈。

16·5

孔子曰："益者三乐，损者三乐。乐节礼乐[1]，乐道人之善，乐多贤友，益矣。乐骄乐[2]，乐佚[3]游，乐晏乐[4]，损矣。"

【注释】

①节礼乐：以礼乐来节制、规范言行。

②骄乐：骄纵不知节制的乐。

③佚：同"逸"。

④晏乐：沉溺于宴饮取乐。

【译文】

孔子说："有益的快乐有三种，有害的快乐有三种。喜欢用礼乐调节自己，喜欢称道别人的好处，喜欢多交贤德朋友，这是有益的。喜欢骄傲放纵，喜欢闲游晃荡，喜欢吃喝玩乐，这就是有害的。"

【读记】

本章讲快乐的标准。孔子提出，快乐要用礼乐来节制，要称道别人，要交好友。一个人要善于选择自己的爱好，杜绝不良嗜好，主要是指追求精神上的快乐，不提倡过度追求物质、感官上的快乐。

16·6

孔子曰："侍于君子有三愆[1]：言未及之而言谓之躁，言及之而不言谓之隐，未见颜色而言谓之瞽[2]。"

【注释】

①愆（qiān）：过失。

②瞽（gǔ）：眼瞎。

【译文】

孔子说："侍奉在君子旁边陪他说话容易犯三种过失：还没有到说话的

时候说话，这是急躁；该说话的时候却不说，这叫隐瞒；不看脸色而贸然说话，这是眼瞎。”

【读记】

本章主要讲的是社会交往过程中应当注意的问题。特别是在与居上位的人说话或在公众场合说话时要注意时间、分寸的把握，还要察言观色，注意场合，注意听者的反应。

现实中这类例子比比皆是，有的人该他讲话的时候，他一言不发。有的人在发言人多、时间紧张的时候，却侃侃而谈，不顾主持人的暗示，不看听者不耐烦的表情。有的人在上级心情不好的时候去提出要求，当然只有吃闭门羹了。

在《论语·卫灵公》第 8 章中，孔子也表达了类似的意思：“可与言而不与之言，失人；不可与言而与言，失言。”荀子在《劝学》中说的意思与孔子几乎完全相同：“未可与言而言，谓之傲；可与言而不言，谓之隐；不观色而言，谓之瞽。”

16·7

孔子曰：“君子有三戒：少之时，血气未定，戒之在色；及其壮也，血气方刚，戒之在斗；及其老也，血气既衰，戒之在得。”

【译文】

孔子说：“君子有三种事情值得警惕，年少的时候，血气还不成熟，身体还未健全，要警惕对女色的迷恋；等到身体成熟了，血气方刚，要警惕争强好胜；等到老年，血气、身体已经衰弱了，要警惕贪得无厌。”

【读记】

本章中孔子对一个人从少年到壮年，再到老年在这一生中需要特别注意的三大问题提出了忠告。《淮南子·诠言训》里有段类似的话讲一个人在不同阶段的表现：“凡人之性，少则猖狂，壮则强暴，老则好利。”

据皇侃《论语义疏》解，“少之时”指的是 30 岁以下，“及其壮也”指的是30岁以上、50岁以下，“及其老也”指的是50岁以上。古人对“少”“壮”的解释比较一致，对“老”的解释，有的说是50岁以上，有的说是60岁以上，有的说是70岁以上。

古人认为，人的好色、好斗、贪财全都与血气有关。朱熹对本章的注解很精当，他在《论语集注》中引范氏语：“圣人同于人者血气也，异于人者志气也。血气有时而衰，志气则无时而衰也。少未定、壮而刚、老而衰者，血气也。戒于色、戒于斗、戒于得者，志气也。君子养其志气，故不为血气所动。”也就是说，“色、斗、得”三种问题分别在“少、壮、老”阶段最容易发生，这也是人的成长中的一种自然现象，但是可以用志气控制，用志气压过血气。

但在现实中，不用志气控制血气，好色、好斗、好得者大有人在。不少贪官开始都比较廉洁，很多贪官的贪是从上了年纪开始的，觉得权力快结束了，再不“得”就没有机会，最终使得自己晚节不保、名利全失，害己害家。

这里的“得”不能狭隘地理解为贪财贪利，还包括贪图名誉、地位，也包括满足感。

16·8

孔子曰：“君子有三畏：畏天命，畏大人①，畏圣人②之言。小人不知天命而不畏也，狎大人，侮圣人之言。”

【注释】

①大人：居高位、有权势的人。

②圣人：品德高尚、智慧高超、博施于众的人。

【译文】

孔子说：“君子有三件敬畏的事情：敬畏天命，敬畏有权、有位的人，敬畏圣人的话。小人不懂得天命，因而也不敬畏，轻视地位高贵的人，嘲笑圣人讲的话。”

【读记】

“畏天命”是孔子的一贯主张，因为“天命”是自然规律，不可违抗。“畏大人”是因为在孔子看来，王公大人虽然不是个个都有德行才干，但又有一种似乎是上天授予的崇高地位，赋有神圣的职责使命，普通人的祸福皆系在他们身上，因而足可敬畏。“畏圣人”是因为圣人见识广博，能洞见真理。

这里的“畏”是心服口服，不只是外表上的怕，而是发自内心的一种敬畏。一般老百姓为衣食所困，成天忙于碌碌生活，没有使命感，也不知天命，所以没有敬畏感。一般人“不畏”，是因为他们无知，所谓“无知者无畏”也。

16·9

孔子曰：“生而知之者，上也；学而知之者，次也；困而学之，又其次也；困而不学，民斯为下矣。”

【译文】

孔子说：“生来就知道的人，是上等；经过学习以后才知道的人，是次一等；遇到困难再去学习的人，又次一等；遇到困难还不学，这样的人就成为下等人了。”

【读记】

孔子在本章按智力、学识把人分为四等。

第一等是“生而知之”的人，这种人天生就聪明，不学就会，只有圣人才能达到。第二等是“学而知之”的人，这种人是通过后天学习才知道的。第三等是“困而学之”的人，这种人是遇到困难才去学习。第四种人是“困而不学”的人，这种人遇到困难也不去学习，放弃学习，一直傻下去，最终成为最下等的人。

孔子不承认自己是第一种人，只承认自己是第二种人，他说自己是经过学习然后才知道的。他希望人们勤奋好学，不要等遇到困难再去学习。俗话说“书到用时方恨少”，讲的就是这个道理。至于遇到困难还不去学习，那就是孔子说的“愚人”了，不可施教，没法改造。

杨伯峻在《论语译注》中将“民”当成了特指，理解为老百姓，“困而不学，民斯为下矣”就翻译为“遇见困难而不学，老百姓就是这种最下等的了”。这样解释的话，孔子就是在歧视下层人民了。笔者认为实际上孔子在这里并不是专门指责下层人民，而是指责遇到困难还不学习的那一类人，也包括地位较高的人在内。

16·10

孔子曰：“君子有九思：视思明，听思聪，色思温，貌思恭，言思忠，事思敬，疑思问，忿思难，见得思义。”

【译文】

孔子说：“君子有九种情况要用心思考：看，要思考是否看清楚；听，要思考是否听明白；脸色，要思考是否温和；仪态，要思考是否谦恭；言谈，要思考是否诚实；办事，要思考是否谨慎严肃；疑问，要思考是否询问别人；忿怒，要思考是否存在后患；有利，要思考是否该得。”

【读记】

本章通过孔子所谈的“君子有九思”，讲了非常具体的生活规范，把人的言行举止的各个方面都考虑到了。其中的关键词是“思”，他要求自己和学生们的一言一行都要认真思考和自我反省，这里包括个人道德修养的各种规范。

16·11

子曰：“见善如不及，见不善如探汤。吾见其人矣，吾闻其语矣。隐居以求其志，行义以达其道。吾闻其语矣，未见其人也。”

【译文】

孔子说：“看到善良的行为，就像赶不上似的急切追求，看到不善良的行动，就像用手试探沸水一样赶快避开。我见到过这样的人，也听到过这样的话。以隐居避世来守住自己的志向，依义而行实现自己的主张。我听到过这种话，却没有见到过这样的人。”

【读记】

孔子在本章里讲到两种人，一种是“见善如不及，见不善如探汤”，这种人竭力追求善，竭力避开恶；另一种是“隐居以求其志，行义以达其道”，这种人避开乱世，在一个安静的地方读书修养。他的隐居不是厌世，他还在“求其志”，他有志向，希望将来有机会施展他的志向。他所做的事都合乎正义、道义。

“见善如不及，见不善如探汤”的人只求独善其身，相对容易做到，所以孔子说我见过这种人，也听过这种话。“隐居以求其志，行义以达其道”的人既追求独善其身，又兼济天下。普通人很难做到，这种人是隐居的君子、圣贤。所以，孔子说我听到过这种话，却没有见到过这样的人。

“未见其人也”，这是孔子对当时社会道德实践水平下降的感叹。孔子自己属于后一种人，“知其不可而为之”，他不做隐者，坚持自己的信念不变。虽然，其时社会已经礼崩乐坏，政治已然黑暗，很多执政者他并不喜欢，他还是多次应召，多次试图从政，推销自己的政治主张，不怕失败，屡败屡为。所以，他也多次遭到隐者的嘲笑。

16·12

齐景公有马千驷[①]，死之日，民无德而称焉。伯夷叔齐饿于首阳之下，民到于今称之。“诚不以富，亦只以异[②]”，其斯之谓与？

【注释】

① 千驷：驷，一驷是四匹马。千驷，千乘，千辆兵车。此处指拥有千辆兵车的国家。

② 诚不以富，亦只以异：朱熹在《论语集注》中认为，这是《论语·颜渊》的错简，当放此处，不然前后不连贯，笔者赞同朱解。

【译文】

齐景公拥有千辆兵车的国家，死的时候，百姓们觉得他没有什么德行可以称颂。伯夷、叔齐饿死在首阳山下，百姓们到现在还在称颂他们。

《诗》中说“实在不是因为他富裕，只是因为他德行好”，大概就是这个意思吧。

【读记】

本章把富有一国的齐景公与坚持节义、饥饿而死的遗贤伯夷和叔齐对比，说明一个人要得到人民称颂，要流芳千古，不是靠权势，也不是靠财富，而是靠品德、靠道义。

孔子对伯夷、叔齐两人一直称颂有加。在《论语·公冶长》第23章里说他们“不念旧恶，怨是有希”，在《论语·述而》第15章里说他们是“古之贤人”“求仁得仁”，在《论语·微子》第8章里称赞他们“不降其志，不辱其身”。

16·13

陈亢①问于伯鱼曰：“子亦有异闻②乎？”

对曰：“未也。尝独立，鲤趋而过庭。曰：‘学诗乎？’对曰：‘未也’。‘不学诗，无以言。’鲤退而学诗。他日，又独立，鲤趋而过庭。曰：‘学礼乎？’对曰：‘未也’。‘不学礼，无以立。’鲤退而学礼。闻斯二者。”

陈亢退而喜曰：“问一得三。闻诗，闻礼，又闻君子之远③其子也。”

【注释】

① 陈亢（gāng）：陈子禽。

② 异闻：指从孔子那里听到的不同于对其他学生所讲的内容。

③ 远（yuàn）：不亲近，不偏爱。

【译文】

陈亢问孔子的儿子伯鱼：“你在老师那里听到过什么特别的教诲吗？”

伯鱼回答说：“没有呀。有一次他独自站在堂前庭院里，我快步走过，他问我‘学诗了吗？’我回答说‘还没有呢。’他说‘不学诗，就不懂得怎么说话。’我回去就学诗。又有一天，他又独自站在堂前庭院里，我快步走过，他问我‘学礼了吗？’我回答说‘还没有呢。’他说‘不学礼就不懂得怎样立身。’我回去就学礼。就听到过这两件事。”

陈亢回去高兴地说：“我提一个问题，得到三方面的答案，知道诗，知道礼，知道君子不偏爱自己的儿子。”

【读记】

本章是讲陈亢怀疑孔子对自己的儿子伯鱼在教学授课上有偏心，因而发问。

这里的《诗》，就是后来的《诗经》，当时人们说话交往包括外交上都广泛用到其中的诗句。孔子对《诗》特别重视，曾亲自删定此书为305篇（删改前有3000多首）。孔子教育弟子先从学《诗》开始。他认为，如果不学《诗》，则“无以言”“犹正墙面而立”，不懂得如何讲话，就寸步难行。

放在现在也是一样，你书读得多，谈吐就会不凡，别人不凡的谈吐你才听得懂，你才会在与人的交流中接得上话。“无以言”不是说你成了生理上的哑巴了，而是你胸中无货，头脑空空，没法接话。

本章还说明，孔子并没有对自己的儿子给予单独授课的特殊照顾。“君子远其子”不是感情上的疏远，而是不特别亲密、亲热。与“君子远其子”相关的是，古人“父不教子”“易子而教”，说的是即使自身知识渊博，也不教自己的子女，而是送到学校去，送到别人那里去学习。李鸿章年轻时，他的父亲坚持要把他送到曾国藩处学习，也是这个道理。

孔子给独子取名孔鲤，有的说是因为孔鲤出生时鲁国国君送了一条鲤鱼，为报君礼，孔子取这个名字以示纪念。也有的说是鲤与礼谐音，孔子重视礼，所以给儿子取名鲤。

16·14

邦君之妻，君称之曰夫人，夫人自称曰小童；邦人称之曰君夫人，称诸异邦曰寡小君；异邦人称之亦曰君夫人。

【译文】

国君的妻子，国君称她为夫人，夫人自称为小童；国人称她为君夫人；对外国人她自称为寡小君；外国人也称她为君夫人。

【读记】

本章既无“子曰”标志，内容也不像孔子所说。梁启超认为是后人在竹简空白处所加，程树德不同意这个说法。不管怎么说，它属于《论语》的内容却是公认的。《论语》中类似这种可疑的章节也还有不少。

本章讲的是关于夫人的不同称号，是周礼的内容之一。按何晏《论语集解》引孔安国的说法：“当此之时，诸侯嫡妾不正，称号不审，故孔子正言其礼也。”说明孔子一贯维护礼制的立场。

《论语·阳货》第十七

【题解】

本篇共26章，主要涉及孔子的政治、礼乐、道德、人性、天命、教育等思想。本篇名言有“性相近也，习相远也”“唯上知与下愚不移”“割鸡焉用牛刀”“色厉内荏”“道听途说”“患得患失”“饱食终日，无所用心”“唯女子与小人为难养也”等。

17·1

阳货欲见孔子①，孔子不见，归孔子豚②。

孔子时其亡③也，而往拜之。

遇诸涂④。

谓孔子曰：“来！予与尔言。”曰：“怀其宝而迷其邦⑤，可谓仁乎？”曰：“不可。”“好从事而亟⑥失时，可谓知乎？”曰：“不可。”“日月逝矣，岁不我与⑦。”

孔子曰：“诺，吾将仕矣。”

【注释】

① 阳货欲见孔子：阳货，又叫阳虎，季氏家臣，后来掌控季氏实权。见，同“现”，使孔子出现，意即让孔子来拜见自己。

② 归（kuì）孔子豚（tún）：归，赠送。豚，小猪。

③ 时其亡：时，伺，等。亡，外出。

④ 遇诸涂：涂，同“途”，道路。在途中遇到他。

⑤ 迷其邦：听任国家迷乱。

⑥亟：屡次。

⑦与：在一起，等待。

【译文】

阳货想要孔子来拜见他，孔子不去，他便赠送给孔子一只熟小猪。

孔子打听到阳货不在家时，往阳货家拜谢。

结果在途中遇见阳货。

阳货对孔子说："来，我有话要跟你说。"阳货接着说："自己有一身本领却听任国家迷乱，这可以叫作仁吗？"孔子说："不可以。"阳货说："喜欢参与政事而又屡次错过机会，这可以说是聪明吗？"孔子说："不可以。"阳货说："时间一天天过去，年岁是不等人的。"

孔子说："好吧，我将要出来做官了。"

【读记】

季氏把持鲁国权柄，阳货把持季氏权柄。按朱熹《论语集注》解释，阳货想见孔子，是想让孔子帮助他。孔子反对"政在大夫"，更反对"陪臣执国命"，所以他不可能与阳货合谋，不会去见阳货，这是守义。

但是，古代规定，大夫赐礼物给士，士拜受后，须亲自上门回拜赏赐礼物的人。阳货其人又不好惹，他送礼给孔子，孔子必须去拜访，这是守礼。孔子既不愿违礼，更不想见阳货其人，就刻意选了一个阳货不在家的时候去拜访。但不巧的是，路上二人相遇了，很尴尬，孔子受到阳货的奚落。阳货口才很好，问的问题又直指要害，用孔子的一生践行的目标来指责他"不仁""不智"，孔子勉强应对，很是被动。孔子的最后一句承诺是敷衍阳货的，只是想尽快摆脱阳货的纠缠，并不是真的要与他合作。

本章情节、对话都很生动，很有故事性。先是孔子不想见阳货，然后是阳货设计送小猪，再是孔子趁阳货不在家回访，最后不巧在路上遇见。情节有开端，有发展，有高潮，有点像小说的笔法，是《论语》少有的生动篇章之一。

许多注本认为本章中间全部是阳货一人在自问自答，不给孔子说话的机会。李泽厚在《论语今读》中认为是阳货与孔子两人在对话。笔者取李先生的意见。

17·2

子曰："性相近也，习相远也。"

【译文】

孔子说："每个人与生俱来的本性大致是相近的，但由于后天习染不同便差别很大。"

【读记】

《论语》说到"性"字的只有两处，一是本章，二是《论语·公冶长》中的"夫子之言性与天道，不可得而闻也"。在孔子的话语中，"性"比较中性，无所谓善与恶，先天的"性"在后天习于善则善，习于恶则恶。孔子只讲"仁"，并以"礼"归"仁"。后来，孟子讲"人性善"，荀子讲"人性恶"。

有人讨论，为什么孔子说"性相近"不说"性相同"？笔者以为，这个问题不必讨论，孔子在本章中强调的重点不是人与人之间到底是完全相同还是相近，因为这个没有必要强调，而且每个人也只能是相近，不可能完全相同，也不会完全不同，正如"世界没有完全相同的两片叶子"一样。人的差别主要不是"性"，而是"习"，孔子的目的在于强调后天的努力，勉励大家学习修养，提高自己，完善自己。这也是人与动物的本质区别。

《三字经》中把这句话精减成"性相近，习相远"，与"人之初，性本善"连在一起。

17·3

子曰："唯上知与下愚不移。"

【译文】

孔子说："只有上等的智者与下等的愚者是不会改变的。"

【读记】

在《论语·季氏》第9章中，孔子讲过类似的观点："生而知之者，上也；学而知之者，次也；困而学之，又其次也；困而不学，民斯为下矣。""上智"就是"生而知之者"，天生聪明；"下愚"就是"困而不学者"，就一直愚钝。

关于本章理解上的歧义较多，曾被作为孔子鄙视劳动人民的证据。笔者以为，这里的"下愚"并不是专指劳动人民。孔子的意思是，天才与白痴不需要教育培养，因为天才生而知之，自然不需要人教育，白痴太笨，教了也等于白教。而大多数普通人是需要教育且能够教育的。

17·4

子之武城[①]，闻弦歌[②]之声。夫子莞尔而笑，曰："割鸡焉用牛刀？"

子游对曰："昔者偃也闻诸夫子曰：'君子学道则爱人，小人学道则易使也'。"

子曰："二三子！偃之言是也。前言戏之耳。"

【注释】

① 武城：鲁国的一个小城，当时子游是武城宰。

② 弦歌：弦，指琴瑟，以琴瑟伴奏歌唱。

【译文】

孔子到武城，听见弹琴唱歌的声音。孔子微笑着说："杀鸡何必用宰牛的刀呢？"

子游回答说："以前我听先生说过，'君子学习了礼乐就能爱人，老百姓学习了礼乐就容易受使唤。'"

孔子说："同学们，言偃的话是对的。我刚才说的话是开玩笑的。"

【读记】

"割鸡焉用牛刀？"孔子的意思是，礼乐是用来治理国家的，你这么一个小地方哪里需要这么认真地讲习礼乐。

本章读起来轻快，家家户户琴声、歌声不断，老师开玩笑，学生急了，连忙争辩，孔子也就一本正经地认错，“莞尔而笑”写出了孔子的生动神态，再次表现出孔子并不是一个成天严肃刻板的人，这是《论语》中比较少见的轻快生动的篇章。

孔子看上去是在开玩笑，还有点小小的责备，觉得武城这么一个小地方没有必要费那么大的力气教导人民学习礼乐，实则是看到学生按照自己的教诲以礼乐治国，成绩斐然，心情大好，是对弟子子游领会礼乐精神、治理有方的肯定。

“割鸡焉用牛刀”，好像是大材小用，但有时候割鸡就是要用牛刀，表示重视，一丝不苟，看起来不大重要的事情，也要用力有心去做。

17·5

公山弗扰①以费畔②，召，子欲往。

子路不说，曰：“末之也已③，何必公山氏之之也④。”

子曰：“夫召我者，而岂徒⑤哉？如有用我者，吾其为东周乎⑥？”

【注释】

① 公山弗扰：人名，又称公山不狃，字子洩，季氏家臣。

② 畔：同“叛”。

③ 末之也已：末，无。之，到、往。末之，无处去。已，止，算了。

④ 之之也：第一个“之”字是助词，将宾语提前，后一个“之”字是动词，去，到。

⑤ 徒：徒然，平白无故。

⑥ 吾其为东周乎：其，大概。为东周，在东方复兴周礼。

【译文】

公山弗扰凭借费邑反叛，来召孔子，孔子准备前去。

子路不高兴，说：“没有地方去就算了，为什么一定要去公山弗扰那里呢？”

孔子说：“他来召我，难道只是平白无故吗？如果有人用我，我大概就要在东方复兴周礼。”

【读记】

公山弗扰背叛季氏，理由是支持鲁君。孔子应召，是想借帮助公山弗扰这位家臣的力量，削弱鲁国权臣季氏的力量，恢复鲁国公室的权力，并以此实现复兴西周社会的政治理想，恢复周礼。只要他认为可能，哪怕不喜欢对方，哪怕对方是叛臣，哪怕希望渺茫，也想要去尝试一下。

在子路看来，公山弗扰就是一个乱臣贼子，他不理解孔子的远大理想，所以他不高兴孔子去。

尽管孔子有一个高大上的理由，但真正这样做的话毕竟还是属于为达目的不择手段，也非君子所为。后来，孔子终于没有去。据史载，孔子后来看到公山弗扰等威胁到公室，派人打败了公山弗扰。

17・6

子张问仁于孔子。孔子曰：“能行五者于天下为仁矣。”

“请问之。”曰：“恭、宽、信、敏、惠。恭则不侮，宽则得众，信则人任焉，敏则有功，惠则足以使人。”

【译文】

子张向孔子问仁。孔子说：“能够处处实行五种品德，就是仁人了。”

子张说：“请问具体是什么。”孔子说：“庄重、宽厚、诚实、勤敏、慈惠。庄重就不致遭受侮辱，宽厚就会得到人心，诚实就能得到别人的任用，勤敏就会提高工作效率，慈惠就能够使唤人。”

【读记】

本章争议较多，主要集中在子张到底是“问政”还是“问仁”？不少学者认为，本章说的是“问仁”，但更像“问政”，因为它主要说的是当政者如何实行仁德。

其实，不管是“问政”还是“问仁”，孔子面对不同的人回答是不尽相同的。所以，不能用颜渊等人“问仁”时孔子的回答来作为参照。同时，“仁”与“政”本身又是相通的，所以，“问仁”像是在“问政”，或者“问政”像是在“问仁”都很正常，有时二者合称“仁政”，孔子要推行的也是“仁政”。在孔子看来，“仁”既是个人的道德要求，也是为政的重要原则。

17·7

佛肸①召，子欲往。

子路曰：“昔者由也闻诸夫子曰：‘亲于其身为不善者，君子不入也。’佛肸以中牟②畔，子之往也，如之何？”

子曰：“然，有是言也。不曰坚乎，磨而不磷③；不曰白乎，涅而不缁④。吾岂匏瓜⑤也哉？焉能系⑥而不食？”

【注释】

①佛（bì）肸（xī）：晋国大夫范氏家臣，中牟地方官。

②中牟：地名，在晋国，约在今河北邢台与邯郸之间。

③磷：损伤，此处指薄。

④涅而不缁：涅，一种矿物质，此处指染黑。缁，黑色。

⑤匏瓜：葫芦的一种，味苦不能吃，老后风干做盛器。

⑥系（jì）：结，挂。

【译文】

佛肸召孔子，孔子打算去。

子路说：“从前我听先生说过，‘一个亲自做坏事的人那里，君子是不去的。’现在佛肸据中牟反叛，你却要去，这如何解释呢？”

孔子说：“是的，我说过这样的话。不是说坚硬的东西磨也磨不薄吗？不是说洁白的东西染也染不黑吗？我难道是个不能吃的苦味葫芦吗？怎么能只挂在那里而不给人吃呢？”

【读记】

本章与本篇第5章意思差不多，孔子急于入世，借家臣打击大夫力量，恢复公室权力，实现自己的政治理想，总想找一个能实现自己理想的地方，哪怕对方仁德有污。这也说明，当时能让孔子实现自己理想的机会并不多，有点机会就想去试试，不管召请他的对方是什么人。

“不曰坚乎，磨而不磷；不曰白乎，涅而不缁”，面对不去恐怕失去机会、去似乎又有道义之亏的两难选择，孔子自辩自己信念坚定，操守始终如一，不会因对方仁德有污而有所改变。

孔子这两次呼应叛臣之请，受到学生的质疑，也受到后世的质疑，有人认为，孔子品德有污、表里不一。当然，也有人极力找理由为孔子辩护。

有趣的是，这两次质疑孔子的学生都是子路，不是因为其他学生笨，不知道孔子这样做不对，而是子路性格急躁，有话藏不住。

17·8

子曰：“由也，女闻六言①六蔽矣乎？”对曰：“未也。”

“居②，吾语女。好仁不好学，其蔽也愚③；好知不好学，其蔽也荡④；好信不好学，其蔽也贼⑤；好直不好学，其蔽也绞⑥；好勇不好学，其蔽也乱；好刚不好学，其蔽也狂。”

【注释】

①六言：言，字或句，笔者取“字”的意思。

②居：坐。

③愚：受人愚弄。

④荡：放荡。好高骛远而没有根基。

⑤贼：害，败坏。

⑥绞：说话尖刻。

【译文】

孔子说：“仲由呀，你听说过六个字和六种弊病了吗？”子路回答说：

“没有。”

孔子说：“坐下，我告诉你。爱好仁德而不爱好学习，它的弊病是受人愚弄；爱好智慧而不爱好学习，它的弊病是博而不专；爱好诚信而不爱好学习，它的弊病是害己坏事；爱好直率而不爱好学习，它的弊病是尖刻伤人；爱好勇敢却不爱好学习，它的弊病是作乱闯祸；爱好刚强却不爱好学习，它的弊病是狂妄自大。”

【读记】

“仁、知、信、直、勇、刚”都是好品德，但都需要学习加以订正，需要用礼加以规范。如果不加强学习，只知其然而不知其所以然，不用礼仪来规范，就会走向它的另一面变成弊端。

17·9

子曰：“小子何莫学夫诗。诗，可以兴①，可以观②，可以群③，可以怨④。迩⑤之事父，远之事君；多识于鸟兽草木之名。”

【注释】

①兴：启发思维，激发感情。

②观：民风世俗。

③群：合群。

④怨：讽谏上级，怨而不怒。

⑤迩（ěr）：近。

【译文】

孔子说：“年轻人为什么不学习诗呢？学诗可以启发思维，可以观察民风世俗，可以融入群体，可以讽谏时政。近可以用来侍奉父母，远可以侍奉君主；还可以多知道一些鸟兽草木的名字。”

【读记】

本章讲写诗的方法和诗的作用，“兴”是写诗的方法之一，另有“赋、比”等方法，“观、群、怨”是诗歌的三大作用。何晏《论语集解》引孔安国注曰：“兴，引譬连类。”引郑玄注曰：“观风俗之盛衰。”引孔安国注曰：“群居相切磋。”“怨刺上政。”

这是中国最早的文艺批评理论，比较简洁而又全面地阐述了诗歌的作用。“兴”是指通过比喻的表现方法来使人产生联想，引发内心的真诚感情；“观”指艺术体察民情的作用，通过表现性情来了解世间的人情风俗；“群”指艺术凝聚人心的作用，通过人们的共同吟诵，让人们相互找到共鸣；“怨”指艺术的讽谏作用，可以寄托并倾诉人们对政事的怨讽之意。

李泽厚在《论语今读》中认为，“怨”为后世各种哀伤怨恨之情找到了表达发泄的理论依据。但“温柔敦厚”“怨而不怒”的儒家理论又严重约束了“怨”的真正发展，仍然是“发乎情，止乎礼义”的节制，而绝不可能朝西方酒神精神方向展开。

学诗即使“观、群、怨”这样的大作用不能发挥，至少还可以“多识于鸟兽草木之名”，借此了解大自然。据有人统计，《诗》中共涉及草 113 种、木 75 种、鸟 39 种、兽 67 种、虫 29 种、鱼 20 种。

17·10

子谓伯鱼曰：“女为①《周南》《召南》②矣乎？人而不为《周南》《召南》，其犹正墙面而立③也与？”

【注释】

① 为：学习。

② 《周南》《召南》：《诗经·国风》开始两部分的篇名。周南和召南都是地名，《周南》《召南》指当地的民歌。

③ 正墙面而立：面向墙壁站立着。

【译文】

孔子对儿子伯鱼说：“你学习过《周南》《召南》了吗？一个人如果不学习《周南》《召南》，那就像面对墙壁站着一样吧？”

【读记】

所谓“正墙面而立”是说不能看见一物，不能前进一步，比喻既无见识，又无出路。《诗》在当时就是经典，在古代的功能作用远远不只是表达抒发情感，由于它的权威性，它有着更广泛的实用价值和用途。其中特别是学习礼制和办外交时必须援引作为依据，不学就寸步难行。

在《论语·季氏》第 13 章里，孔子曾让儿子孔鲤学《诗》，说“不学诗，无以言”。

17·11

子曰：“礼云礼云，玉帛云乎哉？乐云乐云，钟鼓云乎哉？”

【译文】

孔子说：“礼呀礼呀，难道只是说的玉帛之类的礼器吗？乐呀乐呀，难道只是说的钟鼓之类的乐器吗？”

【读记】

本章指出，礼乐不只是形式、外表，重要的是内容，是精神实质，是整套制度，是内心情感。讲究“礼”必先内心有敬畏感，讲“乐”则必是气和而发，即“归礼于仁”。

有人认为，本章还有一层意思：孔子是为了表明礼乐之所以可贵，在其安上治民，移风易俗。若不能为此，只是追求玉帛钟鼓，则不得谓之礼乐。

17·12

子曰：“色厉而内荏①，譬诸小人，其犹穿窬② 之盗也与？”

【注释】

① 色厉而内荏：厉，威严。荏，怯懦。全句指外表严厉而内心怯懦。

② 窬（yú）：逾，越过。

【译文】

孔子说："外表严厉而内心怯懦，如同小人一般，大概就像挖洞翻墙行窃的小偷吧？"

【读记】

内心虚弱贫乏，只能靠外表、大话唬人，这种人不是强大。内心强大才是真正的强大，君子自强不息，百折不挠，大丈夫养浩然之气，威武不能屈。

17・13

子曰："乡愿，德之贼也。"

【译文】

孔子说："不讲原则、没有是非的好好先生是破坏道德的人。"

【读记】

孔子所说的"乡愿"，是指那些唯唯诺诺、含含糊糊、左右逢源、没有是非观念的人。这种人往往貌似忠厚，名誉好，人缘好，但就是没有原则，是假君子、伪君子、真小人。

如果人人都成了"乡愿"，没有是非对错之分，没有善恶之分，恶的习惯、恶的势力就会不断累积增长，人类就很危险。孔子反对"乡愿"，主张以"仁""礼"为原则，只有"仁""礼"可以使人成为真正的君子。

17・14

子曰："道听而途说，德之弃也。"

【译文】

孔子说："在路上听到传言就到处传播，这是背弃道德。"

【读记】

"道听途说"现在也是一个成语。它指的是没有根据的话，说的人没有根据，听了然后到处乱说的人就更不可能有根据。以讹传讹，谁都不负责，这样的传言往往会造成可怕的影响，甚至会给团体和个人带来毁灭性的打击。所以，孔子认为，道听途说是一种极不道德的行为。

在现实生活中，有些人不仅是道听途说，而且还四处打听别人的隐私，然后到处传说，以此为乐，实为卑鄙小人。在互联网时代，信息过剩，谣言满天飞，更应防止道听途说。

17·15

子曰："鄙夫[①]可与事君也与哉？其未得之也，患得之[②]。既得之，患失之。苟患失之，无所不至矣。"

【注释】

① 鄙夫：乡巴佬，这里指一心只想当官发财的人。

① 患得之：应为"患不得之"。

【译文】

孔子说："可以和一个一心只想当官发财的人一起侍奉君主吗？他在没有得到官位时，总担心得不到。已经得到了，又怕失去它。如果总担心失掉官职，那就什么事都干得出来了。"

【读记】

"患得患失"在现在已是一个成语。孔子在本章中把那些一心想当官发财的人斥为"鄙夫"，这种人在没有得到官位时总担心得不到，一旦得到又怕失去。因此，为保官位，他们就会不择手段去做任何事情，甚至于不惜危害国家、危害社会、危害他人。

朱熹在《论语集注》里把这种人描述得很不堪但又很真实。他说："小则吮痈舐痔，大则弑父与君，皆生于患失而已。"意思是，往小的说，这种人给人吸疮、添人屁股的事都干，往大的说，这种人杀父杀君、杀子杀妻的事也干。他们的原则只有一个，就是不愿失去个人私利，总是追求更多更大的利益。

17·16

子曰：“古者民有三疾，今也或是之亡也。古之狂①也肆②，今之狂也荡③；古之矜也廉④，今之矜也忿戾⑤；古之愚也直，今之愚也诈而已矣。”

【注释】

①狂：自视甚高。

②肆：放肆，不拘礼节。

③荡：放荡，不守礼。

④廉：本为棱角，此处指刚正不可触犯。

⑤戾：火气太大，蛮横不讲理。

【译文】

孔子说：“古代人有三种毛病，现在恐怕连这三种毛病都没有了。古代的狂人无拘无束，现在的狂人无法无天；古代骄傲的人不过是难以接近，现在骄傲的人却是蛮横无理；古代愚笨的人直来直去，现在愚笨的人是欺诈骗人！”

【读记】

孔子对世风一般都抱今不如昔的观点，觉得连缺点都不如古代。他认为，上古时期人们的“狂”“矜”“愚”虽然也是毛病，但并非不能让人接受，而他所处时代的人们这三种毛病都变本加厉。

从孔子时代到现在，又过去了两三千年，这三种毛病不但没有改变，反而有增无减，愈益加重。

17·17

子曰：“巧言令色，鲜矣仁①。”

【注释】

①本章重出，参见1·3。

17 · 18

子曰:"恶紫之夺朱也,恶郑声之乱雅乐也,恶利口之覆邦家者。"

【译文】

孔子说:"厌恶紫色取代红色,厌恶郑国声乐扰乱雅乐,厌恶伶牙俐齿颠覆国家。"

【读记】

红色在远古是高贵正统的颜色,但在孔子时代已被紫色取代。孔子是推崇和维护古代礼乐文化的人,所以他反感紫色。孔子喜欢雅乐,反感郑声,对巧言令色者更是极为反感。

时代在发展,人们的爱好也在相应发生变化。但在孔子看来,这些变化都是"乱",不"正",所以,他反感、反对。

17 · 19

子曰:"予欲无言。"子贡曰:"子如不言,则小子何述焉?"子曰:"天何言哉?四时行焉,百物生焉,天何言哉?"

【译文】

孔子说:"我不想说话了。"子贡说:"老师您如果不说话,那么我们这些学生还传述什么呢?"孔子说:"天说了什么呢?四季照常运行,万物照样生长,天说了什么呢?"

【读记】

李泽厚在《论语今读》中认为这是很重要的一章,为此写了较长的"记",但他的"记"却把本章解释得过于哲学化,而且很可能是为他预设的观点服务,既可能不符《论语》原意,又让一般人不好理解。

孔子的政治倾向比较保守,主张复古,推崇周礼,因此他的治学态度是"述而不作,信而好古",也就是"无言",讲究顺乎天理、顺乎自然。

这里,孔子从大自然的运转中悟到人生的哲理、治学的门道,天道既然体现在无言的运行之中，人道也就体现在日常生活中，无须多言。有很多东西不需要人为解释，人为解释加进了自己的理解甚至臆测，往往是画蛇添足、狗尾续貂甚至有可能曲解原意。孔子这些思想与老子的思想有些接近，可见，孔子、老子也有共同点。

“予欲无言”，孔子为什么不想说话？有的说法认为是孔子一向注重身教，所以不多言；有的说法认为是孔子气愤各国不用其言，所以不想说话；也有的说法认为孔子过去说的话已经够多了，现在不想说了。

子贡是孔门“言语”科的高足，如果孔子不言，他将无所记述，所以，他有疑问。

17·20

孺悲①欲见孔子，孔子辞以疾。将命者②出户，取瑟而歌，使之闻之。

【注释】

① 孺悲：鲁国人，鲁哀公曾派他向孔子学礼。

② 将命者：传达口信的人。

【译文】

孺悲想见孔子，孔子借口生病推辞不见。传话的人刚出门，孔子便取来瑟边弹边唱，故意让孺悲听到。

【读记】

从本章中看到孔子真实直率调皮的一面，不想见人，托词有病拒绝了就可以了，他却又故意弹琴放歌，让别人知道自己其实没有病，表示自己真的不喜欢来人。

康有为在《论语注》中引孟子的话，认为这种拒绝也是一种教育方式，即“不屑之教诲”，让学生回去反省老师为什么不见自己，自己在哪方面犯了错。李泽厚在《论语今读》中不赞成康注的说法。

17·21

宰我问:“三年之丧，期已久矣。君子三年不为礼，礼必坏；三年不为乐，乐必崩。旧谷既没，新谷既升，钻燧改火①，期②可已矣。”

子曰：“食夫稻，衣夫锦③，于女安乎？”曰：“安。”“女安，则为之！夫君子之居丧，食旨④不甘，闻乐不乐，居处不安，故不为也。今女安，则为之！”

宰我出，子曰:“予之不仁也！子生三年，然后免于父母之怀。夫三年之丧，天下之通丧也，予也有三年之爱于其父母乎？”

【注释】

① 钻燧改火：古人钻木取火，四季所用木头不同，每年轮一遍，叫改火。

② 期（jī）：一年。

③ 食夫稻，衣夫锦：稻，古代北方少种稻米，故大米珍贵。锦，有彩色花纹的丝织品。

④ 旨：甜美，指吃好的食物。

【译文】

宰我问：“为父母守三年丧，时间太长了。君子三年不去练礼仪，礼仪就会败坏；三年不演奏音乐，音乐就会荒废。旧谷吃完，新谷登场，打火燧木都轮换了一遍，有一年的时间就可以了。”

孔子说：“父母死了不到三年，你就吃白米饭，穿锦缎衣，你心安吗？”宰我说：“我心安。”孔子说：“你心安，你就那样去做吧！君子守丧，吃美味不觉得甘甜，听音乐不觉得快乐，起居不觉得舒适，所以不那样做。如今你既觉得心安，你就那样去做吧！”

宰我出去后，孔子说：“宰予真是不仁啊！儿女生下来三年，才能完全脱离父母怀抱。服丧三年，这是天下通行的丧礼，宰予有没有从父母那里得到三年怀抱的爱护呢？”

【读记】

父母去世之后，子女为之守丧三年，这是很早就有的规矩，《论语》中孔子也多次提到“三年”，《论语·学而》和《论语·里仁》中说“三年无改于父之道”，《论语·宪问》说“三年不言”。

但在长期执行过程中，可能有很多人都有宰我的想法，守丧是应该，但三年时间太长了。本章就是孔子和他的弟子宰我之间围绕守丧礼应几年的问题展开的争论，孔子的意见是遵从古训，孩子生下来以后，要经过三年才能离开父母的怀抱，父母去世了，子女也应该为父母守三年丧。他批评提出只守孝一年的宰我为“不仁”。

这一制度在近代慢慢被改变，现在恐怕很难看到为父母守丧三年的子女了，有些甚至守三个月、三天都不能做到。

17·22

子曰：“饱食终日，无所用心，难矣哉①！不有博弈②者乎？为之，犹贤乎已③。”

【注释】

① 难矣哉：难有所成。

② 博弈：博，古代的一种棋局游戏。弈，围棋。

③ 犹贤乎已：贤乎，强于。已，停止。

【译文】

孔子说：“整天吃饱了饭，什么心思也不用，难有所成啊！不是还有博掷采和下棋的游戏吗？玩这些也比闲着强。”

【读记】

孔子并不是鼓励大家下棋游戏，主要是反对人们混日子。认为人不能白活，总要做点事，动点脑筋，实在找不着事干，玩玩赌博、下下棋也好，至少可以锻炼脑子。

17·23

子路曰："君子尚勇乎？"子曰："君子义以为上。君子有勇而无义为乱，小人有勇而无义为盗。"

【译文】

子路说："君子崇尚勇敢吗？"孔子答道："君子认为义最高尚，君子有勇无义就会犯上作乱，小人有勇无义就会成为盗贼。"

【读记】

在《论语》中子路总是表现勇敢，孔子总是要泼他冷水。《论语·公冶长》第7章中孔子说子路"好勇过我，无所取材"。本章孔子告诫子路以"义"为上，勇敢的前提是以"义"为标准，为出发点，为目的。

在《论语》其他篇章中孔子把"勇"与"礼""学"搭配起来，在《论语·泰伯》第2章中孔子说"勇而无礼则乱"，在《论语·阳货》第8章中孔子说"好勇不好学，其蔽也乱"，在《论语·阳货》第24章中孔子说"恶勇而无礼者"。可见，孔子不赞成单纯的勇、无原则的勇，不尚力，尚义、尚德。

17·24

子贡曰："君子亦有恶①乎？"子曰："有恶。恶称人之恶者，恶居下流②而讪③上者，恶勇而无礼者，恶果敢而窒④者。"

曰："赐也亦有恶乎？""恶徼⑤以为知者，恶不孙以为勇者，恶讦⑥以为直者。"

【注释】

①恶（wù）：厌恶。

②下流：下等的，在下的。

③讪（àn）：诽谤。

④窒：闭塞顽固，不通事理。

⑤徼（jiǎo）：窃取，抄袭。

⑥讦（jié）：攻击、揭发别人的隐私或错误。

【译文】

子贡说："君子也有厌恶的事吗？"孔子说："有厌恶的事。厌恶专讲别人坏话的人，厌恶身居下位而诽谤上级的人，厌恶勇敢而不懂礼节的人，厌恶固执而又不通事理的人。"

孔子问："赐，你也有厌恶的事吗？"子贡说："厌恶抄袭别人的成绩而显摆聪明的人，厌恶不懂谦虚而自以为勇敢的人，厌恶揭发别人的隐私而自以为直率的人。"

【读记】

从本章可以看出，孔子也是性情中人，有爱有恨，爱憎分明，不是那种好好先生，不是爱一切人。老师如此，学生也是这样，在这里老师孔子与学生子贡真心交流，平等问答。

李泽厚在《论语今读》中将"恶居下流而讪上者"译为"憎恶自己下流却诽谤向上的人"，把"上下"看成品德的高上。实际上，孔子最强调尊卑等级，最厌恶以下犯上，所以笔者把"上下"理解为位置的"上下"。

《论语》其他篇章也谈到"恶"，也指讨厌的事情。在《论语·子张》第 20 章中，子贡说"君子恶居下流，天下之恶皆归焉"。在本篇第 18 章中孔子说"恶紫之夺朱也，恶郑声之乱雅乐也，恶利口之覆邦家者"。

17·25

子曰："唯女子与小人为难养也，近之则不孙，远之则怨。"

【译文】

孔子说："只有女子和小人是难以相处的，亲近他们，就会没大没小，就会无礼，疏远他们，就会抱怨。"

【读记】

对这段话的理解一直有争论，也受到现代很多人的批判，认为孔子有轻视妇女的思想。这也是儒家一贯的思想主张，后来被演变为“男尊女卑”“夫为妻纲”的男权主义，最为现代广大妇女所诟病。

李泽厚在《论语今读》中似乎比较赞同这句话，他说：“我以为这句话相当准确地描述了妇女性格的某些特征，对她们亲密，她们有时就过分随便，任意笑骂打闹。而稍微一疏远，便埋怨不已。这种心理性格特征本身无谓好坏，只是由性别差异产生的不同而已；应该说它是心理学的某种事实，并不包含褒贬含义。”

17·26

子曰：“年四十而见恶焉，其终也已。”

【译文】

孔子说：“一个人到了四十岁还被人厌恶，他这一生也就完了。”

【读记】

此前，孔子有“四十不惑”的论述，说明孔子认为四十岁是一个人德行成熟的一个重要节点。当然，不一定每个人都是在“四十岁”这个具体的时间节点成熟或成名。孔子这样说，是强调改过、修德要及时，时不我待。孔子在《论语·子罕》第23章中说：“四十、五十而无闻焉，斯亦不足畏也已。”意思是，治学做人要抓紧时间，至少在四五十岁要成熟、要成名，不然就不值得敬畏了。

《论语·微子》第十八

【题解】

本篇共11章，内容主要涉及孔子的政治思想主张、处世态度、人格修养等。本篇名言有“四体不勤，五谷不分”“往者不可谏，来者犹可追”等。

18·1

微子[①]去之，箕子[②]为之奴，比干[③]谏而死。孔子曰：“殷有三仁焉。”

【注释】

① 微子：殷纣王同母兄长，见纣王无道，劝他不听，遂出走。

② 箕（jī）子：箕，殷纣王叔父，劝纣王，不听，便披发装疯，被降为奴隶。

③ 比干：殷纣王叔父，屡次强谏，被纣王所杀。

【译文】

微子离开了纣王，箕子做了他的奴隶，比干强谏而被杀。孔子说：“殷朝有三位仁人啊！”

【读记】

微子、箕子、比干三人都是商纣王的亲属，都不赞同纣王的暴政。他们反对的方式虽然不同，结局也不一样，但他们都是为了劝阻纣王的不良暴政，安抚百姓，都出自一片诚心、恻隐之心、爱人之心。所以，孔子赞其为“仁人”。

“仁”是孔子最高的道德评价，从不轻易许人，这里却称“微子、箕子、比干”为“三仁”，可见孔子对他们的理解、尊重和赞赏。

由于微子、箕子、比干反对暴政的方式不一样，有人认为他们三个有高下之分，比干最勇敢、最有气节，微子逃跑、箕子装疯不算英雄。孔子之所以称他们为“仁人”，是因为孔子并不主张毫无意义的抵抗，而是主张“邦有道则仕，邦无道则隐”，只要是不合作，他就赞同。汉代徐干在《中论·智行》中认为“君子以微子为上，箕子次之，比干为下”，与孔子称赞的顺序一样。

18·2

柳下惠为士师①，三黜②。人曰：“子未可以去乎？”曰：“直道而事人，焉往而不三黜？枉道而事人，何必去父母之邦？”

【注释】

① 士师：司法官。

② 黜：罢免。

【译文】

柳下惠担任司法官，多次被罢免。有人说：“你不可以离开鲁国吗？”柳下惠说：“按正道侍奉人，到哪里不会被多次罢官呢？如果不按正道侍奉人，为什么一定要离开祖国呢？”

【读记】

柳下惠姓展名禽，他做司法官太讲原则，得罪了很多人，多次被免。但他不愿意改变自己正直的品德，也不愿意离开祖国。所以孔子称赞他。

柳下惠在现代有名是因为与他有关的一个叫“坐怀不乱”的典故。相传在一个寒冷的夜晚，柳下惠宿于郭门，有一个没有住处的妇女来投宿，柳下惠担心她冻死，叫她坐在怀里，解开外衣把她裹紧，同坐了一夜，并没发生非礼行为。于是，柳下惠就被誉为“坐怀不乱”的正人君子。现在“坐怀不乱”被用来形容一个男子在两性关系方面作风正派，“柳下惠”也成为这个意思的代名词。

18·3

齐景公待孔子曰:“若季氏,则吾不能;以季、孟之间待之。”曰:“吾老矣,不能用也。”孔子行。

【译文】

齐景公讲到如何对待孔子时说:“像鲁君对待季氏那样,那我做不到;我用介于季氏孟氏之间的待遇对待他。”不久,又说:“我老了,不能有什么作为了。”孔子离开了齐国。

【读记】

齐景公不用孔子不是因为自己年纪老了,这只是借口,主要原因是不赞同孔子的政治主张。不但他不赞成,他周围的大臣们也不赞成,晏婴就是反对最厉害的一个。从另外一方面讲,孔子的政治主张已不符合当时发展变化了的各国形势,遭弃也是必然。

本章有争议的是“吾老矣,不能用也”是谁说的,有的认为是齐景公说的,有的认为是孔子说的。似乎都有道理,笔者赞同前者。据清代学者刘宝楠考证,当时孔子在三十五岁到四十二岁之间,齐景公在五十岁以上,“老”应该是指齐景公。

18·4

齐人归①女乐②,季桓子③受之,三日不朝。孔子行。

【注释】

①归:同“馈”,赠送。

②女乐:歌妓舞女。

③季桓子:季孙斯,鲁国上卿,当时执政鲁国。

【译文】

齐国人赠送了一批歌妓舞女给鲁国,季桓子接受了,三天不上朝理政。孔子就离开了。

【读记】

理解本章需要了解当时的时代背景。鲁定公十四年，孔子任司寇，受到重用，齐国人听到很担心，担心鲁国称霸对自己不利。于是，齐国人选了美女 80 人送给鲁君，希望他沉迷酒色，不要有称霸大志。鲁君接受女乐后，沉迷享受，不理政事。孔子知道鲁君没有大志，知其不可为，只好离开了。

孔子也不是死脑筋，除了坚守自己的政治理想外，对一些具体事情也不总是“知其不可而为之”。

18·5

楚狂接舆①歌而过孔子曰：“凤兮凤兮！何德之衰？往者不可谏，来者犹可追。已而已而！今之从政者殆而！”

孔子下，欲与之言。趋而辟之，不得与之言。

【注释】

① 楚狂接舆：楚国狂人接舆。

【译文】

楚国的狂人接舆唱着歌从孔子的车旁走过，他唱道：“凤凰啊，凤凰啊，为什么德运这么衰落呢？过去的已经无可挽回，未来的还来得及改正。算了吧，算了吧。今天的执政者危乎其危！”

孔子下车，想同他谈谈。他却赶快避开，孔子没能和他说上话。

【读记】

接舆是不是人名姑且不论，但肯定是一个隐者，他讥讽孔子在乱世中不能避世隐世。当然，他们不是批评孔子羡慕荣华富贵，而是说事已不可为，而孔子还努力劳苦奔走，是笑孔子痴迷，是为孔子惋惜。

但是，对孔子而言，天下虽然已不可为，但个人却有责任为之，不想逃避是一种道义的担当，也有不忍弃之的感情。孔子想与接舆交谈，阐明心志，但接舆不听，道家与儒家的观念毕竟不一样。本章说明孔子用世的执着，接舆避世的坚决。

18·6

长沮、桀溺①耦而耕②，孔子过之，使子路问津③焉。

长沮曰："夫执舆④者为谁？"子路曰："为孔丘。"曰："是鲁孔丘与？"曰："是也。"曰："是知津矣。"

问于桀溺。桀溺曰："子为谁？"曰："为仲由。"曰："是鲁孔丘之徒与？"对曰："然。"曰："滔滔者天下皆是也，而谁以⑤易之？且而与其从辟⑥人之士也，岂若从辟世之士哉？"耰⑦而不辍。

子路行以告。夫子怃然⑧曰："鸟兽不可与同群，吾非斯人之徒与而谁与？天下有道，丘不与易也。"

【注释】

① 长沮、桀溺：两位隐士，真实姓名和身世不详。

② 耦而耕：两人并肩耕作。

③ 津：渡口。

④ 执舆：执辔驾车。开始是子路，他下车问路，孔子执辔。

⑤ 以：与。

⑥ 辟：同"避"。

⑦ 耰（yōu）：用土覆盖播下的种子。

⑧怃然：怅然失意。

【译文】

长沮、桀溺在一起耕种，孔子从那里路过，让子路去打听渡口。

长沮问子路："那个驾车的是谁？"子路说："是孔丘。"长沮说；"是鲁国的孔丘吗？"子路说："是的。"长沮说："那他应该知道渡口嘛。"

子路又问桀溺。桀溺说："先生是谁？"子路说："我是仲由。"

桀溺说："你是鲁国孔丘的学生吗？"子路说："是的。"桀溺说："洪水猛兽，天下皆是，你们同谁去改变它呢？你与其跟着躲避人的人，还不如跟着躲避社会的人呢？"说完，继续耕作不停。

子路回来把他们说的话转告孔子。孔子惆怅失落地说："人是不能与飞禽走兽合群共处的，如果不同世上的人群打交道又与谁打交道呢？如果天下太平，我就不会追求改革了。"

【读记】

本章反映了儒家与道家的区别，也是入世与出世的区别，甚至有人认为这是儒家与道家的第一次争论。

孔子只是躲避坏人，但不躲避这个坏的世道，或者说，正因为社会动乱、天下无道，他才与自己的弟子们不辞辛苦地四处呼吁，为社会改革而努力。尽管孔子知道这个坏的社会已无法挽回，仍然要知其不可而为之。这也体现了孔子之"仁"，仁者必有恻隐之心、悲悯之怀，胸怀天下，天下已乱，不忍弃之。而且，仁者内心永存希望，决不绝望，不相信天下永远就无道。道家或者说如长沮、桀溺之类的隐者认为，世界会越来越糟糕，眼看世道不可为就退隐避世。

这些隐者对孔子积极努力拯救乱世是不赞同的，所以常常讥讽孔子。子路去问渡口，长沮回答："是知津矣。"就是对孔子的嘲讽，意思是说，那么能干的人，难道连渡口都不知道吗。

孔子对长沮、桀溺的话感到惆怅悲伤，认为他们不理解自己救世之意。孔子的这个思想为后世知识分子所继承，成为中国优秀知识分子的传统，他们中有的人虽然身处逆境或低层，但仍然"身在江湖，心存魏阙""居庙堂之高则忧其民，处江湖之远则忧其君"，总难忘情于国家大事。明代顾炎武更是提出"天下兴亡，匹夫有责"的思想。

18·7

子路从而后，遇丈人，以杖荷蓧[①]。子路问曰："子见夫子乎？"丈人曰："四体不勤，五谷不分[②]，孰为夫子？"植其杖而芸。子路拱而立。止子路宿，杀鸡为黍[③]而食[④]之。见其二子焉。

明日，子路行以告。子曰："隐者也。"使子路反见之。

至，则行矣。子路曰："不仕无义。长幼之节，不可废也；君臣之义，

如之何其废之？欲洁其身，而乱大伦。君子之仕也，行其义也。道之不行，已知之矣。”

【注释】

① 蓧（diào）：古代耘田所用的竹器。

② 四体不勤，五谷不分：丈人责备孔子手脚不勤，五谷不分。

③ 黍（shǔ）：黏小米，也叫黄米。

④ 食（sì）：拿东西给人吃。

【译文】

子路跟随孔子出行，落在了后面，遇到一个老人，用拐杖挑着除草的工具。子路问道：“你有看到我的老师吗？”老丈说：“在一群四肢不劳作，五谷不认识的人中，谁是你的老师？”说完，便把拐杖插在土中去除草。子路拱着手恭敬地站在一旁。老人留子路到他家住宿，杀鸡做黄米饭给他吃，又叫两个儿子出来与子路见面。

第二天子路赶上孔子，报告了此事。孔子说：“这是个隐士啊。”叫子路回去再看看他。

子路到了那里，老人出门去了。子路对老人的儿子转述孔子的话说：“不做官是不义的。长幼间的关系既然不能废弃，君臣间的关系又怎么能废弃呢？想要自身清白，隐居避世，却破坏了根本的君臣伦理关系。君子做官，只是为了实行道义。至于道义行不通，早就知道了。”

【读记】

曾有人指出老丈所说“四体不勤，五谷不分”是劳动人民对孔丘的批判，认为孔子不劳而获。实际上这既歪曲了孔子，也歪曲了老人。老人并不是普通的劳动人民，他是一个对社会失望的隐者。孔子的理想和主要工作是恢复周朝的礼乐，是一个孜孜于拯救礼崩乐坏社会的忧患者，并不是去种庄稼。

本章的要点不在于此，而在于后面子路所转述的孔子的话。孔子虽然尊敬这些洁身自好的隐者，但他认为，隐居山林是不对的，这样做抛弃了君臣之伦。自己虽然知其不可为，但坚持为之，不计较成败得失。从这点上讲，孔子的境界要比隐者高，如果天下人都去做隐者，国家社会那些事情谁去做？若天下糜烂，则需要有识者有志者去收拾，儒家的可贵精神就在这里。

康有为在《论语注》中用了一个很贴切的比喻，他说，君子之所以坚持努力奔走，因为有不忍之心，行救民之义，正如亲戚有病，虽然知道治不好了，但仍然会为他奔走求医求药努力救治。从康有为举的例子可以得出结论：既然父母生病，作为子女不可以不管，那国家社会有病，君子又焉能置身事外？

18·8

逸民[①]：伯夷、叔齐、虞仲、夷逸、朱张、柳下惠、少连[②]。子曰："不降其志，不辱其身，伯夷、叔齐与？"谓："柳下惠、少连，降志辱身矣，言中伦，行中虑[③]，其斯而已矣。"谓："虞仲、夷逸，隐居放[④]言，身中清，废中权[⑤]。我则异于是，无可无不可。"

【注释】

① 逸民：逸同"佚"，散失、遗弃。逸民，指改朝换代后不仕新朝的贤人。

② 伯夷、叔齐、虞仲、夷逸、朱张、柳下惠、少连：伯夷、叔齐见5·23注，柳下惠见15·14注，虞仲、夷逸、朱张、少连四人身世无从考。

③ 言中伦，行中虑：中，符合。伦，道理，原则。虑，考虑。

④ 放：放肆直言。

⑤ 身中清，废中权：保持自身清白，离开仕途合乎权宜之道。

【译文】

改朝换代后不仕新朝的贤人有：伯夷、叔齐、虞仲、夷逸、朱张、柳下惠、少连。孔子说："不动摇自己的意志，不辱没自己的身份，这是伯夷叔齐吧。"又说："柳下惠、少连是放弃了自己的意志，辱没了自己的身份，但说话合乎伦理，行为经过考虑，他们也就如此而已。"又说："虞仲、夷逸过着隐居的生活，放肆直言，能洁身自爱，离开仕途合乎权宜之道。我却同这些人不同，没有什么可以，也没有什么不可以。”

【读记】

本章是孔子对三类遗民的评价。评价最高的一类是伯夷、叔齐，宁愿饿死，也不动摇自己的意志，不辱没自己的身份。次一等的是柳下惠、少连，不过他们虽然放弃了自己的意志，屈辱了自己的身份，但说话还合乎伦理，行为经过考虑。再次的是虞仲、夷逸，他们过着隐居的生活，顺便放言，能洁身自爱，离开官位合乎权宜之道。

孔子虽然称道这些隐士，但自己的处世之道却与他们都不同，孔子所持的是“无可无不可”的积极入世态度。在具体参政中，政治清明就多做些时日，政治黑暗，就马上离开。

18・9

大师挚[①]适齐，亚饭干适楚，三饭缭适蔡，四饭缺适秦[②]，鼓方叔[③]入于河，播鼗武[④]入于汉，少师阳、击磬襄[⑤]入于海。

【注释】

① 大师挚：大，同“太”。太师是鲁国乐官之长，挚是人名。

② 亚饭干适楚，三饭缭适蔡，四饭缺适秦：古代天子诸侯用饭都得凑乐，一日几餐，乐师不同，所以乐官有“亚饭、三饭、四饭”之称。干、缭、缺是人名。

③ 鼓方叔：击鼓的乐师名方叔。

④ 播鼗（táo）武：播，摇。鼗，小鼓。敲鼓的乐师名武。

⑤ 击磬襄：击磬的乐师名襄。

【译文】

太师挚到齐国去了，亚饭干到楚国去了，三饭缭到蔡国去了，四饭缺到秦国去了，打鼓的方叔到黄河边去了，敲小鼓的武到汉水边去了，少师阳和击磬的襄到海边去了。

【读记】

本章没有孔子的具体言论，只是记事，记载了几个乐师游走散失，流落四方的事，是当时社会“礼崩乐坏”的具体写照。这里说的音乐不只是音乐本身，而是代表一整套的礼乐制度，实际上反映的是传统制度、体系、文化的崩溃。

钱穆在《论语新解》中认为，本章虽然记的是八位贤人，也是在追思孔子。

18·10

周公谓鲁公①曰："君子不施②其亲，不使大臣怨乎不以③。故旧无大故，则不弃也。无求备于一人。"

【注释】

① 鲁公：指周公的儿子伯禽，封于鲁。

② 施：同“弛”，怠慢、疏远。

③ 以：用。

【译文】

周公对鲁公说：“君子不疏远他的亲族，不让大臣们抱怨不用他们。旧友老臣没有大的过失，就不要抛弃他们。对一个人不要求全责备。”

【读记】

本章讲的是儒家的用人观。一是不刻意回避亲戚，所谓任贤不避亲，唯才是用，只要有能力，无论他是谁，都应该得到任用；二是要尽量让人得到适合的职务，在每一个职位上都安排适合的人员，减少抱怨；三是对那些有功之臣，不要轻易抛弃他们，只要没有什么大的过错，就应该留用他们。

儒家用人以仁慈宽厚为主，讲究重亲重旧，这在以血缘、家庭关系为基础的氏族社会无可厚非。但是，在现代社会这样用人的弊端可能会导致用人时只讲关系、讲血缘，不讲原则，任人唯亲。

本章还提出，对待一个人要看他的长处，不要求全责备，十全十美的人是不存在的。如果一个人要十全十美才用，则天下就无可用之人了。也不要要求每一个人都出色，优秀的人才毕竟是少数。

18・11

周有八士：伯达、伯适、仲突、仲忽、叔夜、叔夏、季随、季騧。

【译文】

周代有八个贤人：伯达、伯适、仲突、仲忽、叔夜、叔夏、季随、季騧。

【读记】

本章所说的八士的事迹已不可考，其意义也难解。本篇多处讲到贤人避世隐居，说明当时社会确实是礼崩乐坏，贤者已无存身之地，对社会已经失望，只好选择放弃或逃避，寻求个人的安心。而孔子与他们不同，仍然四处奔走，汲汲于救世。知命，立命，奋力以求。这是孔子高于其他隐者之处，也是孔子伟大之处。

《论语·子张》第十九

【题解】

《论语》记录孔子言行到上一篇《论语·微子》已结束。本篇共25章，主要是记孔子弟子的言行，以子张、子贡最多，另有子夏、子游、曾子等，内容涉及学习、道德等，没有一章是孔子直接讲的，但都从不同的侧面阐述或反映了孔子的思想。本篇名言有“见危致命，见得思义”“仕而优则学，学而优则仕”“君子之过，犹日月之食”“其生也荣，其死也哀”等。

19·1

子张曰：“士见危致命，见得思义，祭思敬，丧思哀，其可已矣。”

【译文】

子张说：“读书人遇见危险时能够献出生命，看见有利可得时想到是否该得，祭祀时想到严肃恭敬，居丧时想到悲痛哀伤，那样就可以了。”

【读记】

“见危致命，见得思义，祭思敬，丧思哀”是君子立身的大节，也是君子立身的四大标准。如果都做到了，可以算是君子了，如果有欠缺，就还不行。

这些类似的说法孔子以前都讲过，孔子在《论语·卫灵公》中讲“志士仁人，无求生以害人，有杀身以成仁”，在《论语·宪问》中讲“义然后取”，在《论语·为政》中讲“祭之以礼”，在《论语·八佾》中讲“丧，与其易也，宁戚”。

19·2

子张曰："执德不弘，信道不笃，焉能为有？焉能为亡？"

【译文】

子张说："执守道德不能发扬光大，信仰道义不能忠实坚定，这样的人怎么能说他存在，又怎么能说他不存在？"

【读记】

"焉能为有？焉能为亡"，意思是可有可无的人。子张在孔子学生中是比较喜欢从政的人，在他看来，儒家的道德不只是个人修养，还要能发扬光大，要能救世济民。只有这样，才是真有。

19·3

子夏之门人问交于子张。子张曰："子夏云何？"

对曰："子夏曰：'可者与之，其不可者拒之。'"

子张曰："异乎吾所闻：君子尊贤而容众，嘉善而矜不能。我之大贤与，于人何所不容？我之不贤与，人将拒我，如之何其拒人也？"

【译文】

子夏的学生问子张怎样结交朋友。子张说："子夏怎么说的？"

答道："子夏说，'可以相交的就和他交，不可以相交的就拒绝他。'"

子张说："我听到的有所不同：君子既尊重贤人，又能容纳一般人；能够赞美善人，又能同情能力不够的人。如果我自己很好，什么人不能容纳呢？如果我自己不好，别人就会拒绝我，我又怎么能拒绝别人呢？"

【读记】

本章主要讲交往之道，子张所讲的"听闻"当然是指从孔子那里听到。子夏宽和，注重个体修养，所以孔子教他学会拒绝。子张执拗，喜欢从政，所以孔子教他包容。

"尊贤而容众，嘉善而矜不能"确实是很好的交友之道。

19·4

子夏曰："虽小道[①]，必有可观者焉；致远恐泥[②]，是以君子不为也。"

【注释】

① 小道：指各种农工商医卜具体知识和技能。

② 致远恐泥：致远，达到远大目标。泥，阻滞，陷入。

【译文】

子夏说："虽然是小的技艺，也一定有可取的地方；但要实现远大理想就不能陷入其中，所以君子不从事它。"

【读记】

这些小道实际上也很重要，如果没有这些小道，人恐怕生存都有问题。孔子从小就擅长小道，他说自己"多能鄙事"。但是，他反对拘泥于小道。社会有分工，各行各业都有专业人员去做，有远大抱负的思想家、政治家不要陷入这些"小道"中，不是不会，也不是不懂，而是方向不一样，目标不同。所以，孔子对请教种田种菜的樊迟不满意。

对于有志者，既然小道不可拘泥，"玩物丧志"就更不可取了。

19·5

子夏曰："日知其所亡，月无忘其所能，可谓好学也已矣。"

【译文】

子夏说："每天学到过去没有的知识，每月不忘记（复习）已经学会的知识，可以叫作好学了。"

【读记】

本章强调的是《论语》开篇就讲的学与习，"日知"强调学，"月无忘"强调习。这些还是孔子的教育思想，也就是《论语·为政》第11章讲的"温故而知新"的意思，学习新知识，复习巩固旧知识。这里也提出了好不好学的标准：每天学点新知识，每月复习已经学会的知识，不能忘掉，就是好学。

这一章的重点在“日知其所亡”，也就是说学习要坚持，要有恒，每天知道一点自己不知道的，也就是天天要坚持学习。一般人要做到这点是不容易的，如果做到了，必定有所成就。明末清初学者顾炎武的名著《日知录》书名出典即是此处。

19·6

子夏曰：“博学而笃志①，切问而近思②，仁在其中矣。”

【注释】

① 笃志：志，同“识”，记。

② 切问而近思：切问，恳切发问。近思，认真思考

【译文】

子夏说：“广泛学习坚守志趣，恳切发问，认真思考，仁就在其中了。”

【读记】

本章强调了实现“仁”的四个方面或者说“仁”的四个方面表现，一是要广泛学习，二是要坚定志向，三是要诚恳提问，四是要切近思考。

这四者又是互相连贯的，一个人的学必须博，广泛地学习前人及他人的知识和经验；能不能达到博学，又取决于志之有无，必须有坚持的志向才能博学；同时，在学中必须反复问，而这些问又来自于对各种事物的认真思考。

有学者认为，子夏关于“仁”的内涵主要在修业方面，与孔子重德有所不同。

南宋学者，也是《论语》解读中最有影响的学者之一的朱熹有著作《近思录》，就是取名于此。

19·7

子夏曰：“百工居肆①以成其事，君子学以致其道。”

【注释】

① 百工居肆：百工，各行各业的工匠。肆，作坊，店铺。

【译文】

子夏说："各行各业的工匠住在作坊里完成他们的工作，君子通过学习来掌握道。"

【读记】

本章讲的是君子与百工分工不同，劳作的方式也不一样。百工通过具体的劳作、通过体力劳动来完成他们的工作；君子通过学习掌握礼、乐、仁、义，通过脑力劳动来完成自己的使命。但他们都有一些共同的特点：敬业，持之以恒。君子终身学习，就像百工终身居住在制作坊。

19·8

子夏说："小人之过也必文。"

【译文】

子夏说："小人犯了过错一定要掩饰。"

【读记】

君子小人均会犯错，区别在于，君子不怕改正错误，正如孔子所说"过而能改，是无过也""过则改之，善莫大焉"。小人有了过错不是想办法改正，而是想办法遮掩，文过饰非。

19·9

子夏曰："君子有三变：望之俨然，即之也温，听其言也厉。"

【译文】

子夏说："君子有三变：远看庄严可畏，接近他温和可亲，听他说话严厉不苟。"

【读记】

君子讲究礼，看上去庄严可畏。君子讲究仁，接近他温和可亲。君子既不是可以随意戏狎之人，也不是一副道貌岸然、拒人于千里之外的样子，既可敬可畏，也可亲。

本章可与《论语·述而》第38章对比阅读："子温而厉，威而不猛，恭而安。"那章说的是孔子，本章说的是君子，二者基本上相同，孔子就是典型的君子，甚至是比君子还要高的仁人、圣人。

19·10

子夏曰："君子信而后劳其民；未信，则以为厉己也。信而后谏；未信，则以为谤己也。"

【译文】

子夏说："君子取得信任后才去役使百姓；没有取得信任，百姓就会以为是在虐待他们。必须取得信任后才去规劝君主；没有取得信任，君主就会以为是在诽谤他。"

【读记】

人际交往也好，请人做事也好，对别人提建议也好，无论是对下还是对上，信任都是重要的前提。否则，别人就会理解为另外的甚至相反的意思，结果会适得其反。过去许多忠臣提建议被拒甚至被撤职、被杀头，原因就是没有事先取得君主的信任。

孔子对"信"特别看重，在《论语》中多次谈到"信"，在《论语·颜渊》第7章说"民无信不立"，在《论语·子路》第4章说"上好信，则民莫敢不用情"，在《论语·阳货》第6章说"信则人任焉"，在《论语·尧曰》第1章说"信则民任焉"。

取得信任既需要时间，也需要方法，还可能需要政见观点相同。专制独裁的君主自称"孤家寡人"，一般都生性多疑、性格多变，担心别人算计他甚至谋害他，要取得他们的信任难度很大。有时，为了国家安危，即使没有取得信任，也必须向君主进谏了，丢官丢命在所不辞。这也是儒家传统，孔子称这样的人为“仁人”，比如微子、箕子、比干。

19·11

子夏曰：“大德[①]不逾闲[②]，小德[③]出入可也。”

【注释】

①大德：大节。

②闲：木栏，此处指界限、原则。

③小德：小节。

【译文】

子夏说：“在大节上不能违背原则，在小节上有些出入是可以的。”

【读记】

本章提出了“大节”“小节”的问题。儒家向来认为，作为有君子人格的人，他应当坚守大义，而不必拘泥细枝末节。但后世有的理学家却持不同意见，认为小节也不能亏，清人李颙的《四书反身录》认为：“大德固不可逾闲，小德亦岂可出入？一有出入，便是心放，细行不谨，终累大德。”

大节小节都做好，固然很好，但完全做到却几乎不可能。把一个几乎不能做到或者很少有人做到的事作为标准，实际上没有多大价值，既然做不到，立一个标准在那里，只有作伪。

如何看待“大节”“小节”？荀子把君王分成三种，他在《荀子·王制》引孔子的话说：“大节是也，小节是也，上君也；大节是也，小节一出焉一入焉，中君也；大节非也，小节虽是也，吾无观其余矣。”意思是，大节小节都做得好的是上等君主，大节做好小节有出入的是中等君主，大节错小节即使对，我也不要再看其他的了。

19·12

子游曰："子夏之门人小子，当洒扫应对进退，则可矣，抑[①]末也。本之则无，如之何？"

子夏闻之，曰："噫，言游[②]过矣！君子之道，孰先传焉？孰后倦[③]焉？譬诸草木，区以别矣。君子之道，焉可诬[④]也？有始有卒者，其惟圣人乎！"

【注释】

① 抑：但是，不过。

② 言游：子游，姓言。

③ 倦：诲人不倦，此处指传授。

④ 诬：欺骗。

【译文】

子游说："子夏的学生，做些打扫、应答、迎来送往客人的事情是可以的，但这些不过是末节小事而已。根本的东西却没有，这怎么行呢？"

子夏听了这话，说："唉，子游错了。君子之道哪一条先传授？哪一条后传授？比如花草和树木一样，是要分类区别的。君子之道怎么可以随意歪曲呢？能贯穿始终教授学生的，大概只有圣人吧！"

【读记】

孔子的两个学生子游和子夏，在如何教授学生的问题上发生了争执。子游认为子夏教学生做些打扫、迎来送往的小事，不懂礼乐大道。子夏却认为，人与人不同，正如草木是要分类的。不同的人教育方法和教育顺序自然不同，有的要从浅显的、日常生活的小事中开始教授，有的要从仁义礼乐大道上开始教授。

19·13

子夏曰："仕而优[①]则学，学而优则仕。"

【注释】

① 优：充裕，有余力。

【译文】

子夏说："做官还有余力，就去学习，学习还有余力，就去做官。"

【读记】

本章也是名言。子夏的这段话集中概括了孔子的教育方针和办学目的，学用结合，学以致用，用中要学，反对以用代学。一个人做官之余，还有精力和时间，就可以去学习礼乐等治国安邦的知识；学习之余，还有精力和时间，就可以去做官从政。

这里的"优"不是"优秀"，是"有余力"的意思。所以，这句话不能理解为，当官当好了就去学习，学习好了就去当官。不然，孔子就会鼓励成绩最好的颜回去做官了，事实上孔子却是赞赏他好学："一箪食，一瓢饮，在陋巷，人不堪其忧，回也不改其乐。贤哉，回也！"

但是，"学而优则仕"在后来却真正成为中国传统知识分子的人生道路，读书读好了，准确地说是考上科举功名了就可以当官。只是世上"学而优则仕"多，"仕而优则学"少，许多人只是把读书当做官的敲门砖、进身阶，一旦为官，就完全放弃"学"，束书于高阁，成为一个不学无术之人。

19·14

子游曰："丧致①乎哀而止。"

【注释】

① 致：极致、竭尽。

【译文】

子游说："丧事做到尽哀就可以了。"

【读记】

本章讲如何对待丧事，一是要悲哀，二是不要过分悲哀，否则有损身心，要做到哀而不伤。

19 · 15

子游曰："吾友张也为难能也，然而未仁。"

【译文】

子游说："我的朋友子张可以说是难得的人了，然而还没有达到仁的境界。"

【读记】

子张是孔子弟子中才能比较全面的一个，既好学，又重视道德修养；既重视理论，又注重实践，但性格比较偏激，为人高调多言，与孔子推崇的"刚、毅、木、讷"不同。子张树立的标准，一般人达不到，也就是下章的"难与并为仁"，孔子的许多学生不喜欢他。

当然，要达到仁的境界本身就很难。

19 · 16

曾子曰："堂堂乎张也，难与并为仁矣。"

【译文】

曾子说："子张相貌堂堂，别人难于和他一起达到仁的境界啊。"

【读记】

子张在孔子弟子中才高意广，人所难能，其他人既无法与之相比，也无法与之相处。孔子死后，他受到曾子、颜路的排挤，被迫离开鲁国，独立招收弟子，宣扬儒家学说，以教授终，是"子张之儒"的创始人。

这两章都是孔门弟子对同样是弟子的子张的讥评，但又没有事实依据。相反，从其他文献中可以看到，孔子和孔子另外一个学生子贡是肯定子张的。《大戴礼记·卫将军文子》中引孔子的话说："其不伐则犹可能也，其不弊百姓者则仁也。"意思是，子张不夸耀自己这点，别人可能做得到，但他不欺负百姓就是真正的仁德。孔子许子张以"仁"，这是最高的评价。

19 · 17

曾子曰："吾闻诸夫子：人未有自致者也，必也亲丧乎。"

【译文】

曾子说："我从老师那里听说：人一般不会让感情任意宣泄，一定要宣泄的话是在父母死亡的时候吧。"

【读记】

儒家文化强调礼义，讲究节制，人们平时的感情常常被压抑，难得尽情表露，只有在亲人死亡的时候，才会放声一哭。

19 · 18

曾子曰："吾闻诸夫子：孟庄子①之孝也，其他可能也；其不改父之臣与父之政，是难能也。"

【注释】

① 孟庄子：鲁国大夫孟孙速。

【译文】

曾子说："我从老师那里听说，孟庄子的孝，其他方面可能做到，但他不改换父亲的旧臣及其政治纲领，是难以做到的。"

【读记】

孔子主张"三年无改于父之道"，孟庄子能做到"不改父之臣与父之政"，所以曾子说他"难能"。

但事实上这些是很难做到的，在封建社会，"一朝天子一朝臣"，儿子当了皇帝，大换先皇的臣子、大改先皇的政治是常态。

19 · 19

孟氏使阳肤为士师①，问于曾子。曾子曰："上失其道，民散久矣。如得其情，则哀矜②而勿喜！"

【注释】

① 阳肤为士师：阳肤，曾子学生。士师，典狱官。

② 矜：怜悯。

【译文】

孟氏任命阳肤做典狱官，阳肤向曾子请教。曾子说："在上位的人离开了正道，百姓早就离心离德了。你如果掌握了百姓的犯罪实情，就应当怜悯他们，而不要沾沾自喜！"

【读记】

本章指出，百姓之所以轻易犯法，主要是"上失其道"，是当政者失政失德造成的。作为一名法官，不要把重点放在案情上和犯罪人身上，应当同情怜悯百姓的实情，体察民众的苦衷，探究犯罪的根源，不要以破案判决为目的，更不要因此感到得意。

这就是儒家所说的心中有"仁"，是儒家体恤民情的仁爱情怀，也是儒家在经世治国方面民本思想的反映。

19・20

子贡曰："纣[①]之不善，不如是之甚也。是以君子恶居下流[②]，天下之恶皆归焉。"

【注释】

① 纣：商代最后一个君主，名辛，纣是他的谥号，历来被认为是一个暴君。

② 下流：地形低洼，汇集各处来水。比喻一个人形象一坏，各种恶名都来了。

【译文】

子贡说："纣王的不好，不像传说的那样厉害。所以君子憎恨处在下流，一旦居于下流，天下的坏名声都归到他身上。"

【读记】

子贡的话很有见识。历史上很多人一旦成为被指责的对象，就像居于水之下流，许多过错、恶行都会归到他的身上，纣王是这样，后世秦始皇、隋炀帝也是这样，也就是平常说的“墙倒众人推”。所以，在读历史时，对那些“暴君”“奸臣”要仔细分辨，他们身上的一些恶行恶言可能是被别有用心者栽赃的。

对一个人也是这样，众人都说他是坏人的时候，我们要特别警惕，不要轻信人言，要用心体察事实，要像孔子说的那样“众恶之，必察焉；众好之，必察焉”。

子贡敢于说纣王不是像人们认为的那么恶，为声名狼藉的纣王说句公道话，很有胆识。当然，本章的主要目的不是为纣王辩护，也不是说纣王不是恶人，而是警醒君子，要以纣王为鉴，不要居不善之地，不要居下流，避免污水横流，才能永保节操。

19·21

子贡曰：“君子之过也，如日月之食焉：过也，人皆见之；更也，人皆仰之。”

【译文】

子贡说：“君子的过错好比日食月食，他犯过错，人人都看得见；改正过错，人人都能仰望到。”

【读记】

子贡讲的这个比喻很好。君子也是人，并非不犯错，但君子不掩饰过错，他的过错人们都知道，不像小人犯了错总要找借口推脱，总要找理由遮掩。同时，君子还要努力改正自己的错误，因此，人们敬佩他、仰望他。有过错并不损害君子在人们心目中的良好形象。

《孟子·公孙丑下》有段内容与本章大致相同：“古之君子，其过也如日月之食，民皆见之；及其更也，民皆仰之。”

这里的君子是谁有争论，大部分学者认为就是指孔子，孔子死后，有些流言抓住孔子的某些过失指责孔子。子贡此话，当是为孔子辩护。子贡多次为孔子辩护，有学生如此，孔子幸焉。

孔子生前也多次讲“过”与“改”，在《论语·学而》第 8 章中讲“过则勿惮改”，在《论语·里仁》第 7 章中讲“人之过也，各于其党。观过，斯知仁矣”，在《论语·卫灵公》第 30 章中讲“过而不改，是谓过矣”。

19·22

卫公孙朝[①]问于子贡曰：“仲尼焉学[②]？”子贡曰：“文武之道，未坠于地，在人。贤者识其大者，不贤者识其小者。莫不有文武之道焉。夫子焉不学？而亦何常师之有？”

【注释】

① 卫公孙朝：卫国大夫公孙朝。

② 焉学：焉，哪里，何处。焉学，从哪里学来。

【译文】

卫国的公孙朝问子贡说：“仲尼的学问是从哪里学来的？”子贡说：“周文王周武王的道，并没有失传，还留在人们中间。贤人了解它的根本，一般的人了解它的末节。没有什么地方没有文王武王之道。我们老师何处不学？又为什么要有固定的老师呢？”

【读记】

这一章又讲到孔子之学何处而来的问题，当时可能有人怀疑孔子的学问来历不明，孔子不是出自“名校”，也不是哪位名师的嫡传弟子，如果没有老师传授，孔子那些学问知识可能是自己瞎编的。

子贡说，孔子承袭了周文王、周武王之道，并没有固定的老师给他传授。一方面，孔子肩负着上承尧、舜、禹、汤、文、武、周公之道并把它发扬光大的责任，不需要什么人讲授给孔子。另一方面，这也说明了孔子“不耻下问”“学无常师”的学习过程。对于好学者来说，特别是对于孔子来说，整个社会、世界都是教材，所有的人都是老师，正如他自己所说“三人行，必有我师焉”。传说孔子问礼于老子，访乐于苌弘，问官于郯子，学琴于师襄，说明孔子之学博采众家，是集大成者。

19·23

叔孙武叔①语大夫于朝曰：“子贡贤于仲尼。”

子服景伯②以告子贡。

子贡曰；“譬之宫墙③，赐之墙也及肩，窥见室家之好。夫子之墙数仞④，不得其门而入，不见宗庙之美，百官⑤之富。得其门者或寡矣。夫子之云，不亦宜乎！”

【注释】

① 叔孙武叔：鲁国大夫，名州仇，武是其谥号。

② 子服景伯：鲁国大夫。

③ 宫墙：宫室围墙。

④ 仞（rèn）：古时七尺为仞。

⑤ 官：这里指房舍，也是它的本义，官职是后来的引申意义。

【译文】

叔孙武叔在朝廷上对大夫们说：“子贡比他的老师仲尼还要强。”

子服景伯把这个话告诉了子贡。

子贡说：“拿房屋的围墙来做比喻，我家的围墙只有齐肩高，谁都可以探望到房屋的美好。老师家的围墙却有几丈高，如果找不到大门进去，你就看不见里面宗庙的雄伟，房屋的多种多样。能够找到大门进去的人不多吧。叔孙武叔他老人家那么讲，不是很自然吗？”

【读记】

据说，子贡晚年在鲁国做官，颇有建树。因此有人认子贡为比孔子要强，子贡听到后坚决驳斥这种话。这充分体现了子贡对老师的尊重和感情，也说明了叔孙武目光短浅，其浅薄与孔子的深邃形成鲜明对比。同时，也表明叔孙武想借赞扬子贡来贬损孔子的目的没有达到。

子贡用房屋的围墙做比喻也很形象，表明孔子的学问深不可测，是他任何一个弟子所不能比拟的。

子贡是最维护孔子形象的一个学生，而且他聪明能干，外交、经商、做事，样样在行。在《史记》记录的孔门弟子事迹中，唯有子贡的事迹最多、最详、最显赫。

19·24

叔孙武叔毁仲尼。子贡曰："无以为也！仲尼不可毁也。他人之贤者，丘陵也，犹可逾也；仲尼，日月也，无得而逾焉。人虽欲自绝，其何伤于日月乎？多①见其不知量也。"

【注释】

① 多：副词，只是。

【译文】

叔孙武叔诋毁仲尼。子贡说："不要这样做！仲尼是诋毁不了的。其他人的贤德好比山丘，还可超越过去；仲尼的贤德好比太阳和月亮，是无法超越的。虽然有人要自绝于日月，对日月又有什么损害呢？只是表明他不自量力而已。"

【读记】

本章还是子贡在维护老师孔子的声誉，还是用的比喻。他说，一般人学问德行或许很高，但再高也只是如丘陵与平地，虽高人们还是可以攀踏而上；而孔子之学问德行如日月，只可仰望，不可企及。因此，诽谤孔子如诽谤日月，于日月无损，反倒伤了自己，显出自己不知高低轻重之陋。

这个比喻大气、恰当、准确，而无可辩驳，让其他人和诽谤者无所遁形，再次凸显了子贡对孔子的忠诚。同时，这也说明，每一个人都可能遭受诽谤，连圣人也不可避免。所以，不要怕诽谤，而要在诽谤中坚定信念、砥砺前行。

在《孔子家语·颜回》中，这个爱批评孔子的叔孙武叔也受到颜回的批评，“固子之来辱也，宜有得于回焉，吾闻诸孔子曰：‘言人之恶，非所以美己；言人之枉，非所以正己。’故君子攻其恶，无攻人恶。”意思是说，“你到我这里来，应该是希望从我这里得到一些什么吧，我从老师那里听说过：‘批评别人的过失并不能让别人赞美自己，评论别人的过失也不能端正自己的行为。’所以，君子应该批评自己的过失，而不要老是批评别人的过失。”

19·25

陈子禽谓子贡曰：“子为恭也，仲尼岂贤于子乎？”

子贡曰：“君子一言以为知，一言以为不知，言不可不慎也。夫子之不可及也，犹天之不可阶而升也。夫子之得邦家者，所谓立之斯立，道之斯行，绥之斯来，动之斯和。其生也荣，其死也哀，如之何其可及也？”

【译文】

陈子禽对子贡说：“你是太谦恭了，仲尼难道比你更强吗？”

子贡说：“君子一句话可以表现他的聪明，一句话也可以表现他的无知，所以说话不能不慎重。他老人家的高不可及，正像天是不能凭借台阶登上去一样。他老人家如果能在诸侯国或大夫家执政，就能够做到像人们所说的那样：教百姓立于礼，百姓就会立于礼；引导百姓，百姓就会跟着走；安抚百姓，百姓就会来归顺；动员百姓，百姓就会齐心协力。他老人家活着让大家感到荣耀，死了让大家感到悲哀，像这样的人怎么能赶得上呢？”

【读记】

本章中子贡继续针对别人的评价而维护孔子。上一章子贡把孔子比如日月，这一章说攀比孔子犹如登天，都表明相同的意思：孔子的高度和境界一般人不可能达到，也不是通过努力就能到达。同时，详细阐述了孔子治理国家和采邑的才能。最后，以“其生也荣，其死也哀”作结。

“君子一言以为知，一言以为不知，言不可不慎也”，这句话告诉我们，绝不要在不了解一个人的时候随意评价一个人，那样只会显出妄评者的无知。

“其生也荣，其死也哀”是对一个人的最高评价。“荣”不是指荣华富贵，是指孔子生前的德行学问使很多人受益，直到现在还在让人们受益，受到人们的景仰；“哀”是大家对失去孔子的哀伤悲痛。

《论语·尧曰》第二十

【题解】

本篇共3章，但段落都比较长，主要涉及尧禅让帝位给舜，舜禅让帝位给禹，即所谓三代的善政和孔子关于治理国家事务的基本要求。本篇名言有“君子惠而不费，劳而不怨，欲而不贪，泰而不骄，威而不猛”“宽则得众，信则民任”“兴灭国，继绝世，举逸民”“不知命，无以为君子”等。

20·1

尧曰[①]：“咨[②]！尔舜！天之历数[③]在尔躬，允[④]执其中。四海困穷，天禄永终。”舜亦以命禹。

曰：“予小子履[⑤]，敢用玄牡[⑥]，敢昭告于皇皇后帝：有罪不敢赦。帝臣不蔽，简[⑦]在帝心。朕[⑧]躬有罪，无以万方；万方有罪，罪在朕躬。”

周有大赉[⑨]，善人是富。“虽有周亲[⑩]，不如仁人。百姓有过，在予一人。”

谨权量[⑪]，审法度[⑫]，修废官，四方之政行焉。兴灭国，继绝世，举逸民，天下之民归心焉。

所重：民、食、丧、祭。

宽则得众，信则民任焉[⑬]，敏则有功，公则说。

【注释】

①尧曰：尧在禅让帝位时给舜所说。

②咨：即“啧”，感叹词，表示赞誉。

③历数：依次，指帝王相继登位。

④允：真诚：诚信。

⑤履：商汤名字。

⑥玄牡：玄，黑色谓玄。牡，公牛。

⑦简：阅，知道。

⑧朕：我。从秦始皇起，专用作帝王自称。

⑨赉（lài）：赏赐。下面几句是周武王所说。

⑩周亲：至亲。

⑪权量：权，秤锤，指量轻重的标准。量，斗斛，指量容积的标准。

⑫法度：指量长度的标准。

⑬信则民任焉：不少注本认为此句为衍文，是《论语・阳货》第6章中“信则人任焉”句误增在此，没有注译，笔者在此译出。

【译文】

尧说：“啧啧！你这位舜！上天所定依次登位的大命已经落在你的身上了。诚实地保持那中道吧！假如天下百姓都陷于困苦和贫穷，上天赐给你的禄位也就会永远终止。”舜（让位给禹时）也这样告诫过禹。

（商汤）说：“我小子履，谨用黑色的公牛来祭祀，明明白白地向光明伟大的天帝祷告：有罪的人我不敢擅自赦免，您的臣仆的好处我也不敢隐瞒，这些您心中都明白得很。我本人若有罪，不要牵连天下万方；天下万方若有罪，都归我一个人承担。”

周朝大封诸侯，使善人都富贵起来。（周武王分封诸侯时）说：“虽然有至亲，不如有仁德之人。百姓有过错，都在我一人身上。”

认真检查度量衡器，周密地制定法度，恢复被废掉的官职，全国的政令就会畅通了。恢复灭亡的国家，接续断绝的氏族，推举隐逸的人才，天下百姓就会心悦诚服。

所重视的：人民、粮食、丧礼、祭祀。

宽厚就能得到众人拥护，诚信就能得到别人的任用，勤敏就能取得成绩，公平就会使百姓高兴满意。

【读记】

本章较为杂乱，不少学者认为难解。有学者认为，本章记述了从尧帝以来历代先圣先王的遗训，也是他们的治国心法，中间或许有脱落之处，所以衔接不起。

苏轼认为，本章杂取禹谟、汤诰、泰誓、武成之文，颠倒失次，不可复考。钱穆在《论语新解》中认为，《论语》编辑的是孔子言行，至《论语·微子》就结束了，《论语·子张》记的是孔门弟子之言，以子贡称道孔子的四章作结。本篇历叙尧舜禹汤武所以治天下的大致情况，最后似乎又以孔子的话结束，但没有“子曰”二字，是否是孔子的话，不得而知。李泽厚在《论语今读》中对此阐述甚多，他认为，《论语》在最后篇章引述古代圣王的告诫，还是体现了孔子“祖述尧舜，宪章文武”“兴灭继绝”，全面复“礼”的思想。孔子希望恢复远古礼制，强调爱护人民，要求当政者承担责任和错误。接近文末，李泽厚提出如何为孔门儒学传统定义、定性、定位？他认为，孔门儒学既非哲学，也非宗教，难以定位。

笔者以为，本章主要是祖述先王治国之道，阅读本章可以从以下重点理解：

一是“允执其中”。意思是，执政者除了“仁爱”，让百姓衣食有着之外，还要把握正义原则，维护社会公平和人民的安宁；

二是“朕躬有罪，无以万方；万方有罪，罪在朕躬”。意思是，作为执政者面对困难、面对问题，要敢于负责，敢于担当，敢于认错；

三是“虽有至亲，不如仁人”。意思是，拥有有仁德之人比至亲更重要；

四是为政要抓好四件大事，民、食、丧、祭。“民”“食”好理解，没有人民就无所谓国家，而人民的衣食最重要，“民以食为天”。“丧”“祭”为什么那么重要呢？古人认为，人的生命不是到肉体死亡为止，肉体死亡后生命还在延续，还在以另一种形式存在，还在与活着的人在一起，存在生前死后两个世界。因此，丧礼与祭祀就特别重要，它既是对离开这个世界的人的安慰、怀念，又是对还存在于这个世界的人的警示，丧礼与祭祀是连接此世与彼世、过去与现在、现在与将来的重要载体和时间节点。如此重要的桥梁与纽带，当然就必须重视。

20·2

子张问孔子曰："何如斯可以从政矣？"子曰："尊五美，屏[1]四恶，斯可以从政矣。"

子张曰："何谓五美？"子曰："君子惠而不费，劳而不怨，欲而不贪，泰而不骄，威而不猛。"

子张曰："何谓惠而不费？"子曰："因民之所利而利之，斯不亦惠而不费乎？择可劳而劳之，又谁怨？欲仁而得仁，又焉贪？君子无众寡，无大小，无敢慢，斯不亦泰而不骄乎？君子正其衣冠，尊其瞻视，俨然人望而畏之，斯不亦威而不猛乎？"

子张曰："何谓四恶？"子曰："不教而杀谓之虐；不戒视成[2]谓之暴；慢令致期[3]谓之贼；犹之与人[4]也，出纳之吝谓之有司[5]。"

【注释】

① 屏：摒弃，排除。

② 不戒视成：戒，告诫。视成，要求成功。

③ 慢令致期：慢令，下令不急。致期，突然限定日期。

④ 与人：给人东西。

⑤ 有司：管事的小官吏，代人管东西，无权有责，往往小气。

【译文】

子张问孔子说："怎样才可以治理政事呢？"孔子说："尊重五种美德，排除四种恶政，这样就可以治理政事了。"

子张问："五种美德是什么？"孔子说："君子施恩惠但并不破费，役使百姓他们却不怨恨，有欲望但并不贪婪，庄重而不傲慢，威严而不凶猛。"

子张说："什么叫施恩惠但并不破费呢？"孔子说："根据百姓利益引导他们做对他们有利的事，这不就是施恩惠给百姓却不破费吗！选择可以让百姓劳作的时间和事情让百姓去做，有谁会怨恨呢？自己追求仁德便得到了仁德，还贪求什么呢？君子对人，无论人多人少，事情大小，都不怠慢，这不就是庄重而不傲慢吗？君子衣冠整齐，目不斜视，使人见了生敬畏之心，这不就是威严而不凶猛吗？”

子张问：“什么叫四种恶政呢？”孔子说：“不经教育便加以杀戮叫作残酷，不先告诫而临时要求成功叫作粗暴，开始要求不急突然限期叫作害人，给人财物却出手吝啬叫作小气。”

【读记】

《论语》中最多的是“问仁”与“问政”两大内容，这是孔子对问政者回答最系统的一章，可以算是中国最早的治政纲领。而且阐述也颇有条理，先总后分，先提出观点，后分别阐述。

“五美四恶”是孔子政治主张的基本点，其中包含有丰富的“民本”思想，比如：主张“因民之所利而利之”“择可劳而劳之”，反对“不教而杀”“不戒视成”的暴虐之政，提出“惠而不费，劳而不怨，欲而不贪，泰而不骄，威而不猛”，处处体现中庸智慧。

显然，孔子对德治、礼治社会有自己独到的主张，即使在今天仍不失其重要的借鉴价值。

20·3

孔子曰：“不知命，无以为君子也；不知礼，无以立也；不知言，无以知人也。”

【译文】

孔子说：“不知道天命，就不能成为君子；不知道礼仪，就不能立身处世；不善于分辨别人的话语，就不能真正了解人。”

【读记】

这是《论语》最后一章，钱逊在《论语解读》中称“没有特别意义，无从查考”。

事实上，本章内容丰富，含义深刻。本章着重讲君子人格的内容，表明《论语》一书的侧重点，就在于塑造具有理想人格的君子，培养治国安邦平天下的志士仁人。孔子再次提出君子的三点要求，即“知命”“知礼”“知言”，这是君子立身处世需要特别注意的问题，也是《论语》反复强调的重要问题。

《论语》多次讲到“命”，本章又回到“命”。李泽厚在《论语今读》中认为，“命”是指偶然性，认为人生总被偶然性影响着、支配着。如何注意、懂得、认识、重视偶然性，与偶然性抗争（包括利用、掌握等），从而从偶然性中建立起属于自己的“必然”，这就是“立命”“造命”。

虽然李泽厚先生驳斥了宋儒的理解，但笔者认为，在这点上，宋儒要比李先生解释得好。这里“命”并不是指偶然性，而是指必然性，即使看上去是偶然，其中必有必然的因素。“命”是指大自然、社会不以人的意志为转移甚至不能掌握的运行规律，虽难以掌握控制，但可以认识，由“知命”从而“顺命”，应当在此基础上安身立命，而不是一味地“听命”、听天由命。

作为《论语》最后一章，本章与开篇第1章是前后呼应的。开篇讲“学而时习之”，学习什么？就是本章讲的“知命、知礼、知言”等知识、智慧。由此看来，《论语》的篇章不是随意安排的，或可说是精心组织的。

主要参考文献

[1] 班固．汉书 [M]．北京：中华书局，2006.
[2] 傅佩荣．论语新解 [M]．南京：译林出版社，2012.
[3] 李零．丧家狗——我读《论语》[M]．太原：山西人民出版社，2007.
[4] 李泽厚．论语今读 [M]．北京：中华书局，2015.
[5] 潘重规．论语今注 [M]．太原：山西人民出版社，2020.
[6] 钱穆．论语新解 [M]．北京：生活・读书・新知三联书店，2002.
[7] 钱逊．论语 [M]．北京：国家图书馆出版社，2017.
[8] 司马迁．史记 [M]．北京：中华书局，2006.
[9] 孙钦善．论语新注 [M]．北京：中华书局，2018.
[10] 孙中兴．《论语》日记 [M]．北京：北京时代华文书局，2018.
[11] 王国轩，王秀梅．孔子家语 [M]．北京：中华书局，2011.
[12] 邢昺．宋蜀刻本论语注疏 [M]．何晏，集解．陆德明，音义．桂林：广西师范大学出版社，2019.
[13] 杨伯峻．春秋左传注 [M]．北京：中华书局，2018.
[14] 杨伯峻．论语译注 [M]．北京：中华书局，2014.
[15] 杨伯峻．孟子译注 [M]．北京：中华书局，2012.
[16] 杨逢彬．论语新注新译 [M]．北京：北京大学出版社，2016.
[17] 杨天宇．礼记译注 [M]．上海：上海古籍出版社，2014.
[18] 周振甫．诗经译注 [M]．北京：中华书局，2003.
[19] 朱熹．四书集注 [M]．王华宝，整理．南京：凤凰出版社，2016.
[20] 子安宣邦．孔子的学问：日本人如何读《论语》[M]．吴燕，译．北京：生活・读书・新知三联书店，2017.